四国歩き遍路の
逆打ち88と別格20の
実録日記

湯澤昇治

文芸社

Ⅰ．まえがき

A．弘法大師空海と四国遍路の歴史

平安時代初期の僧である弘法大師「空海」（774〜835）は、四国の香川県の生まれである。密教の真言宗の開祖であって、日本仏教の母山と呼ばれる天台宗の比叡山延暦寺の最澄と並ぶ人物だ。空海は「東洋のレオナルド・ダ・ビンチ」と言われるほど、宗教以外の分野でも活躍して民衆に奉仕している。

その空海に関係する四国の88寺を参拝するのを四国遍路と呼ぶ。江戸時代から急速に庶民の間に広まった。当時、既に広まっていた伊勢神宮の「おかげまいり」などと比べると、四国は辺境の地で遊興施設も殆どなかったため、それだけ修行や苦行の意味合いが強い。飲食さえままならないため、沿道の人々による奉仕のおにぎりやお茶という「お接待」を頂きながら、歩き続けたようだ。

「徳島県→高知県→愛媛県→香川県と時計回りに1番寺から88番寺まで参拝する」ことを「順打ち」と言い、逆に「香川県→愛媛県→……と反時計回りに88番寺から参拝する」ことを「逆打ち」と言う。逆打ちには歩き遍路用の看板やシールが無いので道が分かりにくく、「順打ちの3倍の功徳がある」と言われる。お寺に参拝することを「打つ」と言う。これは当時、参拝した者が自分の名前を書いた木札を寺の施設に釘などにより打ち付けたことに由来している。また、約1300キロの四国遍路の道のりを、現代ではクルマやバスを利用する者が九十数パーセントを占めている。つまり、殆どである。これらを「クルマ遍路」「バス遍路」と言う。

一方、空海は当然歩いていたのだから、その追体験をするためにも、みずから徒歩による四国遍路をしようとする者がいる。これを「歩き遍路」と呼ぶ。40〜50日間程度で四国を1周するが、行程は困難を極めるので「歩き遍路の功徳はクルマ遍路の5倍」と言う。ただし交通機関や観光の関係者は「功徳に差はない」と言う。

なお四国には遍路が参拝する88寺の他にも空海関係の寺が非常に多くあり、これらを「番外霊場（札所）」と言う。番外霊場の中でも、特に空海と縁が深い20寺が集まった、これを「別格霊場（札所）」と言う。

B. 本書の目的

四国歩き遍路の、書籍やインターネット媒体の記録が数多くあることは言うまでもない。しかし、いざ自分が歩き遍路をしようとすると、「別格20霊場の歩き遍路」や「88霊場の逆打ち歩き遍路」での記録は、そう多くない。特に「別格20霊場だけの遍路を歩きだけでする人」自体が極めて少ないようで、歩き遍路途中で出会ったタクシーの運転手さんや遍路宿の方々、納経所の方々などの四国の遍路関係者も「聞いたことがない」という方しか出会わなかった。また、「88霊場と共に別格を回った」という歩き遍路には何人かお会いしたが、「別格20霊場の歩き遍路をする人」には、私は３周の歩き遍路途中で１名しか出会っていない。当然のことながら「別格20霊場だけの遍路を歩きだけでしたことを記した」書物も見たことがない（もしあったら御免なさい、教えて下さい。ＳＮＳは分かりません）。

この現象には、歩き遍路の全員が使っている、へんろみち保存協力会編の『四国遍路ひとり歩き同行二人、地図編』（２０１９年10月に第12版発行、以下『同行二人』とする）

も大きく影響しているのだろうと思う。『同行二人』は88霊場を基本として別格巡拝を付加している形式なので、「別格を巡るには88霊場のついでにすると効率がいいし、自分も88霊場と共に回った」「別格だけ行くにはコースと宿が分からない」との声を遍路宿の夕食で何回も聞いた。

私は「霊場巡拝を第一に目指すのが四国遍路」「弘法大師空海の事跡、伝承施設以外は訪れない」と基本的に思っているので、その時点で歩ける、次の霊場への最短のコースを基本として選んで歩いたつもりである。そして、本書で著した別格20霊場を巡拝することによって逆打ち歩き遍路をする自信が持てるようになった。曲がり角や高低差、宿の取り方の習熟から考えてか、「順打ちを3周してから逆打ちをしろ」と何回か見聞きすることがあったが、別格20霊場を中心に巡拝することにより私は『同行二人』から、「守破離」の「破」の一歩を踏み出せたように思う。これから「別格20霊場だけの歩き遍路」や「88霊場の逆打ちでの歩き遍路」をしようとする方々の参考になればと思って成したのが本書である。

C. 本書の読み方・使い方

全編を通読して頂くのに越したことはないが、御自分が歩かれる予定の各県、各地区など、当面必要と思われる部分だけを読んで下さる方法でも有り難い。記した思考内容の記述などは前後で矛盾している箇所もある。当時、自分がどのようなことを考えながら歩いていたのかという現実でもある。今思うと失礼なことばかりであるが、当時は探求心で真剣だったということで御海容頂きたい。

本書の末尾には付録のAとして、四国（歩き）遍路関係でその時々に考えたことを、内容で四つに大別して、日記から書き抜いてある。便宜を図ってのことであり、一つの意見として叩き台にして頂けたら幸甚である。また付録のBとして、２００２（平成14）年２月から２００６（平成18）年12月までに、若かりし頃の私が12回に区切って順打ちした時の行程表を付した。本書の中で「以前の順打ちの時」と書いてあるのは、この歩き遍路のことを指している。

なお、データは本文中に記した年月日当時のものなので、新型コロナウイルスにより存否に著しい変化があったと思われる店舗や宿・お接待所、また道路状況についてはできる限り、最新の状況を問い合わせる努力をお願いします。また文中の「㊡」とは「休憩所」のことです。

更に正確を期すべく、2020(令和2)年8月に88霊場と別格20霊場のクルマ遍路を実施した。文中の〔追記〕とは、この時のことを指している。新型コロナウイルスに対する万全の対策を採ってのことだったが、緊張の日々であった。

目次

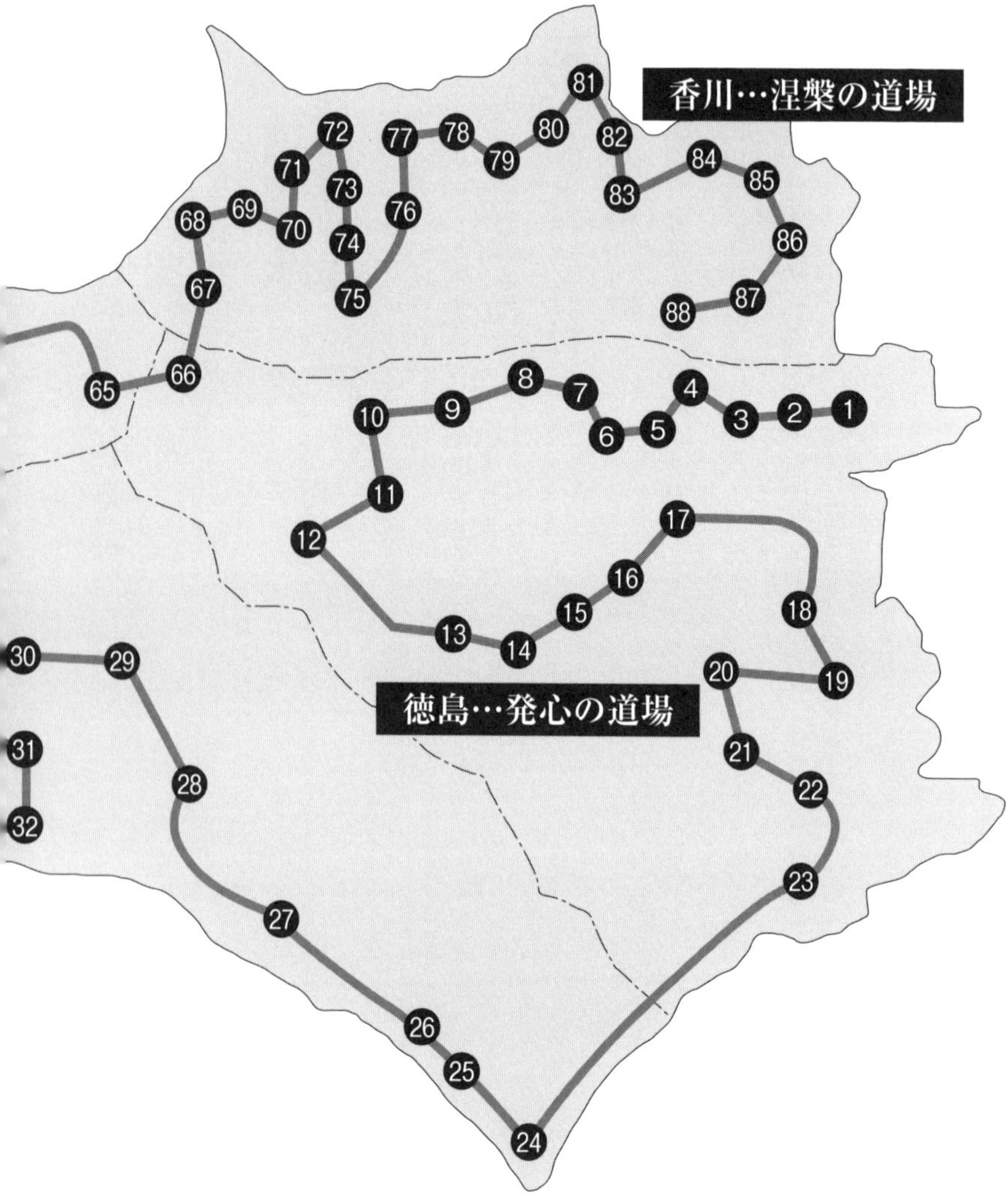
香川…涅槃の道場
徳島…発心の道場
1
2
3
4
5
6
7
8
9
10
11
12
13
14
15
16
17
18
19
20
21
22
23
24
25
26
27
28
29
30
31
32
65
66
67
68
69
70
71
72
73
74
75
76
77
78
79
80
81
82
83
84
85
86
87
88

八十八カ所巡り

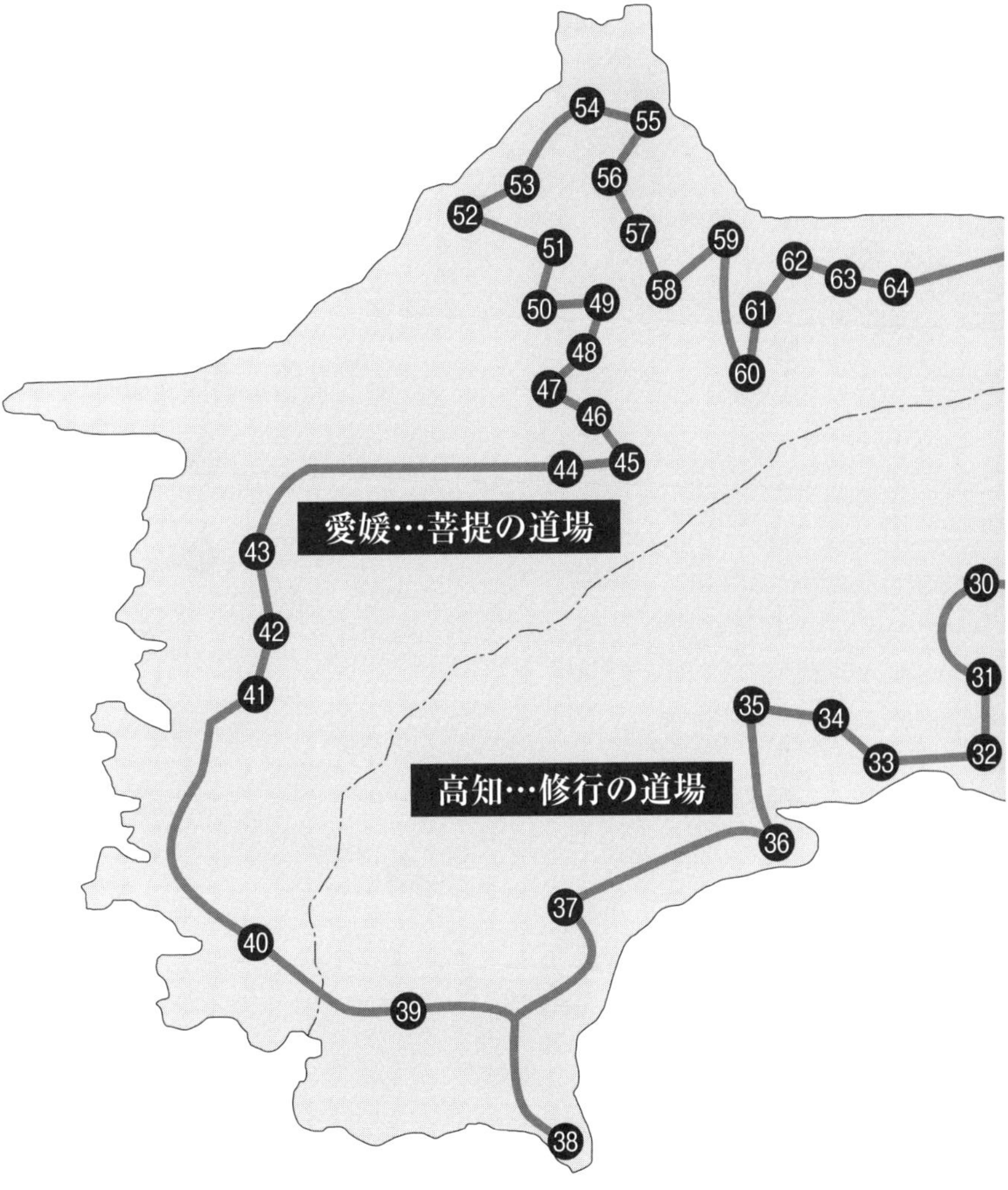
54
55
53
56
52
57
59
51
62
63
64
58
49
50
61
48
60
47
46
44
45
愛媛…菩提の道場
43
30
42
31
41
35
34
33
32
高知…修行の道場
36
37
40
39
38

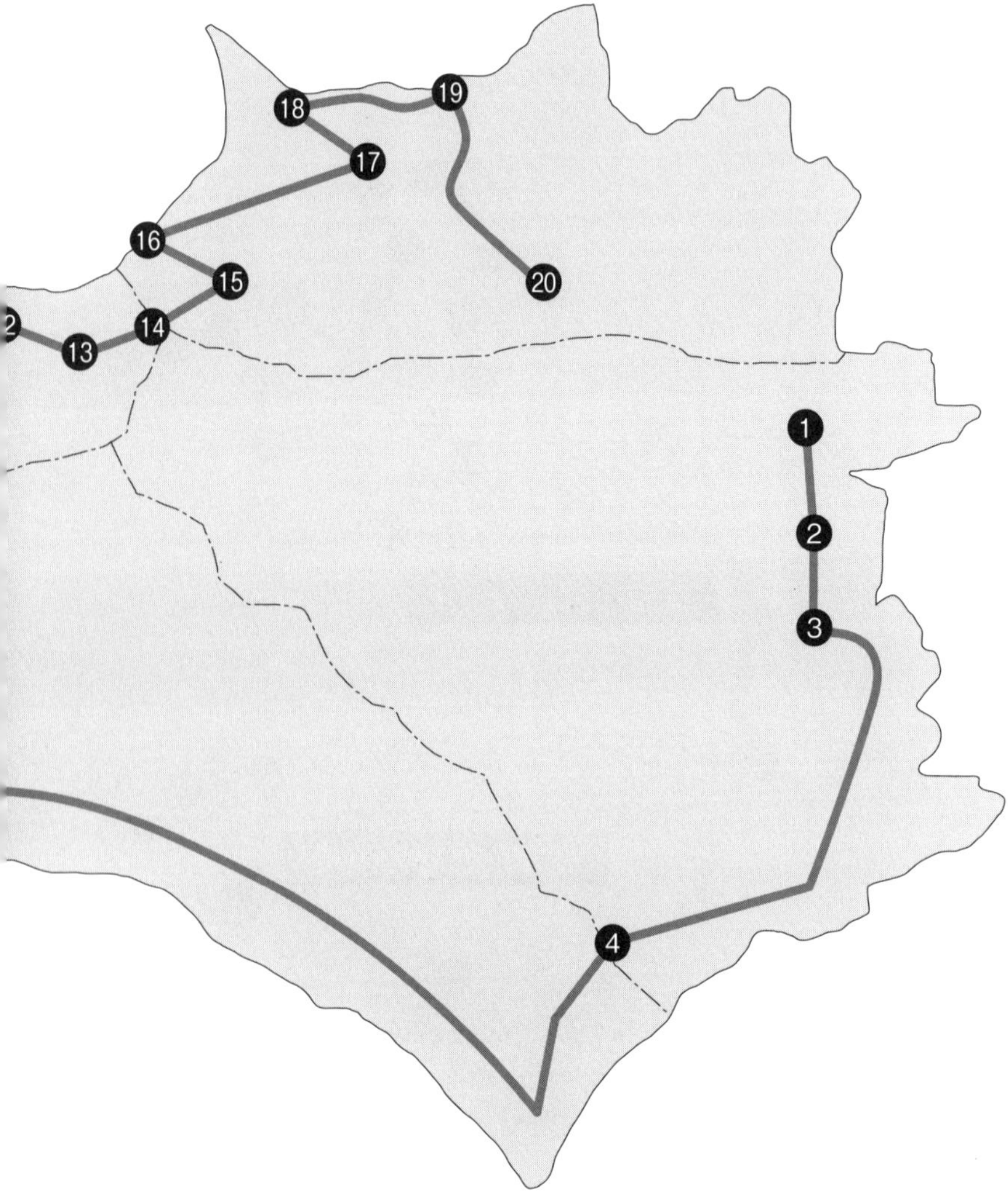

1
2
3
4
12
13
14
15
16
17
18
19
20

別格二十カ所巡り

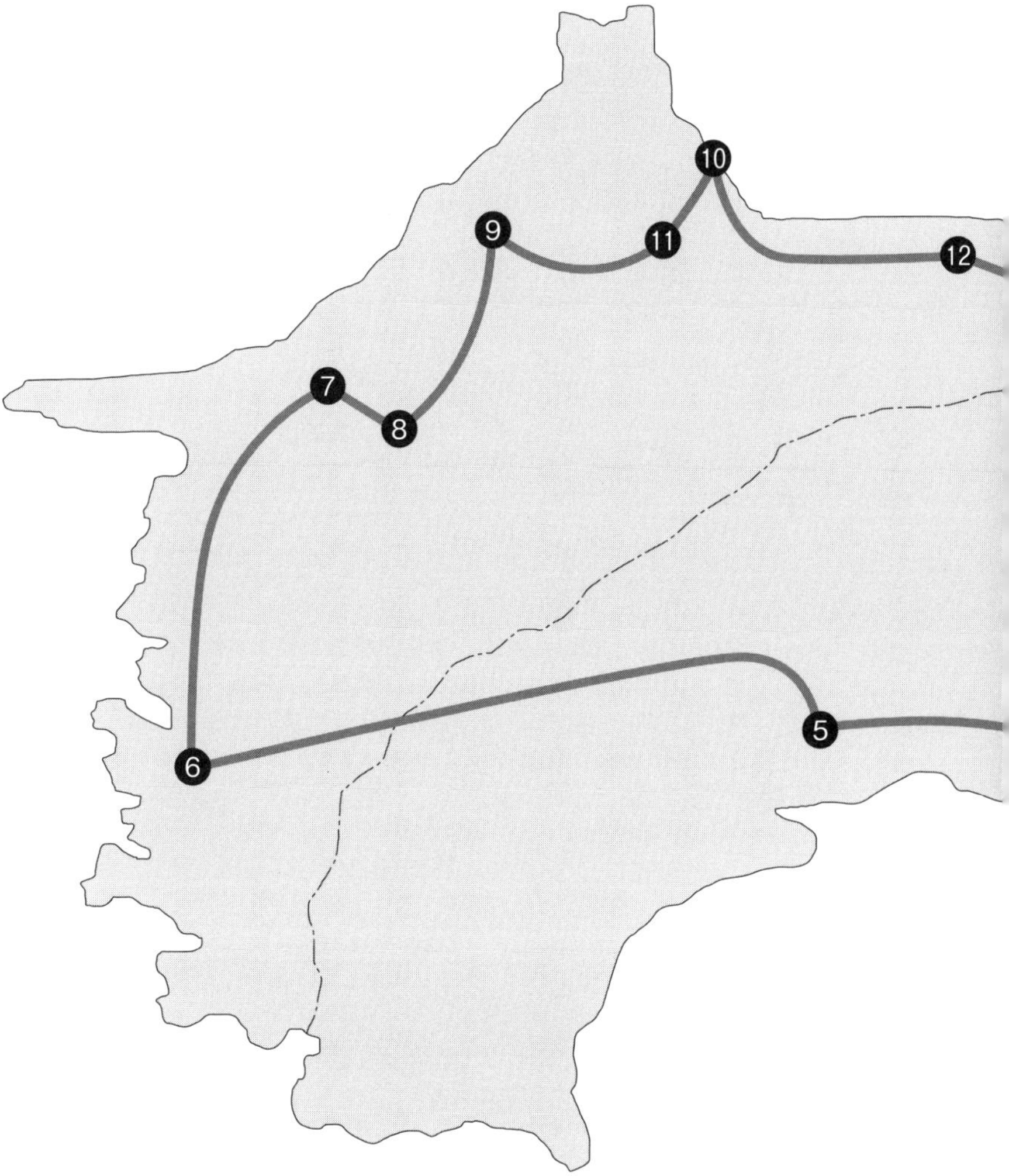

Ⅱ．別格20霊場の歩き遍路（45日間）

【別格20霊場の歩き遍路の注意点】

a．以下、順打ちで別格20霊場の歩き遍路をした記録を日記で記述するが、大きく分けて各県別の編とする。各県の編別で最初に「分岐点」として行程のポイントをその冒頭に記述したので、まず参考にして頂きたい。

b．『同行二人』のコースから外《はず》れる時は、観光案内所で事前に入手した県別の大きな地図で大まかな見当をつけ、近づいてからスマートフォンのグーグルマップの検索によって道を探して確認したり、宿として「ホテル」「旅館」「民宿」、時には最後の手段として「ハッピーホテル（旧称ラブホテル）」を探したりすることになったが、予想と違っていても「通れただけでも幸せ」「泊まれただけでも有り難い」という気持ちが大切だと思えた。「88霊場コースを外れる」イコール「お接待激減」「休憩所激減」「宿泊所よく分からない」でもある。そのために、お接待がなくてもOK、休憩所（以後、㊡と表記)がなくてもOKという精神力や体力が必要になる。流石《さすが》に宿泊所がなくてもOKとはいかないが、そのような環境だからこそ頂いたお接待の有り難みは、一生忘れることができないものになる。

c.グーグルマップで目的地への道順や距離を検索した時に、異常に遠回りをすることがある。その時は、途中の道が崩落などにより通行不能な場合である。大方は自動車の通行が不可能で歩行は大丈夫なのだが、実際は歩行が大丈夫でも歩行者検索で通行できないように扱う場合もあるので要注意。また何かの施設の案内サイトに貼り付けられているグーグルマップだと時々古いデータごと引っ張られているのか、正しくない案内をされることがあるので、これも要注意。とにかく「おかしいな?」と思ったら迷わずに、向かっている本日の宿に電話してみるのがよいと思う。

d.靴のこと。1日に20~30キロくらい毎日続けて歩いていると、長距離用のウォーキングシューズでも、靴底が「ヘタッ」てしまい、耐用が持たなくなる。どこのメーカーのウォーキングシューズでも同様だが、私の場合の靴はM社のウォーキングシューズだった。長距離40キロ用の靴でも、10日間~2週間くらい続けて歩いていたら、靴底で路面の凸凹を感じるようになってきた。ちょうど、靴底が薄くなってきた感じで、

（実際に履いたことはないが）草鞋《わらじ》で歩いているようである。もとより靴裏のゴムは充分に残っているのに、である。繰り返し言うが、この現象は、どこのメーカーのウォーキングシューズでも同じだ。結局私は、ヘタってしまったウォーキングシューズで歩き続けたのであるが、コンディションの良い靴で歩きたいなら、道中のスポーツショップで買い換えるか、ハイキングシューズ（以上の靴）を買うしかないだろう。

e．

薬や特殊な用品のこと。持病があり、ドラッグストアで買えない薬・処方薬しか飲めないならば、何十日分も持参するしかない。また、万が一の発作が想定されたり命にかかわったりする病気ならば、地元でかかっている医師から「臨時の紹介状・検査結果一覧」のような書類を書いて貰い、「お薬手帳」と共に携行する。また私は左足裏の小指の付け根を14針縫った手術の傷跡が盛り上がってきていたので、歩くのに細い鉛筆を横に踏みながら歩いている感じがするようになっていた。以前の順打ちコース終盤から盛り上がってきていて、順打ち終了後に外科医に良性の腫瘍を3個取って貰った。暫くは歩くことさえ難儀だったが何とか仕事を続けることができた。別格コースを辿る前から、イボコロリのテープで患部の表皮細胞を白濁・軟化させて「魚の目カッター」で切除することを考えついて今日に至っている。だから歩き遍路に行く時は、イボコロリのテープと魚の目カッターを持参していたのである。何だかんだあったものの今ではその外科医に感謝するしかない。ただし、この魚の目カッターが四国のどこでも売っている物と思ったのが私の間違いで、入手までに時間がかかってしまった。薬と同様に、個人の事情による特殊な物品は、使う可能性や回数が低くても自宅から持参するしかない。

A.阿波徳島県編

a.【別格徳島県の分岐点】

別格2番童学寺から別格3番慈眼寺に向かうのに、童学寺から童学寺トンネルを過ぎてから南進して山越えをするか、童学寺トンネルを通らずに東進して徳島の市街地を抜けて東回りに迂回するか。南進山越えコースは一見近いようにも思えるが、道がかなり屈曲しているので、距離を見てみると東進の東回りコースと大差ない。また山越えでは急な崩落による通行不能の可能性もないわけではない。山間部では2年前や3年前の崩落が修理し切れずに通行止めになっている例が四国では少なくない。一方の徳島市街地コースも足裏にマメのできやすい単調な難コースであることは有名で、順打ちの時に身にしみていた。では、どちらのコースを選べば良いか？　その他に、細かなコースの選択はないのか？

b．別格3番慈眼寺から美波町《みなみちょう》（旧称、日和佐町）に向かう時も南進山越えコースと東進遠回りコースがあり、同様である。

c．別格4番鯖大師は評判の高い宿坊なので是非泊まってみたいが、宿坊が不定休である。これは御住職がしばしば歩き遍路をしていらっしゃるためで、御住職が御不在の折は宿坊が休みになるとのことを鯖大師の納経所で伺った。「だから四国遍路の道中のあちらこちらに鯖大師の札がかかっているのだな」と納得した。よって、どうしても宿泊したい場合には事前に連絡して休みでないことを確認し、歩く距離の調整が必要になる。

d．室戸岬の通り方である。室戸岬は高知県なので、次章の「B．土佐高知県編」の冒頭に記述する。

①2017（平成29）年8月22日（火）【別格通算1日目】

○自宅→ＪＲ四国の高徳線の板野駅→宿「民宿森本屋」で。
○本日の板野駅からの歩き遍路としての歩行距離は４キロ。
　ＪＲ四国の高徳線の板野駅から歩き開始。宿は「民宿森本屋」。この宿は歩き遍路（順打ち）での最初の宿であった。私のみならず、泊まるのは「歩き遍路の最初の宿」の方が殆どなので、夕食後には時間を忘れて話し合ったことが懐かしい。多分、泊まっていた全員が今後の歩き遍路のことが不安だったのだろう、だから寝付けなかったのだろうと思う。

写真１

②２０１７（平成29）年８月23日（水）【別格通算２日目】
○宿「民宿森本屋」→別格１番大山寺→民宿森本屋→自宅へ帰る。
○本日の森本屋までの歩き遍路としての歩行距離は15キロ。
　民宿森本屋を出発し、ひたすら平地、後にひたすら登り道。とにかく㊡が見当たらない。88霊場コースを外れると㊡がなくて当然になる。それでも息せき切って讃岐山脈にある、別格１番大山寺のある大山《おおやま》の8合目辺りに「八丁目休憩所」を発見した【写真1】。立派な屋根とテーブル、ベンチ、池があるものの、利用者が余りないためか、自分で各所の塵埃を払う。しかしトイレがないので……。疲れたまま八丁目休憩所を出ると左手に旧道があったが、あまりの密林の道なので車道を進行した。その

写真2

負い目があり、別格1番大山寺の仁王門に着くと、車道ではなくて、仁王門をくぐって一直線の二百数十段の階段の参道へ。

別格1番大山寺本堂着。宿から7・5キロ。8月下旬の暑さの中を歩いてきたので、納経所でお寺の方から頂いた柑橘系のジュース1杯のお接待が身にしみた、有り難い【写真2】。

大山寺を後にして、「民宿森本屋近くから六条大橋を通り別格2番童学寺を巡拝後に近くの宿に泊まろう」と考えていたが、大山寺からの下りでもバテが続いて歩けなくなった。民宿森本屋の大女将に泣きついて、おいしい水を頂き、急遽タクシーを呼んで貰うことにした。タクシーで板野駅まで乗せて貰って、徳島空港からANAで帰宅することとした。

前回の四国歩き遍路（順打ち区切り打ち）から10年以上の歳月が経過しており、60歳の自

分の体力の低下を思い知った別格遍路２日目だった。

③２０１８（平成30）年３月26日（月）【別格通算３日目】

○自宅→民宿森本屋→別格２番童学寺→宿「松の屋旅館」。

○本日の森本屋からの歩き遍路としての歩行距離は14キロ。

仕事の区切りがつかず、前回の歩き遍路から７ヵ月が経過した。本日は民宿森本屋を出発して南進し、吉野川を六条大橋で越える。六条大橋に歩道はあるのだが人一人しか通れない狭さな上に橋の外側の手すりが低い。強風に煽られたら一巻の終わりである。それでも何とか別格２番童学寺着、民宿森本屋から９・６キロ。童学寺はユーモラスな山門【写真３】とは対照的に本堂を焼失しており、痛々しい雰囲気。

写真３

童学寺を出発して、ＪＲ四国の徳島線の石井駅近くの「松の屋旅館」着、童学寺から２・６キロ。宿では食事が出ないので、紹介して貰った近くの食堂で夕食とする。本日は天候が良過ぎて歩きにはマイナスだった。

④2018（平成30）年3月27日（火）【別格通算4日目】

○宿「松の屋旅館」→宿「民宿金子や」。

○本日の歩行距離30キロ。

松の屋旅館を出発後、童学寺トンネルからの南進コースは不安要素が多いために避けて、東進する徳島市街地の舗装路コースを選んだ。これが失敗で、早朝から照り返しのキツい、㊡がない国道・酷道192号線との対決となってしまった。出発から20分も歩かないうちにコンビニがあれば休みたくなる。何も買わずにコンビニで休むことはできないので飲食する、という悪循環に陥り、「もう歩けない、やめたやめた〜」。何とか徳島駅まで歩いてバスに乗り、徳島空港から東京に戻ろう」と固く決心した。

以前の順打ちの時には途中で止めようとは全く思わなかったので考えなかったことだが、人はなぜ歩き遍路をするのか。人それぞれとは思うが、共通する考えとして「空《くう》の意味を自分の行動の中で捉え直すこと」が四国遍路の意味ではないか。「空」を教えている般若心経は、遍路が毎回霊場で唱えているわけだし、「同じ物でも時と所によって全く有り難みが変わる」というお接待の意味も感じているはずだ。有り難いお接待等を通してでも、その先にある仏道を考えると自《おの》ずから、このような結論になるのではないか。

徳島駅まで、あと歩いて1キロにある喫茶店「ぼんじゅうる」でゆっくりとモーニングを食べて、国道を渡ろうと交差点の信号待ちをしている時だった。一人の白髪の老婦人がやってきて私に「これを」と言いながらティッシュに包んだ、ライターくらいの薄くて軽いものを差し出して下さった。こ、こ、これは……。私が今まで一度もお接待されたことのない、まさしく紙幣のお接待ではないか。「お遍路はお接待を断ってはならぬ」という鉄則はあるが、いざ自分がそうなると簡単には受け取れない。ましてや自分は「今から歩き遍路をやめて徳島空港から東京に帰るんです、根性無しなんです」とは言えもしない。自分の白色の納札をお渡しして「南無大師遍照金剛」と大声で3回唱えて失礼した。

『同行二人』には出ていない、近くの㊡に入って包みを開けてみると、千円札が1枚【写真4、5】。天にも昇る気持ちとはこのことか。いや待てよ、私はこのまま東京に戻ってもよいものだろうか。ええい、この身はどうなっても構わない

写真4

写真5

から、行ける所まで行ってみよう、歩いてみよう、と決心した。

国道55号線ではなく県道136号線を進み、「徳島市街地コースなら」と事前に考えていた通りに勝浦川を勝浦川橋で渡ると、即座に右折して県道16号線に入った。この、勝浦川の右岸（東側）を遡る県道は車には往復2車線で走りやすい土手上の道ではあるが、歩道もないし待避所もない、ガードレールもないので歩行者には危険な道だった。88霊場コースの18番恩山寺と19番立江寺を通らないショートカットなので選んだのだが、クルマのドライバーが少しでも脇見しようものなら歩行者は一巻の終わり。土手の下まで跳ね飛ばされて少なくとも重傷、普通なら即死である。普通は歩くはずがないとドライバーたちも思うのか、2台ほどクルマを停めてドライバーが「あなた、道を間違えてますよ」と注意してくれた。これもお接待の一つである。

そのような危ない道を通りながら、勝浦町の本日の宿「民宿金子や」に着く。本日は数キロで諦めかけていた遍路道だったが、結果的には30キロの歩行となっていた。30キロという距離は、60歳の私の、この後の別格、逆打ちの中でも最長距離の目安となった。それほど紙幣のお接待にはパワーがあったということだろう。

⑤２０１８（平成30）年３月28日（水）【別格通算５日目】

○宿「民宿金子や」→別格３番慈眼寺→宿「民宿金子や」。

○本日の歩行距離25キロ。

今日は民宿金子やを出発し、別格３番慈眼寺《じげんじ》巡拝と同「穴禅定」修行をし、同じ宿の金子やに打ち戻りの予定である。よって、大きな荷物を宿に預けることができた。穴禅定修行で気をつけねばならないことは、次の３点である。慈眼寺の公式ホームページを見るだけでは心もとないので、直前に問い合わせてみるとベター【写真６】。

・実施日時と時刻は、季節により変動する。

・費用。同一時刻に開始する人の人数によって増減がある。

・参加者の体格。何しろ狭隘《きょうあい》な鍾乳洞を通るので腹部の前後の厚さが二十数センチの人までしか参加できない。慈眼寺本堂前に立ててある２本の石柱（石板）の間を通れるかという基準がクリアーできないと修行できない。

ところで、宿の金子やから３番慈眼寺に行くには、

写真６

西進旧道コースと南に迂回する県道コースがある。『同行二人』では金子やから旧道コース10キロ、と県道コース15キロとなっているので、旧道コースを選んだ。坂本の町までは田舎の舗装道路であった。しかし坂本の町はずれのバス停前から山に入り、梯子をよじ登るような急坂である。山間部では舗装路から旧道に入るたびに「ああ、やっぱりそうだった」と毎回思ってしまう、自分の甘さ。「旧道により距離が短くなる＝楽できる」ではなくて、「旧道により距離が短くなる＝思いがけない厳しい急坂や崩落地帯を通る」となるのは当然なのだった。何回も経験しているではないかと情けなくなってしまう。

それでも勝浦の町中でお接待頂いた立派な（売り物の）ミカンや缶ポカリの力で別格3番慈眼寺着。穴禅定も無事に修行できた。穴禅定の案内の方は女性の導師ともいうべき方であったが、「私の言うことを聞かなくても自分で通れると思っていたでしょうが無理だったでしょう。人の言うことをキチンと聞く、そういうことが大切なんです」とおっしゃった。私は心の内を全て見透かされていた気がしたのである。なお慈眼寺の本堂は正面の大師堂の左側ではなく、更に左奥の山の中。また、納経所に向かって右側のトイレは男女別棟でシャワートイレだった。

慈眼寺から金子やまでは旧道コースではなく、南回りの上勝小学校経由での県道16号線コースにした。何回通ってもどこを通っても、「下りの旧道と歩道のないトンネル」ほど怖いものはないからである。新坂本トンネルの西側入り口の付近に㊡があった以外は何もなく、その後に坂本の町の東側で旧道と合流する。本当にのんびりした県道舗装路を歩いて金子やに帰ってきた。

⑥２０１８（平成30）年３月29日（木）【別格通算６日目】

〇宿「民宿金子や」→ＪＲ四国の牟岐線の桑野駅→自宅。

〇本日の桑野駅までの歩き遍路としての歩行距離は19キロ。

仕事の都合で、本日の歩き遍路終了後に東京に戻ることとなった、区切り打ちである。そのため徳島駅・徳島空港に戻りやすいＪＲ四国の牟岐線の駅を目指すことになる。

民宿金子やを出て、県道16号線を勝浦川に沿って東進し、「ローソン勝浦町沼江店」のあるＴ字路を右折して県道22号線に入った。88霊場の19番立江寺から来ている県道28号線とのＴ字路を過ぎて、県道22号線を進むと那賀川に架かる持井橋【写真７】。「③２０１８（平成30）年３月26日（月）【別格通算３日目】」で記した怖い六条大橋よりも、外側の手すりが更に低い。歩道はあるのだが極端に狭いので、後方からトラックの近づいてくる音

写真7

写真８ａ

写真８ｂ

がすると生きた心地が全くしない。目をつぶって渡りたくなってしまう。

　この後は県道24号線に右折して南進し、ＪＲ四国の牟岐線の桑野駅で歩き終わった。桑野駅まで間もない所でラーメン店に入ろうとしたところ、入れ違いで、食事を終えて店内から出てきた方に３００円のお接待を頂いた。また、ラーメンを食べて店外に出ようとすると店の方から缶コーヒー1本のお接待を頂いた。遍路の最終日に一カ所で2回もお接待を頂き、気を良くして区切り終えることができた。あの時に諦めないで本当に良かった良かった。

　なお、この勝浦町近辺では3月には家の前の路上に雛人形（プラスその他）を飾って、通る人に見て貰う風習があるようだ【写真８ａ、８ｂ】。これらを眺めつつ歩けたことも精神的にプラスになったことと思われる。

⑦2019(平成31)年4月23日(火)【別格通算7日目】
○自宅→JR四国の牟岐線の桑野駅→88の12番平等寺→宿「山茶花」。
○桑野駅からの歩き遍路としての本日の歩行距離6キロ。

4月になり、年度として新しくなった。前回の別格歩き遍路から1年間以上が経過し、60歳を過ぎて定年退職の3月・4月なのだが、嘱託の誘いはあった。しかし仕事を続けていると、予想される今後の体力低下のために歩き遍路のできなくなることが確実なので、誘いを断った。定年退職関係の本を読むと10冊中9冊には「仕事は絶対に続けること」と書いてあるので、かなりの迷いが内心あった。また、嘱託を断ることは今まで自分がしてきたこと(=仕事)の否定にも繋がるのだけれども、区切り打ち以上のこと(=通し打ち)をするには、仕事から撤退するしかなかったのである。また「歩き遍路が今までの自分の到達点」との意識も確かにあった。

さて前回の歩き終わりのJR四国の牟岐線の桑野駅を12時40分に出発。6キロ歩いて88霊場の12番平等寺着、午後2時20分。別格歩き遍路であるが、道沿いの88霊場にも巡拝することにしている。本日の宿は平等寺の並びの「民宿山茶花《さざんか》」である。

夕食時に歩き遍路が同じテーブルを囲むと必ず話題になるのが、翌日のコースと宿である。旧道・土の道を勧める人や舗装路を勧める人と多種多様だが、一致するのは「こんなに危険で酷《ひど》い道を歩くのが世界遺産だなんて、恥ずかしい。安全な道に早くして欲しい」ということだ。「日本の宗教上の世界文化遺産の道を歩いていたらクルマに轢《ひ》かれて天国に行ったよ」なんていうことにならぬように、早急に改善して欲しい。このことは歩き遍路のみならず、多くの遍路宿の御主人方も話されていた。私が心配するのは、世界遺産として構成する資産となる江戸時代までの遍路道は整備するけれども、そうでない現代の危険なトンネル等が放置されることだ。それだけはやめてほしい。

また、ある人が外国人の歩き遍路から聞いた話だそうだが、殆どの外国人は漢字が読めないので、赤い矢印があると遍路道と思って、その方向に行ってしまう。ところが全く別な所に着いてしまうので、世界遺産化して外国人にも来て貰いたいなら、遍路の赤い矢印看板に英語の表記をつける必要があるとのことだった。確かにその通りだと思った。

⑧2019（平成31）年4月24日（水）【別格通算8日目】

○宿「山茶花」↓88の23番薬王寺↓宿「薬王寺宿坊」。

○本日の歩行距離21キロ。

民宿山茶花での朝食時に宿の方から「この先は食堂などないので、このテーブルに置いてある食べ物を好きなだけ持ってってってちょうだい、お接待ですから」と言われる。パン、菓子、飲み物、何でもあった【写真9】。また小雨の中、宿を午前7時半に出て直《す》ぐの平等寺山門前の駐車場のクルマからドライバーさんが降りてきて、ゆで卵と塩飴の入った小袋をお接待して下さった。

88霊場の23番薬王寺に午後3時45分着。薬王寺はコースの途中なので巡拝する。本日の宿の、薬王寺宿坊までは、県道２８４号線から国道55号線へと進む山中の舗装路コースを進んだのだが、途中で野菜ジュースのお接待もあり、88霊場コースの知名度の高さを思い知った。また泊まった薬王寺の宿坊は寝るだけで、食事と入浴は薬王寺隣の、健康ランド的な施設「薬師の湯」だった。好きなものの飲食ができるし、色々な風呂にも入れるので、これも一つの形かと思う。

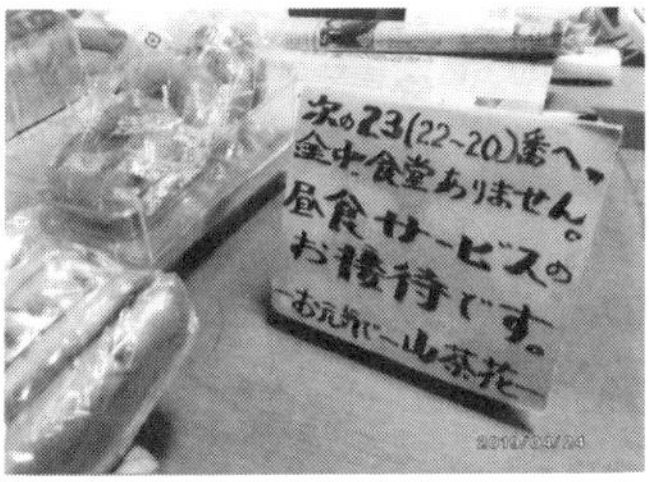

写真９

⑨２０１９（平成31）年４月25日（木）【別格通算９日目】

○宿「薬王寺宿坊」→別格４番鯖大師→宿「民宿大砂」。

○本日の歩行距離21キロ。

昨日は全日雨天だったので、足の裏に嫌な予感がする。私は数年前に左足裏の腫瘍を摘出する、13針縫った手術をしているので、何としてもマメは避けたい。貼るテープには各種あるが、私のオススメがピップ社の「プロフィッツ」。遍路道中の大型ドラッグストアなら必ず置いてある。手で簡単に切れて通気性もあるし、ある程度の伸縮性もある。これを足の裏の弱そうな箇所にペタペタと貼る【写真10a、10b】。

写真10a

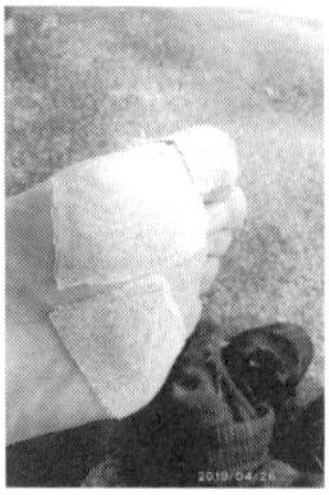
写真10b

薬王寺宿坊を午前8時に出発。別格4番鯖大師着。前回の順打ちでは納経所の男性（御住職か?）からリポビタンD1本のお接待を頂いた。まさか「お坊様からお接待して頂ける」とは全く思いもしなかったので、非常に感激したことを今もハッキリ覚えていて、「いつかは鯖大師の宿坊に泊まろう」と考えていた。鯖大師では午後4時頃にお守り授与所を片付け始めることがあるので、その後の納経がどうなるのかが心配になることもある。

鯖大師から1キロほどで本日の宿の「民宿大砂《おおずな》」に着いた。ここは遍路宿料金なのにフランスコース料理が出されることで有名である。翌日の朝食のデザートだけ見ても女性主人の御努力が窺われた【写真11】。なお料金は、他の遍路宿と比べて1割程度のアップである。

⑩2019（平成31）年4月26日（金）【別格通算10日目】

○宿「民宿大砂」→土佐高知県編に続き、宿「民宿谷口」。

○本日の歩行距離20キロ。

本日は宿の民宿大砂を出発し、徳島県を抜けて、高知県の宿「民宿谷口《たにぐち》」を目指す。この道は、海沿いだったり線路沿いだったりの舗装路となる。JR四国の牟岐線の浅川駅を過ぎて1キロも歩かない左側に、東屋《あずまや》とトイレがある。そこで座って休憩していると、ホームセンターに置いてあるような大きな台車を押した、黒ずくめの男性歩き遍路が近づいてきた【写真12】。菅笠と金剛杖なしで衣装は白くないが、近づいてきた台車をよく見ると杖や黒塗りの笠が載っている。首から数珠

写真11

写真12

を提げているので「台車を押す歩き遍路」であった。

彼とは30分くらい色々と話したと思う。大阪から来ているという彼の話は、主に次のようなことであった。彼の根性に少々カンパしたところ、彼から四国三十六不動の黄色の納札を頂いた【写真13】。

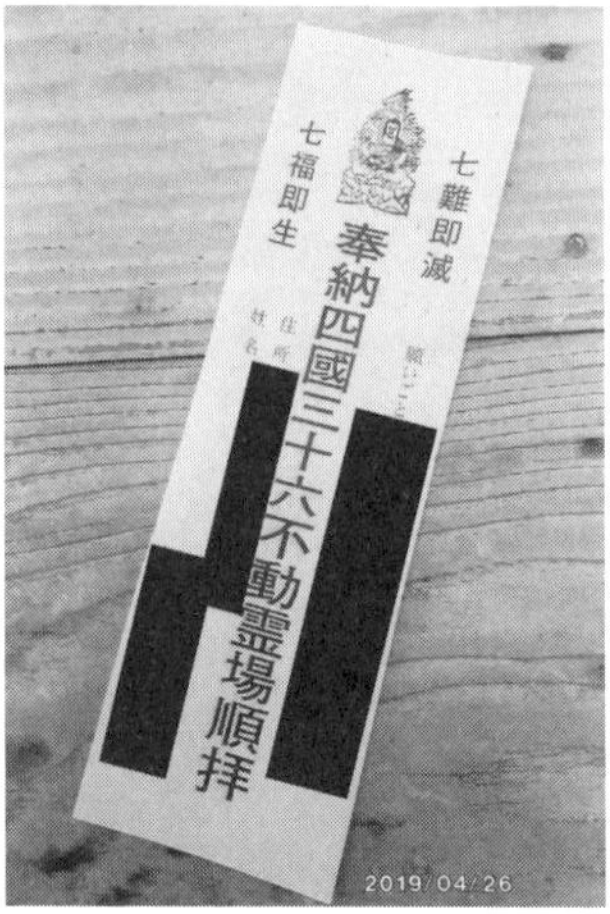

写真13

・自分は5年くらい歩き続けていて、自宅に帰っていない。
・88霊場は何回も歩いたので、今は四国の三十六不動を巡拝している。
・色々な書籍にも書いてある「不食」を実践している。何人もの有名人も実践しているが、自分はなかなかうまくいかず、つい食べてしまうことがある。

彼は、台車や御本人の外見とは対照的に気さくな人柄だった。その後の現在、私も不食を実践してみたが、完全にはできないものの、その精神は大切にしたいと思っている。

B．土佐高知県編

【別格高知県の分岐点】

a．室戸岬の回り方である。別格4番鯖大師から西進して別格5番大善寺まで行くには室戸市、室戸岬を通らずとも良い。よって最短コースを考えると「東洋町の野根から国道493号線に入って北川村から奈半利町か田野町に抜ける」のが、出来得るベストなものの、宿がない。このコースは『同行二人』の6ページ上段の地図を見ると結構スンナリと進めそうだが、数十キロあるので、60歳の私には無理である。では、どうするか？

b．別格5番大善寺から愛媛県宇和島市の別格6番龍光院に行くのに、足摺岬を南の頂点とする四万十市、土佐清水市を通過する必要はない。「別格5番大善寺から国道197号線に入る北コースか、88霊場の37番岩本寺まで行ってから国道381号線で行く南コースか」である。前者の方が行程としては短いように見えるが、どうするか？

c．ちょうどゴールデンウィークならぬ「令和の10連休」にさしかかったため、宿が取りにくくなった。4月26日（金）から5月6日（月）くらいの期間で、室戸岬の東側から始まり別格5番大善寺から別格6番龍光院への途中まで辺りだった。「宿が取れないので通し打ちの人も自宅に帰った」とか「北欧の若者がやってきて1番困難な、逆打ちで88霊場と別格の全てを回っている」とか耳にしたものの、自分はどうするのか。宿を取る工夫をしながら別格巡拝を続けた。

①2019（平成31）年4月26日（金）続き【別格通算10日目続き】

○宿「民宿大砂」の阿波徳島県編より続き↓宿「民宿谷口」。

○本日の歩行距離20キロ。

徳島県高知県の県境を続けて歩いている。いくつも津波避難タワーを横目で見ながら、宿の「民宿谷口」に午後3時25分着。泊まるのは私一人のみ。民宿谷口は歩き遍路に必要な施設は全て整っているし、何も頼まないのに翌朝には昼食のおにぎりのお接待まで頂ける、願ったり叶ったりの宿である。娘さんはマリンスポーツの大会の優勝者で今は役所勤務というから、御主人として、これも願ったり叶ったりの驚きの連続である。

②2019（平成31）年4月27日（土）【別格通算11日目】

○宿「民宿谷口」↓宿「ロッジおざき」。

○本日の歩行距離20キロ。

昼食のおにぎりのお接待を頂いて民宿谷口を午前7時50分に出発した。室戸岬を過ぎるに際し、「東洋町の野根から国道493号線に入って北川村から奈半利町か田野町に抜ける」コースは宿がないことと、現在の私の1日の歩行距離の限界が30キロ前後であることを考えて取りやめた。そして三津漁港から県道202号線に入り88霊場の25番津照寺に抜ける「ミニショートカットコース」を取ることにした。

東洋町の野根の町を過ぎると、いよいよ歩き遍路の苦しむ「ゴロゴロ石の淀《よど》ケ《が》磯《いそ》三里《さんり》」に入る。佐喜浜までの3里（12キロ）のことで、トイレもないし水場も自販機もないと言われるが、江戸時代と違って今はトイレも水場も僅《わず》かにある。特に最初の㊡となる法界上人堂のエリアは広いので混み合うこともないし重要だ。その後の佛海庵は歩き遍路に身命を捧げた佛海上人を祀った庵で建物内でも休憩できるし、建物の裏手には佛海上人が即身成仏した仏塔もあるので、是非参拝すると良い。なお『同行二人』には、佛海庵の前の通りを隔てて「土佐国入木管理所トイレ」があるように表示されているが、実際は離れているので要注意。私もこのトイレに入ったことがないが、国道55号線沿いにあるのではなかろうか？

写真15

写真14

淀ヶ磯三里を過ぎて佐喜浜港に着く。遍路道沿いの海は太平洋に近づいていくためか、沖合の色は黒く藍色になり、港湾内ではコバルトブルーから明るく澄んだコバルトグリーンになっていく。海岸の風景は室戸ジオパークと呼ばれる傾いて隆起した地層に変化する【写真14、15】。

本日の宿の「ロッジおざき」には午後2時40分着。言わずと知れた人気のロッジおざきは民宿徳増と共に、室戸岬への遍路宿過疎地を救ってくれる献身的な宿だ。洋風の外観と明るい室内で人気がある。

③2019（平成31）年4月28日（日）【別格通算12日目】

○宿「ロッジおざき」→88の25番津照寺→宿「遍路宿蔵空間」。

○本日の歩行距離23キロ。

ロッジおざきを午前7時20分に出発し、室戸岬をショートカットするコースへと進む。『同行二人』には書かれていないが、近年は宿として「サンフィッシュまんぼう」が三津漁港から南方1キロにあり、食堂も営業しているので至便。また今回のショートカットコース途中には「民宿山小屋」ができていた。更に三津漁港の北方500メートルの「へんろ小屋56番」には、室戸世界ジオパークセンターのおかげできれいなトイレ、自販機などの設備が整っているので有り難い。

写真16

写真17

三津漁港から県道202号線で88霊場の25番津照寺へと抜けるコースはホームセンターやコンビニ、スーパー、病院、郵便局と何でもそろっているので、歩き遍路の装備品を調達するのに良い。ほぼ道沿いで津照寺があるので巡拝し、海沿いの国道55号線を北上する。この辺りの道は、四国で時々目にする「ウミガメの産卵地」であり、変わった施設も見つけた。「これはちょうどいい所にトイレがあった」と思い近づいてみると、何とバスの停留所の待合室だった【写真16】。

本日の宿は、伝統的建造物群保存地区の吉良川《きらがわ》にある「遍路《へんろ》

宿《やど》　蔵空間《くらくうかん》」【写真17】である。豪商の家だったのか、邸内に広い庭もあり、蔵では昼食なども食べられる。設備は整っている一方、泊まる部屋は古風な趣なのでタイムスリップしたような感じもする。宿着は午後3時。洗濯機・乾燥機あり。

④2019（平成31）年4月29日（月）【別格通算13日目】

○宿「遍路宿　蔵空間」→88の27番神峯寺→宿「浜よし屋」。

○本日の歩行距離は20キロ。

遍路宿蔵空間を午前7時に出発。広い視界で海が見える高台の、トイレもある㊡で休んでいると軽自動車からドライバーさんが降りてきて、お茶のペットボトルをお接待してくれた。いつも通り「南無大師遍照金剛」と3回唱えつつ納札をお渡しすると、「この紙はどうしたらいいんですか?」とおっしゃる。伺ってみると、その方は今日が「お接待デビュー」とのこと。こういう方に出会えるのも嬉しいものである。デビューは一生に一度のことなので、できるだけ丁寧に御説明した。なお余談だが、納札には、読経時にお寺に納めるが（個人情報保護のため）住所を郡市区までとするものと、お世話になった方等に渡すのでメールアドレスや住所をキチンと記したものの2種類用意しておくのが主流のようだ。

弘法大師御霊跡手前の羽根岬、羽根岬公園をショートカットする旧道がある。『同行二人』には赤字で「中山峠道は海岸道より1・2km短い」とあり、現場の説明板に「お殿様も通った」と書いてあったので、以前の88霊場順打ちの時に歩いてみた。石畳といえばその通りであるが、地表に出た石の角が鋭角にとがった平石が敷き詰められており、急坂で転倒したらすり傷で済まないのが歴然としていた。滑りやすい雨天なら、なおさらである。今回の別格コースでは中山峠は通らずに、羽根岬コースへと足を進めた。

奈半利町を過ぎて数キロ歩くと、88霊場の「真っ縦《またて》」で有名な27番神峯寺《こうのみねじ》登り口の遍路宿「浜よし屋」に着いた。『同行二人』12版では載ってないが、以前の版では載っていた宿である。令和の10連休のせいかキチキチであった。浜よし屋は某サイトの口コミで散々な書かれ方をしていたが、実際は至って温厚な御主人であり、切り盛《も》りのメインが御主人一人になっているので極めて忙しい。大方の設備もある。浜よし屋を含めて、「唐浜《とうのはま》駅」南側の三つの遍路宿は、神峯寺登拝の、打ち戻りの荷物預かり所としても重要な所なので、是非利用して欲しい。

⑤2019（平成31）年4月30日（火）【別格通算14日目】

○宿「浜よし屋」→宿「住吉荘」。

○本日の歩行距離24キロ。

平成最後の日となった。浜よし屋を午前6時50分に出発。四国のこの地方もゴールデンウィークならぬ令和の10連休で、グループでの自転車やオートバイでのツーリングが目立っている。順打ちの時にも思ったが、結構記憶に残る看板が多いので、「ああ、ここまで来たのかあ」と思う【写真18、19】。道中で二度と忘れられないのは、『同行二人』30ページの中段の地図〈30－2〉赤野駅の右側（東側）1センチ弱にある「遍路接待所」内の様子である。何かいるっ、と

写真18

写真19

写真20

写真21

いう感じとでもいうのかな【写真20】。

昼過ぎから本降りになってきた。何回か夏に「凍らせたペットボトル」のお接待というのは過去にあったが、「製氷機から好きなだけ持っていって下さい」というのは初めてであった【写真21】。これはロイヤルホテル土佐を右手に見ながら、1キロほど歩いた左手にあるトイレの脇にあるので見逃し（取り逃し？）やすい。また直後の左手の道路沿いの老人ホームの建物の道路沿いに「遍路休憩所」がある。清潔で良い感じである。トイレがないのだが、ホームに頼めば貸してくれそうであるが、いかが？

本日の宿は「住吉荘」、午後2時40分着。なお住吉海岸は第二次世界大戦でモーターボート（！）特攻基地があり、終戦の翌日（！）に爆発事故で一瞬に100人超（！）の命が失われている。住吉荘の東側直ぐにある「震洋隊殉国慰霊碑」は慰霊したい所である。

⑥2019（令和元）年5月1日（水）【別格通算15日目】

○宿「住吉荘」→88の32番禅師峰寺→宿「えび庄」。

○本日の歩行距離20キロ。

本日で改元となり、令和元年の5月1日だ。本日は『同行二人』から離れて、高知市中心部を通らずに進む。つまり国道55号線から赤岡郵便局・香南警察署近辺で県道14号線へと左折（西進）して、高知龍馬空港の南側を通り、土佐湾沿いに浦戸湾、88霊場の33番雪蹊寺手前辺りまで進む予定である。しかし昨日の午後から降り続いている小雨がやまずにいるので気が重い。

空港辺りから本降りになってきた。何せ別格コースには㊡が殆どないので、菅笠を外し荷物を下ろして、休むことができない。空港を過ぎて10分も歩かないうちに左側に「ビストロセルフィーユ南国店」（現在は閉業）を見つけ、ランチタイム開始と同時に駆け込んだものの、クルマでファミリー層が駆けつけてくるので即座に満員。ゆっくりくつろぐこともできなかった。クルマで来る人たちは駐車場の取り合いになるのだろう。公共交通機関の発達した都会なら、ここまで急に混むことはないと思う。

「おお、そうだった」と気づいたのが街道沿いの土産物店に入れば愛想良く、休憩用の椅子でも出してくれるに違いないと。以前から目をつけていた「土佐の○○家」という青果物の土産店にカッパのまま、雨の中で入った。前のお客が去って、店には若い女性が一人でこちらを見ている。「こちらのミカンの味見しませんか？　おいしいですよ」でもないし「雨具を取って、椅子に座って休憩しませんか？」でもない。『同行二人』88霊場のコースではないから歩き遍路を余り見たことがないのかもしれない。仕方がないので、私からお世辞を言って話しかけると、店の商品を勧めてくる。「休ませてくれるだろう」という私の目論見が甘かったのだ、修行、修行。

私は以前から、自宅の妻、長男・その奥さん・孫宅、長女宅に、高知のものを土産に宅配しようと考えていたのであった。いくら信心の歩き遍路とはいえ、区切り打ちなら何日も、通し打ちなら何十日も家を空けたままでは迷惑がかかろうというものである。その償いに（というほどでもないが）、各宅に送らせて頂いた【写真22】。

写真22

土佐の○○家を出ると、すぐに88霊場の32番禅師峰寺《ぜんじぶじ》の下を通るトンネルが目の前に現れた。道中ならば88霊場も巡拝すると決めていたものの、雨の中、しかも人によっては「禅師峰寺への登りは遍路ころがしだ」という急な登りなので禅師峰寺に行くか否かいささか悩んだ。結局、「まだ時間が早い」「行かない後悔よりは行っての後悔」と考えて、雨の中の登拝を選ぶ。参拝

写真23

後、改めて見てみると、本堂手前に芭蕉句碑があったりと意外に収穫があった。納経所では十人近くが納経所の空間を占領していて動かない、なぜ？　よく「お寺の本堂や大師堂では、後から来る人のためにあけておいて下さい」と全ての四国遍路が言われているが、納経所への応用までは頭が回らないのか。そこのメンバーのリーダー格のような男性に「雨の中で滑りながらでも登れましたけど、下りは落ち葉が濡れていて滑るから危ないですよね、舗装の車道もあるけどどうしますか？」と聞いたところ、「ああ、そこまでは考えてなかったなあ」との返事。一事が万事なのだろう。

結局この日は浦戸湾の「種崎の渡し」手前（東側）の宿「えび庄」に午後3時に入った。

⑦2019（令和元）年5月2日（木）【別格通算16日目】

○宿「えび庄」→88の33番雪蹊寺→88の34番種間寺→宿「ビジネスイン土佐」着。

○本日の歩行距離20キロ。

えび庄を午前7時15分に出発し、余裕を持って種崎の渡しのフェリー(県道扱いなので無料。昼間は便数が減るので要注意)に乗り【写真23】、88霊場の33番雪蹊寺、34番種間寺巡拝後、土佐市高岡町の「ビジネスイン土佐」着。

晴天にしては少ない歩行距離なのは、数少ない、本日の宿までの歩行距離を調節していたからである。また、翌日の別格5番大善寺の巡拝後に、愛媛県宇和島市の別格6番龍光院へ行くのに、国道197号線に入る北コースか、88霊場の37番岩本寺まで行ってから国道381号線で行く南コースかの、どちらを選ぶかを考えていたからである。両方とも舗装道路なものの、前者のコースの方が距離は少々短い。しかし令和の10連休で宿が全然取れない。既に予約した人の直前キャンセルもあろうかと北コースの宿を何回も予約サイトで見たり、直接電話してみたりしたが、北コースの宿は絶望的だった。ネットでの予約ができない、グーグルマップにしか出てこないような北コースの民宿や旅館は高齢化で廃業済みだったり、大学のクラブでの合宿による貸し切り、個人のキャンプによる利用があったりなど、連休中の四万十川に近い地域の客層は広く大きいのだと思わずにはいられなかった。

⑧２０１９（令和元）年5月3日（金）【別格通算17日目】

○宿「ビジネスイン土佐」→別格5番大善寺→宿「ビジネスホテルマルトミ」。

○本日の歩行距離21キロ。

ビジネスイン土佐を午前7時15分に出発。『同行二人』の88霊場コースならば南進する県道39号線を歩かずに、別格5番大善寺がある須崎を直接目指す国道56号線を西進する。

山や畑の中を時折高速道路と交差しながら、㊡のない単調な道をひたすら歩く。ＪＲ土讃線の吾桑《あそう》駅に着く手前（北東側）の、吾桑トンネルが見えてくる直前の停車エリアで休んでいると、西にいる私の方に向かい「富士山が載ったリヤカー」を押して歩いてくる若者がいる。「何なの？　これって、もしかしてドッキリカメラ（今で言う「ニンゲン観察モニタリング」）？」としか思えない。または「この若者って、もしかしたら……？（失礼、ごめん）」。白衣や菅笠、金剛杖などのお遍路装備がないので歩き遍路ではなさそうだ。互いに片手をあげて挨拶して、そのままになった。せめてこの若者の話を聞くなり、写真を撮らせて貰うなりすれば良かったのにと後悔が残った。「別格徳島県⑩２０１９（平成31）年4月26日（金）【別格通算10日目】」で出会った、黒衣の歩き遍路さん以上にショッキングな若者であった。

別格5番大善寺参拝後に、大善寺から数分の「ビジネスホテルマルトミ」着、午後4時5分。昨日ビジネスホテルマルトミに予約の電話をした時に「チェックインは午後4時からですので、午後4時前に来ても入れませんし、食事は近くのスーパーで買うかファミレスで食べられます」と繰り返して言われていた。確かにその通りの好立地だったのは間違いない。有料で洗濯機・乾燥機あり。

⑨2019(令和元)年5月4日(土)【別格通算18日目】

○宿「ビジネスホテルマルトミ」→宿「ゲストハウス4001《しまんと》0」。

○本日の歩行距離26キロ。

ビジネスホテルマルトミを午前6時に出発し、当面のところ海沿いの国道56号線を南西に進む。結局本日の宿は「ゲストハウス4001《しまんと》0」しか(ごめん)取れなかった。日本の若者や外国人にも人気があるというゲストハウスとはどういうものか? 泊まったことがないので分からない。電話で予約した時に「二段ベッドで男女同室ですけどいいですか? 食事の用意もできませんので、途中のコンビニなどで買ってきて下さい」と言われたが、いいも悪いもない、ここしか空《あ》いてないのだから（ごめん）。これも修行修行である。また、男女同室と言われドキドキした。修行が足らん。

途中の角谷《かどや》トンネル、焼坂《やけざか》トンネルなどは、歩行者を守る段差のある歩道がなく、ガードレールもないので非常に怖い。今までも、これからも歩行者や歩き遍路を守ってくれる段差やガードレールがないトンネルが「現代の遍路ころがし」と言われ続けて四国にある限り、たとえ四国遍路が世界文化遺産になったとしても、歩き遍路たちは胸を張って心から世界に対して「四国遍路が世界文化遺産になったから日本の四国に来てくれ」と言うことはできないと思う。

写真24

さて、久礼《くれ》の町を通る。国道56号線から東側に少し外れて久礼の町中に入る歩き遍路は、左側の倉庫の扉に「土佐の一本釣り」の主人公・純平の大きな絵が描かれているのに誰もが目を引かれる【写真24】。この倉庫の扉絵を見ると、高知県も半分来たかなあと思う。88霊場の順打ちだと、この先の37番岩本寺から足摺岬先端の38番金剛福寺までの距離が長いからである。

久礼の町から七子《ななこ》峠・岩本寺方面に向かうには、有名なそえみみず遍路道の北コースか、大坂谷川沿いに進む大坂遍路道の南コースがある。以前の88霊場順打ちでは雨天の翌日に南コースの大坂遍路道を通って、長さが30センチ超の大ミミズを見つけた。これは学名「シーボルトミミズ」、現地の方は「カンタロウ（寺内貫太郎から来てる？）ミミズ」と言うらしい。それ以来「そえみみず遍路道」という名称には、ちょっと背を向けたくなってしまうのである。「カンタロウミミズ　大量発生」でネット検索すると、ぞっとするような動画が出てきてしまうのだ。結局今回も大坂遍路道を選び、七子峠展望台直下の「梯子のような階段」を登った【写真25】。ここまで、もちろん多少の崩落があり、一歩間違えば谷底へという所がないわけではないが、今回も大方良い道であった。よく「地獄の七子峠」というのを耳にするが、これは夏の炎天下を国道56号線で東側から登った場合を言うのではなかろうか。なお、途中の危険なトンネルでは防塵マスクのお接待があった【写真26】。四国全土のトンネルの前後で「体に

写真25

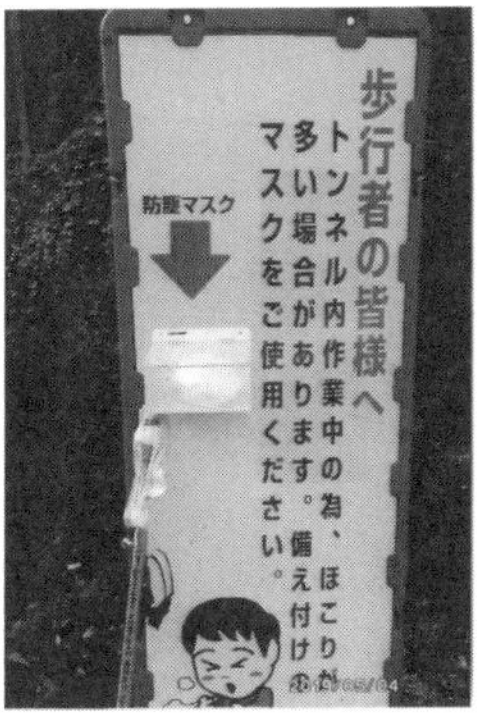

写真26

写真27

斜めに掛ける反射タスキや金剛杖に巻く反射テープ」を一時貸し出しする無人お接待は時折見かけるが、防塵マスクの無人接待というのは、この工事中のトンネルでしか見かけなかった。

　七子峠から国道56号線で進む道は、ゆっくりとした下りの舗装路なのでグングンと距離が伸びる。私が過去に一日の最長歩行距離になったのが、このコースである。また、この道沿いには国道から引っ込んだ自宅での有人お接待が何軒かあるらしいが、歩きにスピードがついていて寄ったことがない。また無人の㊡の東屋の遍路休憩所でも、小袋に入った菓子の無人お接待もある。そのような道中で道端に腰を下ろして休んでいると、昨日出会った「緑色の富士山が載ったリヤカー」を引いて歩いてくる若者が後方からやってきた【写真27】。私は、何という出会いだろうと飛び起きて話を聞いた。自分の夢を実現するために働いて資金をためて、この旅をしていると言う。この旅とは「リヤカーに緑色の富士山を載せて日本一周すること。リヤカーに載せてある富士山は発泡スチロールで作り緑色に塗った」と言う。余りの想定外の答えに少々カンパさせて貰うと、彼は富士山の頂《いただき》部分を外《はず》して中から四角いハンカチくらいの大きさの白い布を私に差し出すではないか。「これにあなたの夢と名前を書いて下さい。日本国中の人の夢を書いて貰って、日本一周した後に、どこかで会場を借りて全部を展示したいんです」と言う。私は早速「理論物理学の世界が仏教理論に追いつくこと」と書かせて貰い、彼はその布を緑色の富士山の中に収納して出発した。なお彼については「緑富士　リヤカー」でネット検索すれば出てくるので気になる人は見て欲しい。なお緑色の富士山ではなく、青色やピンク色の富士山を引く別な人がいることにも驚いた。

本日の宿のゲストハウス４００１０までとうとうコンビニが見つからず、宿の先の「ローソン四万十町中央インター店」まで歩いて買い物をしてから宿まで戻ることになった。往復3キロ弱の徒労というか修行である、「いつまでもあると思うな、コンビニと宿」ということろ。ゲストハウス４００１０とコンビニ間は丘になっているため更に疲労困憊し、ローソンに着いたら足が動きづらくなったため、ローソンの手前（北東側）にある「洋食堂ケルン」に入った。小ぎれいなレストランで、軽くも重くも（?・）食べられる。

宿の「ゲストハウス４００１０《しまんと》」には午後4時10分着。本日の宿の管理人の女子大生二人から「今日は男性ばっかりで、既に個室は予約が一杯なので二段ベッドの部屋になります。あなたが最初にチェックインしてますので、どのベッドでも選べますよ」とのこと。もちろん下のベッドを選んだ。ゲストハウスに泊まるのは初めてであり、ゲストハウスによって多少の差があろうが、遍路宿にあるような設備が大方あるし、持参した飲食物のための食器やら電子レンジ、調味料やらは使い放題で、冷蔵庫も御自由にとのこと。これって結構遍路宿のライバルになるかもという印象を受けた。遍路宿では個室が基本で、食事の時のみに（歩き）遍路たちが互いにアドバイスや相談をするなどの姿が見られるが、ゲストハウスでは「コミュニケーションを取らざるを得ない」状況が常にあるからだ。

⑩２０１９（令和元）年5月5日（日）【別格通算19日目】

○宿「ゲストハウス４００１０」→88の37番岩本寺→ＪＲ四国の予土線の土佐大正駅→鉄道→土佐くろしお鉄道の中村線の窪川駅→宿「岩本寺宿坊」。

○土佐大正駅までの歩き遍路としての本日の歩行距離28キロ。

ゲストハウス４００１０を午前5時に出発。出発が早いのは、遍路宿ならばという朝食時間の制約がないゲストハウスだからである。宿を出発し南下、88霊場の37番岩本寺から

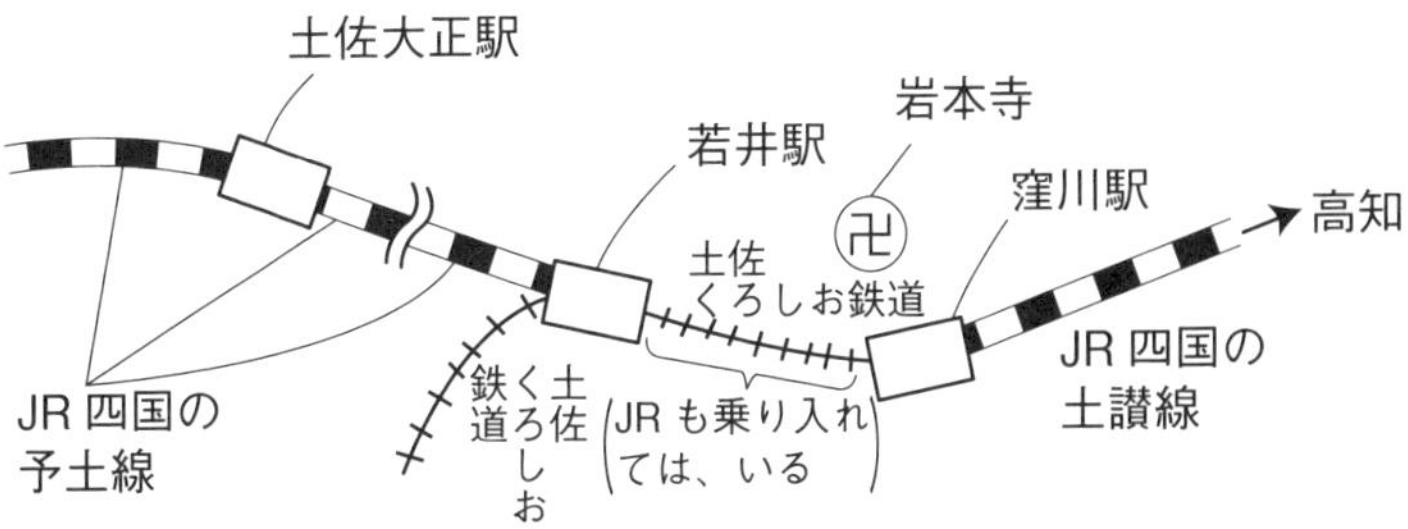

右手（西側）に折れて国道３８１号線を進む。国道３８１号線と並行するＪＲ四国の予土線の所まで歩き、令和の10連休で宿が取れないので公共交通機関に乗り、岩本寺に戻って宿坊に泊まるという変則的な歩きになる予定だ。

結局ＪＲ四国の予土線の土《と》佐《さ》大正《たいしょう》駅まで歩き、予定通り予土線に乗って、岩本寺に戻って宿坊に泊まった。なお、土佐大正駅から乗るのはＪＲ四国予土線であり、途中の若井駅からは土佐くろしお鉄道中村線になる。その土佐くろしお鉄道の中村線で、岩本寺のある窪川駅に着くという極めて紛らわしい名称変更があるので、このコースを歩こうという人は気をつけて欲しい。また岩本寺宿坊は設備も整っているし遍路用品も販売している。朝の勤行も短すぎずで文句のつけようがない宿坊である。

⑪２０１９（令和元）年５月６日（月）【別格通算20日目】

○宿「岩本寺宿坊」→タクシー→ＪＲ四国の予土線の土佐

写真28

大正駅→宿「十和温泉」。

○土佐大正駅からの歩き遍路としての本日の歩行距離17キロ。

岩本寺の宿坊を午前9時に出発して近くのタクシー会社からタクシーに乗り、土佐大正駅で降りることにした。タクシーの準備ができるまで、会社の方と話をした。六十代くらいの男性だったが、今のお遍路さんに対する四国の人たちの態度に違和感を覚えているとおっしゃった。自分たちが子供の頃に（歩き）遍路の人たちは怖い存在だったらしいのだ。自宅にやってきては勝手に玄関でお経を読んでお布施を請求していた。また祖父母や両親は、子供である自分に「言うことを聞かないとお遍路さんに連れてって貰うよ」と言ったとか。なので、今みたいに、遍路の人たちに「ご苦労様、頑張ってるね」とチヤホヤすることに違和感を覚えるとおっしゃった。

タクシーは土佐大正駅に着き、本日はここからがスタートになる。令和の10連休・ゴールデンウィークも本日までなので、今夜から宿は激空《す》きになるはずだ。土佐大正駅を出て、大正《たいしょう》の町を歩いていると、妙な銀行があった。「妙」というより「ふざけすぎ」ではないか【写真28】。または「銀行にお金を預けるなんて、あなたは酔っ払いですか？」とのキツい洒落か、とも思ったが本当の焼酎を預けている「銀行」らしい。いや、焼酎しか預けられないという方が正しい。預けてある焼酎には焼酎の利息が付くと言うから恐れ入るではないか。土佐人の、お酒に対する発想たるや……。

写真29

写真30

清冽な四万十川に沿い、予土線に沿い、国道３８１号線を歩く。歩道の有無を気にしないほどクルマやトラックも少ない。十川《とおかわ》駅の手前数百メートルの左側（四万十川寄り）に「こいのぼり公園」があった。対岸にケーブルを渡しての河原の鯉のぼりである【写真29】。ちょうどこどもの日前後であり、シーズン中だったのだ。駐車場にはトイレもあるし、今だけかイートインもできていた。掲示物によると、河原の鯉のぼりの最初はここだとか。

本日の宿は「十和《とおわ》温泉」で、午後3時15分着。歩く距離は多くなかったが、思っていたよりも時間がかかっている。

東京では見ることのできない風物を道々に路傍に見ることができて、別格コースの面白さを感じた。88霊場コースなら事前にネットや書籍でたくさんの情報が入ってくるので、歩いて見る風物が追体験になってしまうし、私の歩き遍路では「弘法大師空海の事跡、伝承施設以外は訪れない」と思っていたので避けていたからである。

なお宿は立派な施設だったが、激空きどころではなく宿泊者が私一人であった。館内にも鯉のぼりが飾ってあり【写真30】、鯉が登るだけではなくて子供が鯉によじ登るとの意味もかけているのだろうと思われた。

⑫2019(令和元)年5月7日(火)【別格通算21日目】

○宿「十和温泉」→伊予愛媛県編に続き、宿は「末廣旅館」。

○本日の歩行距離23キロ。

宿の十和温泉を、ゆっくりと午前8時50分に出発した。この数日は別格のみのコースであり、本日の宿は23キロ離れた「末廣《すえひろ》旅館」だ。事前にこの宿の情報が入手できないので、楽しみのような怖いような……。

道は昨日と同じ国道381号線。JR四国の予土線に沿って、川に沿って歩く。ただし十和温泉を出てからしばらくは四万十川であるが途中から広見川に変わる。ただし広見川も四万十川水系の支流なので、「ここからが広見川だな」と気づくことはない。ただ、ある地点から川が狭くなったなあと思ったら広見川になっていたという感じである。狭くなっただけでなく、「あれっ、川面に小さな物が大量に浮かんで流れていく。清流なのにゴミや排水の汚れの固《かた》まりがあるのかな？」と疑問が膨らんだ。何しろ川の結構な距離を、大量な小さな漂流物が流れているのだから。

こうして川の流れを横目で見ながら歩いていると道路脇に長さ30～40センチ、太さ1センチくらいの黒いコードがゆっくりと動いていくではないか。おお、やっと本物に会えたぞ、カンタロウミミズに【写真31】。別格コースのここまでで何匹か干からびた死体のカンタロウミミズを見つけたことはあったが、カンタロウミミズはゆっくりと動いている、生きたのが一番。薄黒色の表皮の中で動いている緑色やオレンジ色の内臓に、四国の野生の力強さや得たいのしれなさを感じてしまう。だからシーボルトミミズではなくカンタロウミミズと呼びたい。

写真31

C．伊予愛媛県編

【別格愛媛県の分岐点】

a．別格6番龍光院を打った後は、88霊場の43番明石寺《めいせきじ》前後まで88霊場との同コースだが、その後に別格7番出石寺《しゅっせきじ》まで、どのように行くかである。宿を安全に確保するなら88霊場で『同行二人』が示しているようにJR四国の予讃線の伊予平野駅辺りから西進する大洲コース。または明石寺から西北に進んで八幡浜市から別格7番出石寺を目指す八幡浜コースである。大洲コースの方が距離は長いし、出石寺に着くまでに二山《ふたやま》通るような感じ、ちょうど88霊場の11番藤井寺から12番焼山寺に歩くような感じである。それ以外にコースはないのか？　またはコースの改良は？

b．内子から別格9番文珠院に向かうのに、ほぼ北へ直進の国道56号線を通る大洲街道コースか、内子から最初は『同行二人』利用で、途中から国道379号線に入り砥部町を通る砥部コースである。北進コースは宿が全く未知数なものの距離は短いが、砥部コースは距離が長く山道だが宿の確保は安心である。どちらを選ぶか。

c. 別格9番文殊院から別格10番（西山）興隆寺までは『同行二人』から離れるが、県道と国道を利用、東進して高縄半島の根元をショートカットするしかないと思う。ただし『同行二人』とは全く離れるので宿の不安が大きく残る。宿が全く取れないなどの最悪の場合は、タクシーや（あれば）路線バスを利用して近くの宿に辿り着くしかない。また郊外や山中なのでハッピーホテル（旧称ラブホテル）に泊まるのも選択肢として考えられる。

d. 別格13番仙龍寺、別格14番椿堂、徳島県の別格15番箸蔵《はしくら》寺、香川県の別格16番萩原寺を打つ順番である。このエリアは天候と宿に影響される度合いが大きい。歩き具合により仙龍寺と椿堂の順は変えるのに躊躇しないこと。また、椿堂と箸蔵寺間の宿の有名な「四国歩き遍路中で一番予約を取りにくい民宿岡田」は、満室ならば民宿白地荘に送迎してくれるそうなので、迷ったら電話してみること。年度や季節にもよるが以前ほどの混みようではないらしい。そして、萩原寺には国道11号線から入る海沿いコースや県道8号線から入る山越えコース、その後に続いて箸蔵寺に国道32号線から北側から入る北回りも検討に値する。別格15番箸蔵寺と別格16番萩原寺は愛媛県ではないが、その直前の別格寺とコース的には一体と思われるので、ここに記した。なお

―山間部の冬期は通りにくくなる箇所もあるので要注意。

①2019（令和元）年5月7日（火）続き【別格通算21日目続き】

〇宿「十和温泉」↓土佐高知県編から続き、宿は「末廣旅館」。

〇本日の歩行距離23キロ。

いつの間にか愛媛県に入っていて、宿の末廣旅館に着いたのは午後4時10分。宿泊する本館と食事場所の和風割烹店の2棟ある。前日の宿の十和温泉と同じく宿泊者が私1名だけだった。年配の女性主人から、風呂は同じ松野町内のJR予土線の松丸駅前にある「森の国ぽっぽ温泉」に行くようにと言われ、入浴券・石けん・タオル等が入ったカゴを受けとった。宿から森の国ぽっぽ温泉までは、松野町のメインストリートをゆっくり歩いて10分足らず。スーパーもあれば町役場もある、郵便局、銀行、電気店、食堂と何でもあるので別格コースの補給場所として最適だ。

夕食時に女性主人から、「ここまで歩いてくる時に、川に何か浮かんでなかったかい？」と聞かれた。私が「遠かったから何か分からなかったけど、小さな白い物が一杯に流れてましたよ」と答えた。彼女は「あれは桜の花びらなんだよ。でも、他の所で見かけるピンクのソメイヨシノと違って、白いヤマザクラだから気がつかないんだけどね」とおっしゃった。そうか、川面の小さな白いものは花筏《はないかだ》だったのか。咲く時期も色もソメイヨシノと異なるヤマザクラの花筏とは、世の中広いなあと自分の不明を恥じた。

②2019（令和元）年5月8日（水）【別格通算22日目】

○宿「末廣旅館」→別格6番龍光院→宿「民宿みま」。

○本日の歩行距離26キロ。

末廣旅館を出発しようと玄関で靴を見るとピカピカである【写真32】。宿の方が金剛杖を洗って下さることは今まであったが、靴磨きではお接待である、何しろ数少なくなったものの、靴磨きは都市では対価がかかるのだから。今まで余り考えたことがなかったが、靴磨きのお接待はあちらこちらの宿で頂いていたのかもしれない、これも自分の不明の一つであろう。しかも末廣旅

写真32

写真33

館を午前7時15分に出発する時に100円硬貨を1枚下さった。前夜支払った宿代の値引きのお接待である。「歩き遍路の方だけなんですよ」と。お接待を全く予想していなかった別格コースだけに、この1泊でお接待尽くしという感じを受けた。もちろん納札をお渡しして「南無大師遍照金剛」と3回唱えて出発した。

末廣旅館から国道381号線で西進し、永野市交差点で国道320号線へと左折。この交差点にある「道の駅　広見森の三角帽子」には、㊡・食道・販売店・トイレなど何でもあるので助かった。なお駐車場の中央に、地上からの高さ5メートルくらいの赤鬼の像（鬼王丸とからしい。フィギュアか？）が立っているので迷うことはない【写真33】。

ここから別格6番龍光院までが13キロ。須賀川ダムの南側を通り、宇和島の市街地に入る直前に出来立てできれいな「天神トンネル」がある。この種のトンネルは歩行者通行禁止の場合があるので宇和島市役所に電話したところ、通れますとのことだった。

別格6番龍光院は丘の上にある。さすがに本堂前まで上れば景色が良い。ここの納経所から「湯上がりたび」のお接待があった。「歩き遍路の方にお渡しししてます」とのこと。宇和島って、温泉地帯だったのかなあ？

宇和島市から国道56号線・県道57号線を北進する。本日の宿の「民宿みま」までは、緩かったりきつかったりのひたすら上り坂であるが、目立った㊡がない。『同行二人』に載っている「へんろ小屋21番・宇和島光満《うわじまみつま》」は簡易トイレにグルグル巻きで縄が掛かっていたり、休憩小屋・エリアに草が茂っていたりで入って休める雰囲気ではなかった。ただし途中に飲み物の自販があるので道端に腰掛けて休むのがいいだろう。

本日の宿「民宿みま」着、午後3時15分。「みま」とは地名の「三間」に由来している。本日近くにコンビニ2軒とか「道の駅みま」とかがあるので、歩き遍路には便利である。本日も宿泊者は私1名だけだからか食事を部屋まで持ってきてくれた。これだと宿の人と話もできないので残念である。ご家族で経営しているのか、二十代の男性が世話をしに来てくれたのが珍しかった。

③2019（令和元）年5月9日（木）【別格通算23日目】

○宿「民宿みま」→88の42番仏木寺→宿「ホテルビアス」。

○本日の歩行距離28キロ。

明日の宿を別格7番出石寺の宿坊（食事が出ないのが残念）と決めたものの、本日の宿が朝の段階で未定である。出石寺に向かうのには、最短な上に上り坂の安定している八幡

写真34

山コースが好ましいのだが、結局宿が見つからなかったのだ。それで88霊場で『同行二人』が示しているような大洲コースを進むことにした。大洲コースはJR四国の伊予大洲駅の手前（南側）2キロ余りにある大洲西トンネルから、88霊場コースを離れて出石寺に西進する道で、出石寺と民宿みまの間にちょうど良い歩行距離での民宿・旅館・遍路宿が欲しいがない。色々と検索の結果、国道56号線の鳥坂《とさか》トンネルの手前（南側）にハッピーホテル（旧称ラブホテル）があるらしいことが判明した。しかしそれは最後の手段。結局、宿の決定は本日の午後の3時以降という遅い時間帯にずれ込んだ。

民宿みまを午前7時10分に出発し、県道31号線を北進する（宇和島から民宿みままでは県道57号線だが、民宿みまから北進するのは県道31号線である）。道沿いの88霊場の42番仏木寺《ぶつもくじ》を参拝した。仏木寺は納経所に柑橘類のお接待が毎回あって、当てにしてしまう【写真34】。しかしその後のコースをグーグルマップで検索すると、どうしても県道279号線へと左折・西進して大きく迂回する遠回りコースを進んでしまう。なぜか？　これは何年か前の順打ちの時もそうだったことを思い出した。その時は歯長峠・歯長トンネルの手前（南側）の上り舗装道路が崩落していたのだった。今回も同じなのか？　何年も工事が続いているなんて考えられないし、それで工事したのに2年前の大雨で再度崩れるような工事があり得るのだろうか？

結局『同行二人』の53ページの黄色の囲み記事のような状況が続いており、大規模な土木工事をしていた。予算がないので道の大規模な修理ができないと四国で何回も聞いているから、この工事も以前からの続きなのかもしれない。私は工事の方々に「御苦労様です」と声をかけながら進み、やはり歯長トンネルを通ることとした。ところで歯長トンネルにはオカルトの話題がある。通ってみるとトンネル天井のライトや壁面、路面にそのような雰囲気を醸し出すものが感じられないわけではないが、一番感じたのはトンネル中央部で急に気温が下がったことである。トンネルの傾斜や風向の具合が関係するのだろうと思った。

歯長峠を過ぎるまでの県道31号線、肱川《ひじかわ》に沿っての県道29号線、大洲を目指しての国道56号線と道路名が次々と変わるが、軽快な舗装路である。時間は刻一刻と過ぎるので宿を決めなくてはならない。万が一に満室だと困るので、事前に「歩き遍路で一人ですが泊まれますか?」と電話確認して、ハッピーホテルの「ホテルビアス」に泊まることにした。ハッピーホテルに予約して一人で泊まるって、変だよね。ここでは食事はないので、明日の出石寺宿坊の分と併せて2泊分の夕朝食を途中のコンビニで買った、重たい。ホテルビアスには1室1車庫の従来型の建物と、少々値段が高い高設備型の建物があるが、私は従来型にした。なお、この2タイプあるうちのどちらかが「ホテルビアス　プラスアルファ」との名称である。どっちがどっちなのかはネットでも混乱しているので、事前に電話してみるのがよい。また、お遍路割引料金が先着数名に限ってあるので、(歩き?)遍路の利用が時折あるのだろうとも思われた。

ホテルビアスには午後4時15分着。私は知るよしもなかったが、1泊料金には厳密にチェックインの時刻が設定されており、通常のチェックインの時刻の前に入ると30分刻みで結構な料金を取られるのだ。それで、ホテルの管理人の方から「今入ると3000円も余計に取られるから、ちょっとここ(管理人室)で待っててていいですよ」と言われた。これもお接待の一種だろうと思って、従うことにした。なお食事は、入室してから結構細かな出前もできるというのも初めて知った。

④２０１９（令和元）年５月10日（金）【別格通算24日目】

○宿「ホテルビアス」→別格７番出石寺→宿「出石寺宿坊」。

○本日の歩行距離28キロ。

持参した食品をホテルビアス内で食べて、朝の６時20分に濃霧の中を出発した。早出したのは別格７番出石寺へは、旧道の山道を通るので迷うのが怖かったからである。まず歩行時間に余裕を持つのが、迷ってしまった場合に備える事前の対処法の基本であると思う。宿を出て直ぐに国道56号線の、「四国歩き遍路で一番怖い」という鳥坂《とさか》トンネルに入る。鳥坂トンネルの怖さは順打ちの時に味わっているので、今まで目にしていても一度も借りたことがない、反射タスキ２本の無人お接待を利用した。前回の順打ちの時の体験をもとに、腕巻きタイプで点滅するＬＥＤライト（品名は「エルパＬＥＤマーカーライト・バンドタイプ」）を車道側に掲げながらトンネルに入っていく【写真35】。いつもは道路の

写真35

左側を歩くのだが、この鳥坂トンネルだけは衝突してくるかもしれないクルマに備えて右側を進行した。入り口までは濃霧のため何も見えないから何が何だか全く分からないが、長い鳥坂トンネルには段差のついている歩道がないだけでなく、路側帯が数十センチと極めて狭いのだ。ドライバーが少しでも脇見をしようなら、歩き遍路の一命なんて、あっと言う間に消えてしまう。とりわけこの時間帯は市場の開場やスーパーの開店に間に合わせようと大型トラックの移動が激しいので、鳥坂トンネル内は常に轟音の渦である。

鳥坂トンネルは鳥坂峠《とっさか》と並行しているので、トンネルを出ると下り坂。しかしトンネル内で気持ちが緊張し消耗しているので、下り坂の嬉しさを感じずに大洲西トンネル過ぎまで来てしまう。このトンネル、JR四国の予讃線を過ぎると、道はいよいよ別格7番出石寺への上り坂となる。今後、出石寺に着くまでに一切のコンビニや食堂類がないので、事前に検索しておいた「JA愛媛たいき平野支所」で食品を購入する。この店では年配の女性が一人でいて、お茶のペットボトルのお接待を頂いた。ここを左折して県道234号線に入り、のんびりした田園地帯を進むのだが、自転車に乗った年配の男性が話しかけてきた。出石寺に行くんですと言うと、「あんな所、地元の人でも歩いて、よう行かんで。ここから出石寺に行くには二山《ふたやま》越えにゃならんからのう。あそこに見える山の、もう一つ先じゃあ。ここからは見えん」とのこと。二山越えると言われると88霊場の12番焼山寺への道を思い出す。それで意気消沈どころか、逆に嬉しくなってしまうのが歩き遍路の不思議なところで、気を引き締めていこうとやる気が出てくるのだ。

『同行二人』の94ページの左下隅の所、沼田川沿いに歩き遍路は直進して95ページの旧道へと進むのが正しいのだが、私はこの交差点を「左折」してしまった。この分岐には確かに白四角板に赤文字の歩き遍路の道順看板があったのだが、『同行二人』の地図の様子、道の様子が正しくなかったのである。実は右から来て「地図上は下側に行く」県道は車道で「実際は直進」であり、遍路道は右から来ると『同行二人』の「地図上は直進」だが「実際は右折」になる。国土地理院の５００００分の1か２５０００分の1の地図を、『同行二人』にトレースする際の写しミスなのだろうと勝手に推測している。結局は『同行二人』を信用するか、現地の白四角板の看板を信用するかの選択になろうが、まさか地図にミスがあるわけないと思っていた私のミスだった。

歩き遍路だけでなくクルマも極端に少ないので、車道も自然道のようである。歩き遍路が別コースの車道なので、㊡など全くないし自販機もない。道端に座って休んでいると、直ぐに蚊がやってくる。歩き始めても蚊がついてくるし、歩きに合わせてトカゲが叢《くさむら》でガ

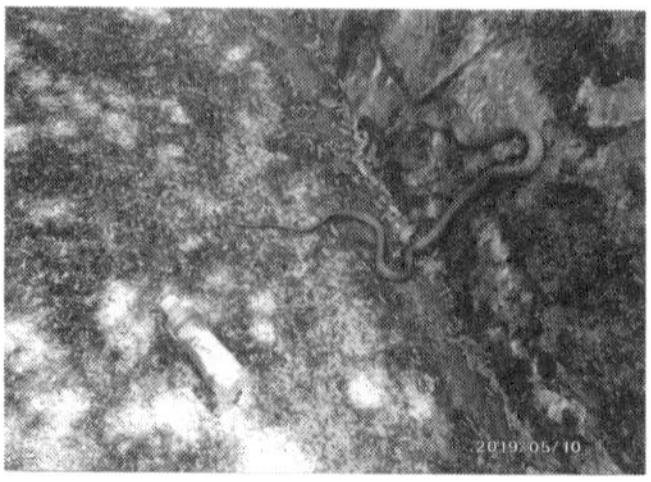
写真36

写真37

サガサと常に動いている。今までだったら逃げていた蛇（アオダイショウか）も、ここでは民家の玄関で昼寝していて動かない【写真36】。それでも、間違えていたと知らずに進んでいた県道234号線が、別格7番出石寺への車道であることが幸運だった。なかなか着く気配がないので、道を間違えたという恐怖心が増大してきた頃にY字路にさしかかり、出石寺への道はコチラという看板が見つかって、心の底からホッとした。

　しかし一難去って、また一難。なんと出石寺への道は歩行者も自動車も通行止めの、全面通行止め【写真37】。ここを通らないなら、どう行ったらいいのか？　ここを通らずに迂回したら出石寺に明るいうちに着けなくなるのではないか、暗くなったらどうしよう、こんな山奥なのに。ここで果たしてスマホが通じるのか（？）と思ったが、一か八か、残りの充電が少ない中で出石寺に電話してみた。すると若い男性の声で、「その全面通行止

写真38

写真39

めを越えてから……」と道順を教えてくれた。全面通行止めって越えていいんだと目からウロコが落ちる。その先の大きく崩れている場所で国土交通省の二人の方が話している。私が「私は歩き遍路ですが、この先の別格7番出石寺の方に電話したところ、この全面通行止めを通っていいと伺いましたので参りましたが、通っていいのでしょうか？」と低姿勢で伺ったところ、その方は「ええ、いいですよ。気をつけて通って下さいね」と拍子抜けするほどアッサリ通してくれた。しかし全面通行止めの道である。数百メートルも行かないうちに地滑り動態観測地区や倒木多発地区となった【写真38、39】。これらの危険地区通過後は平穏な農村地帯となり、出石寺到着は午後3時半。歩行距離が28キロだった。

　出石寺納経後に、自分が宿坊に本日泊まらせて頂くことを告げると、食事は出ないが境内の土産店で開店中は蕎麦を食べられること、カップラーメン（お湯はサービス）なら納経所で売っていることなどを教えてくれた。この日も宿泊者は私1名であった。しかし大きな湯船で入浴できたり、最新型のドラム式洗濯乾燥機で洗濯乾燥（代金無料）できたりして、大部屋で一人で寝られたりして、ゆっくりできた。

〔追記〕出石寺に登拝する、この地滑り動態観測地区や他のコースのことを、２０２０（令和２）年８月に出石寺に参拝中の方２人に伺ってみたが、「完全通行止めは無くなりましたよ」「鉄板を道に敷いて通らせてます」と、まちまちだった。安全と思われた、北側の長浜コースに「鉄板を敷いてクルマを通す」部分もあったので、日々道路状況が変化しているらしい。登拝することになったら地図を見ながら出石寺に電話して、納得がいくまで伺うのがいいだろうと思った。

⑤２０１９（令和元）年５月11日（土）【別格通算25日目】

○宿「別格７番出石寺宿坊」→宿「オオズプラザホテル」。

○本日の歩行距離23キロ。

出石寺の朝の勤行は、昨日の納経所の僧侶と私の２名で、本堂での勤行・大師堂での勤行と濃い内容であった。金山出石寺と一言で言うけれども、金山の由来、出石寺の由来などの御説明も素晴らしかった。

出石寺を午前7時55分発。今度は間違えずに歩き遍路の旧道コースに入り、往路でペットボトルのお接待を頂いたＪＡ愛媛たいき平野支所に立ち寄った。今度は昨日の方と御主人と息子さんの三人がいらっしゃり、よく出石寺まで行ってきたねえと、お茶のペットボトルとその場で焼いたお餅をお接待して下さった【写真40】。ここに居続けるとドンドンお接待が続いてしまいそうなので、焼き餅を頬張りながら出発させて頂くことにした。

県道２３４号線から国道56号線へと続き、大洲市街地に入る。宿の「オオズプラザホテル」着が午後３時。大洲市には何でもあるので歩き遍路の補給基地として最適。

写真40

⑥２０１９（令和元）年5月12日（日）【別格通算26日目】

○宿「オオズプラザホテル」→別格８番十夜ヶ橋永徳寺→宿「花の森ホテル」。

○本日の歩行距離22キロ。

オオズプラザホテルを午前８時発。別格９番文殊院へは、北進する大洲街道コース（国道56号線）を選んだ。検索して宿は「花の森ホテル」にした。距離は短いが『同行二人』88霊場コースと離れるので、宿と道の不安が残る。

国道56号線を10分ほどで別格8番十夜ヶ橋永徳寺着。本日も特に急いでいるわけでもないので、居合わせた数名の順打ちのグループの方に声をかけて、橋下の寝ている大師像の前で写真を撮ってあげた。いつでも思うのだが、スマホを使ってグループの全員の顔がキチンと入り、背景まで分かるような写真を撮ってくれる人は（頼んでも）そう多くない、というか殆どいないのではないか。だから、いつもこちらから頼んでも撮って貰ってでも「確認して下さいね」と相手から言われるし、そう言われるとかえって「もう1回撮り直して下さい」と言いにくいのである。

ところで、この別格8番十夜ヶ橋に由来し、遍路途中でよく聞く「橋の下にはお大師様がいらっしゃるので、遍路は橋の上で杖を突くな」というルールがある。これについて私の考えを書いておきたい。古い言い方で、死期を悟った人が「草葉の陰から見守っているよ」と言う、これは第一義的に「雑草の生《は》えるような（土葬の）墓の中からでも何処からでも」ということだ。同様にお大師様は普段は考えられないような橋の下だろうが、何処でもいるよ、ということ。実際、遍路道の至る所に弘法大師の石像が見られる。

江戸時代の最盛期には年間2万人程度の（歩き）遍路がいたらしい。これらの大人数の者たちが、木造で華奢《きゃしゃ》な橋上で杖を突いたら、生活必需品の橋は1～2ヵ月で壊れてしまう。それで信仰と生活規律が合わさって「遍路は橋上で杖を突くな」となったのではないか。語義はズレるが、「都市伝説」の一種だから、誰が言い出したのかは不明である。よく言われる「(家の結界である）敷居を踏むな」と類似《じ》している。

余談だが、ついでに「他人のロウソクからもらい火をするのは業《ごう》を受けつぐのでダメ」という作法について。もらい火は時間がかかる。これを団体でやられると、一日で十カ寺（以上）回るバスツアーでは大幅に行程が狂ってしまう。しかし、火そのものの入手が困難だった江戸時代では、むしろ推奨されていたのではないか。よって「もらい火禁止作法」ができたのは、団体バス遍路が始まった昭和20年代後半以降ではないかというのが、私の推測である。また、江戸時代には火事の危険性からロウソク箱そのものが無かった可能性もある。これには江戸時代以降のガイドブックを何冊も読まないといけないので、後日を期したい。

好天になり、ぐんぐん気温が上がる中を進む。大洲市街地の隣町の新谷《にいや》の旧道を通り、国道56号線と合流する辺りに「休憩所　神南堂」がある。多くの㊡に貼ってある言葉が私

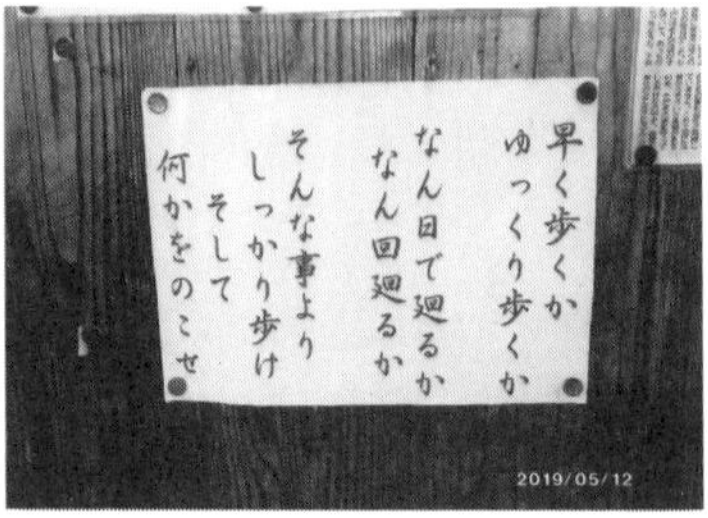

写真41

の胸を突く。「しっかり歩け　そして　何かをのこせ」と書いてある、正論だ【写真41】。しかし何のために？　禅宗の曹洞宗では雑念を払いきって座禅できる境地こそ悟りであると言う。何かの目的の為の仏道修行は正しくないとしている。「修行して仏性開花を目指すのではない」「仏性が既にあるからこそ修行できる」「修行と悟りは合一である」と言うが如何か。「しっかり歩く＝修行＝仏（性）」ではないか。

内子《うちこ》の市街地に下る手前、左側に「有限会社しあわせの黄色いハンカチ」の店の看板塔が立っている。和洋の簡単な飲食ができて、直ぐ裏には物販所とトイレもあり助かる。うどん定食を食べているとアイスコーヒーのお接待をして下さった。

内子の町に入った。内子が良いのは、飲食店か否かにかかわらず、街道沿いの家々の前にベンチが置いてあることだ。ベンチがあれば荷物を置いて休むことができるし、お遍路姿が内子に来る観光客の目に入り、町にとっての観光資源にもなり一石二鳥ではないか。町並みを過ぎると、『同行二人』88霊場コース（国道379号線）から離れての国道56号線を続いて進む。88霊場コースから離れた200メートルくらいの所、道の反対側（右側）で作業をしている女性の方から大声で「道を間違ってるよう」と怒鳴られた。別格のお寺を回っているんですなどと弁解（?・）したが、これほどキツく言われたのは初めてだった。よく「土佐のハチキン」とか言うけれども、伊予もそうなのかな?

観光地化された内子を離れても、ここいらの商店の前にはベンチのある所が多い。中では食べられないので、店の前のベンチで食べられるので本当に助かる。

宿の「花の森ホテル」着で、午後3時10分。花の森というよりは丘、丘というよりは小山の上にあるホテルで、上りが嫌いではない私も、暑い中で最後の上り坂に力を振り絞った。

なお、数日前より自宅からの連絡があり、定年退職した職場の歓送迎会の日程が判明した。その会の日が迫ってきた。必ず出席すると返事していたので大分躊躇《ちゅうちょ》したが、明後日に別格9番文殊院を巡拝して、別格歩き遍路を区切る、中断して自宅に戻ることにした。

⑦2019（令和元）年5月13日（月）【別格通算27日目】

○宿「花の森ホテル」→宿「南道後温泉ホテルていれぎ館」。

○本日の歩行距離25キロ。

花の森ホテルを午前8時に出発して、本日の宿の「南道後温泉ホテルていれぎ館」を目指す。『同行二人』88霊場コースから離れたままで、国道56号線を北進する。松山自動車道の伊予インターチェンジを過ぎ、JR四国の予讃線を越えて歩き、県道23号線へと右折する。田園風景の広がる道を通っていくと、茶色の巨大な、薄い豆腐のような物体が、あちらこちらに見えてきた。寄ってみると丈《たけ》の揃った稲穂のようである。「稲の季節ではないし、一体これは?」と考えるうちに、今が新暦の5月、旧暦では夏であることに気がついた。麦の穂なのだ。「麦の秋」は夏の季語だと教えてきたが、実物を見るのは初めてである【写真42】。

写真42

国道33号線（砥部道路）にクロスする交差点の150メートルほど手前を右手前にヘアピンカーブしたような場所に、「南道後温泉ホテルていれぎ館」はあった。ていれぎ館の到着が午後4時。朝食は出るが夕食は出ないので直前のコンビニで仕入れるのも良いし、宿で貰える便利マップで自分に合う店を探すのもよいだろう。ていれぎ館は元ハッピーホテルというネット情報もあるが、現在はエントランスが非常に明るくて、コインランドリーも備わっている。ただし温泉との冠がホテル名に付くためか、各部屋の風呂が異常に大きかったり凝った造りになったりしている。なお温泉そのものの「南道後温泉ていれぎの湯」は別の施設（『同行二人』59ページの左上の隅、地図〈58 - 1〉）なので間違えないように。

⑧2019（令和元）年5月14日（火）【別格通算28日目】

○宿「南道後温泉ホテルていれぎ館」→別格9番文珠院→伊予鉄道横河原線の見奈良駅→自宅へ帰る。

○見奈良駅までの歩き遍路としての本日の歩行距離12キロ。

ていれぎ館を午前7時に出発。本日は別格9番文珠院巡拝後、別格10番（西山）興隆寺に行く途中で歩き止めにして、自宅に戻る。そのためには、松山空港方面へと鉄道で戻りやすく、次回の歩き遍路を続けやすい場所、例えば伊予鉄道横河原線の駅で区切れるのが好ましい。

ていれぎ館を出発し県道23号線を東進し、国道33号線（砥部道路）を越えて400メートルほど進む。高尾田交差点を右折（南進）し県営総合運動公園の一部をかすめてギザギ

写真43

ザに進んで別格9番文珠院を目指していくと、田んぼの中に高さ・幅とも数メートルほどの塚、小さな古墳のようなものが幾つか見えてくる。これらの塚が、四国遍路の元祖である衛門三郎伝説中の亡くなった8人の子供の墓であると伝えられている。せっかく別格の歩き遍路をしているのだから、これらの塚を一目見るのもよいと思う。なお、これらの塚は正式には「八塚《やつづか》（「八つ塚」とも）群集古墳」と言う。

別格9番文珠院から小雨が降り出した。『同行二人』88霊場コースと合流すると、88霊場の赤矢印のシールと、別格20霊場の青色歩きシールが同じ場所に貼ってあって少し嬉しくなる【写真43】。県道194号線から県道207号線、県道40号線へ名称が目まぐるしく変わるが同じ道である。久谷《くたに》大橋を渡って県道193号線の讃岐街道を右折（東進）して『同行二人』88霊場コースから離れる。

雨が本降りとなってきた。県道193号線を3キロも歩くと、左側（北側）から伊予鉄道横河原線が近づいてきた。次回の歩き遍路を少しでも楽にするために、横河原線の、なるべく先（東）の方の駅に着きたいと思った。一番先（東）は終点の横河原駅である。そこを目指して歩くが、とにかく雨、雨、雨の天候となってきたので、一つ手前の見奈良《みなら》駅に午前10時半着で、歩くのを終了した。ここまでの歩行距離12キロ。

この日は、別格コースをよく歩いてきた自分への御褒美に、道後温泉での1泊。翌日に松山空港から東京の自宅に戻ることにした。ここまでで感じたことは、「むしろ『同行二人』88霊場コースから離れた方が、道も宿も予測できずにワクワクしてきて楽しくなる」ということであった。

⑨２０１９（令和元）年6月24日（月）【別格通算29日目】

○伊予鉄道横河原線の見奈良駅→宿の「フリーデイズリゾート桜三里」。

○見奈良駅からの歩き遍路としての本日の歩行距離12キロ。

前回区切った高縄半島の付け根の途中からの、約6週間ぶりの再開である。別格コースの区切り打ちで言うと4回目の出発だ。今回は東京の自宅を出る直前に少々無理な体勢で雨戸のシャッターを持ち上げてしまい、軽いギックリ腰になっているのが気がかりであった。

伊予鉄道横河原線の見奈良《みなら》駅から午前10時10分に歩き始めた。折れ曲がった県道１９３

号線を右折、国道11号線（小松街道）を東進する。雨の降っていない6月なので、かなり暑い。コンビニはあったが、まだまだと思って何も買ってなかった。松山自動車道の川内インターチェンジを過ぎた右辺り、高速バス利用者用の駐車場近くにイタリア料理「トラットリアフィレンツェ」があった。本日のランチタイムが始まったばかりなので、お客はまだ少ない。郊外型のレストランのランチタイムにはクルマで来て、あっという間に満席になることが分かっている（別格高知県⑥2019（令和元）年5月1日（水）【別格通算15日目】の「ビストロセルフィーユ南国店」参照）ので、今入るしかない。イタリア料理といえばスパゲティかピザであり、どちらも作るのに時間がかかるのが良い。パパッと出てきたのではパパッと食べて、パパッと店を出なくてはならないからだ。その点、イタリア料理には時間がかかるので、休みたい歩き遍路には最適である。

店を出て国道11号線を引き続き東進する。小松街道と通称名を変えて、高縄半島の付根部分横断の中央にさしかかるので、道は緩やかな上りとなった。この辺りは「桜三里《さくらさんり》」と言い、桜の木が10キロ以上道沿いに続く場所である。もちろん桜は咲いていない時期だが、山中でも穏やかな印象の風景が続くのは、そのためだった。

本日の宿の「フリーデイズリゾート桜三里」に午後3時20分着。フリーデイズリゾート桜三里は、1室1車庫の元ハッピーホテル。現在はエステやら自然体験やらと銘打っているが、歴然としている。

⑩2019（令和元）年6月25日（火）【別格通算30日目】
○宿「フリーデイズリゾート桜三里」→別格10番（西山）興隆寺→別格11番生木地蔵→88の62番宝寿寺→宿「ビジネス旅館小松」。
○本日の歩行距離26キロ。

宿のフリーデイズリゾート桜三里を午前5時半に出発。ここから小松・西条方面に向けて道は緩い下りが続くので嬉しい。急な下りは嫌いだが、緩い下りは歓迎である。桜三里が終わりかけた辺りで「道前渓温泉」の看板があった。この温泉は有名な道後温泉と関係があるのだろうか？　道前、道後の道とは何の道なのか、今もわからない。

下りが収まりかけた辺りで国道11号線と分かれる。湯谷口《ゆやぐち》交差点で左折（北進）し県道48号線、県道151号線と進み、別格10番（西山）興隆寺へと左折して急な上り坂となる。舗装道路が山道に入ってきたなと思った辺りが興隆寺の山門となる。午前7時半着。山門を入ると急な階段で、ゴロゴロした岩の間を上っていく。興隆寺は、山門からキチンと参拝すると1時間くらいはかかると思う。

別格10番興隆寺と次の別格11番生木《いきき》地蔵は、県道151号線を中心にして線対称のような配置である。地蔵の彫られた大木は既に倒れ、本堂に上る階段の左手にあるので、ゆっくりと参拝できる。生木地蔵から東進する県道48号線を歩き、直ぐのミニストップのある交差点を右折して県道147号線に入る。500メートルも行かぬうちに、左側に飲食店の喫茶レストラン、寿司とあるので、時間が合えば大休憩にちょうど良いだろう。私は喫茶レストラン「装園」の方に入った。定食を頂くと食後のコーヒーのお接待を頂いた。

レストランを後にして、店前の県道147号線を更に南進し、国道11号線に当たる。この道は、途中に中山川を渡ることもあって、広々とした風景の中を進む。ここで左折（東進）し、『同行二人』88霊場コースと重なるわけだが、途中でコンビニもあるもののトラックが多く気を遣った。片側にしかない歩道が道の右側から左側へ、また反対側へと移動する。それに合わせて安全に自分も反対側に移ろうとすると、トラックプラス自家用車の群れが来るので、しばらく停止しなければならない。それならいっそのこと、歩道のない道をそのまま進もうということになってしまうわけだ。

本日の宿は88霊場の62番宝寿寺近く、ＪＲ四国の予讃線の伊予小松駅向かいを入って3

00メートルほどの「ビジネス旅館小松(小松ビジネス旅館)」である。宿着が午後2時半。ビジネス旅館小松は元は肉屋さん経営の人気の遍路宿で、夕食にしゃぶしゃぶが出てくることで有名。以前はもっと伊予小松駅に近かったが、ちょっと離れた所に移動し、洗濯機乾燥機が5セットあるなど、パワフルな遍路宿になった。88霊場60番の横峰寺に登拝する際の、採石場を通るコースの地図を貰えたりもして助かる。そのため横峰寺登拝で荷物を預けて連泊する歩き遍路が結構いる。

なお、この時は62番宝寿寺と88霊場会の間にトラブルが発生しており、宝寿寺の納経所の開所が遅かったり昼休みがあったり、納経料金が600円もしたりしていた時期であった。

⑪2019(令和元)年6月26日(水)【別格通算31日目】

○宿「ビジネス旅館小松」→宿「五葉松荘」。

○本日の歩行距離27キロ。

とにかく毎日暑いので、午前中に目的地に近づくべく、宿での朝食を取らずに未明に出発することにした。本日の宿が決められないうちに、ビジネス旅館小松を午前7時に出発

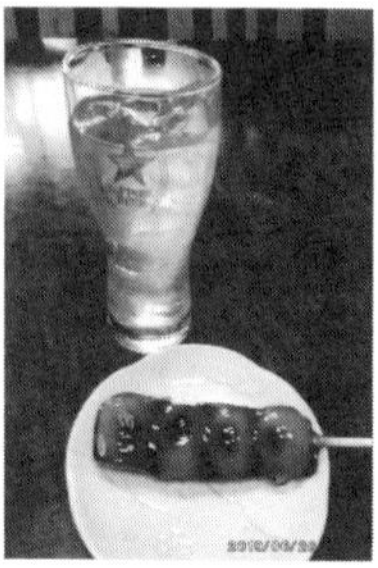

写真44

し、国道11号線をひたすら東進する。晴天過ぎて日陰もなく、㊡も殆どなく、距離は伸びずにヘロヘロになっていた。結局、新居浜市と四国中央市の境の峠（のような所）の「関の戸」で、宿「五葉《ごよう》松荘」に昼過ぎに電話した。

やっと電話がつながり、女性の御主人と話せた。ちょうど女性の御主人はクルマで新居浜市に買い物に行っているところなので、宿の建物内に入って休んでいて欲しいとのこと。もちろんＯＫである。

五葉松荘着、午後1時40分。しばらくすると女性主人が帰ってきて、お茶と団子を出してくれた【写真44】。ここまでされては立派なお接待である。それだけではなく、歩き遍路のことや行程のことをいろいろと尋ねてくる。好奇心が強いのだろう。私も四国遍路の色々をお話しさせて頂いた。この日に同宿したのは、男性の歩き遍路がもう一人いて、一度ならずに同じ88霊場を歩き遍路していると言う。私は「なぜ四国遍路をしているのですか？」とは不文律で聞けないので、「なぜ同じ道を何回も歩いているのですか？」と聞いた。彼は「同じ道と言っても、季節や時間帯によって全く違うし、同じ山でも登山道は幾つもあります。それぞれが素晴らしいので、同じ道、同じ山と言っても同じ道、同じ山ではないのです」と説明してくれた。結局彼とは装備品の話もした。彼の秘密兵器は「電池式の電気蚊取り」とのこと。「夜中に蚊がプーンと飛んでくると必ず目が覚めてしまい、その後で眠れなくなってしまう。その苦労と比べたら電気蚊取りの重量を運ぶ苦労は何でもないし、電気蚊取りは乾電池式が一番軽いですよ」と言っていた。ちょうどその時、私は液体式電気蚊取りのコンセントタイプを持っていたので、「同じようなことを考える歩き遍路がいるんだなあ」と思った。

⑫２０１９（令和元）年６月27日（木）【別格通算32日目】

○宿「五葉松荘」→別格12番延命寺→宿「一野屋旅館」。

○本日の歩行距離21キロ。

五葉松荘を午前7時15分に出発。昨日と同じで国道11号線をひたすら東進する。しかし、一転して本日は曇り空、今にも雨が降り出しそうだ。別格12番延命寺に着く頃は降ったり止んだりになった。道路に溜《た》まった雨水をクルマに跳ねかけられるのが嫌なので、延命寺の到着前辺りから旧道に入った。

別格12番延命寺着。庫裏《くり》の左側に隣接する大師堂は納経所も兼ねて、屋根・イスがあるので、雨天でも休みやすい。御住職は気さくな方。

ＪＲ四国の予讃線の伊予寒川《いよさんがわ》駅を過ぎて2キロほど進むと、だいぶ市街地らしくなってくる。国道11号線の左側（北側）に大型のスーパー「マルナカ三島店」がある。営業時間内でなくとも、建物の国道側にベンチと自販機があって休めるし、営業時間内ならベンチから直ぐの入り口から、トイレも近いし、身の回りのものは全て販売しているので、歩き遍路の補給場所として最適だ。

ここまで歩いてきたが、そろそろ本日の宿を決めなければならない。そのためには別格13番仙龍寺と別格14番椿堂を、明日どのような行程で打つのかということを決めなければならない。その後に、別格15番箸蔵寺と別格16番萩原寺を明後日以降に、どのような行程で打つのかということを決める、そういう手順となる。もちろん萩原寺には国道11号線による海沿いコースか、県道8号線等の山越えのコース、その後に続いて箸蔵寺に国道32号線で北側から入る北回りも考えてみた。しかし悩めば悩むほど、別格13番仙龍寺と別格14番椿堂との前後関係が、別格15番箸蔵寺と別格16番萩原寺を打つ順番とリンクしてわからなくなってくる。このリンクを数日来考えてきたが、結局正解は見つからなかった。とりあえず別格13番仙龍寺と別格14番椿堂になるべく近い宿に連泊するしかないというアイデアが頭に浮かび、「一野屋《いちのや》旅館」に電話して連泊で宿を確保した。一野屋旅館と仙龍寺と椿堂の三つは、ほぼ正三角形の位置になっていた。

休憩したスーパーマルナカ三島店から一野屋旅館まで国道11号線・192号線は郊外を通るので、だだっ広いだけの道となり、㊡がない。昼食も取りそびれて空腹のままハンガーノック状態で歩いていると、20メートルほど左前方に、大きな寿司の看板があった。「え～い、ここまで歩いてきたんだから、たまには寿司くらい食べてもバチは当たらないだろう。それにしても旨《うま》そうな大トロと白身じゃないかあ」と近づいていくと、何と付け爪。大きなネイルの看板だった、そんな～っ【写真45】。

写真45

一野屋旅館着が午後2時半で、歩行距離21キロ。この日に一野屋旅館に泊まったのは、昨日五葉松荘に泊まっていた男性の歩き遍路と私の二人だけであった。

⑬２０１９（令和元）年6月28日（金）【別格通算33日目】

○宿「一野屋旅館」→別格13番仙龍寺→別格14番椿堂→宿「一野屋旅館」。

○本日の歩行距離29キロ。

写真46

今日は一野屋旅館に連泊二日目なので荷物を置いておけて有り難い。まず別格13番仙龍寺を参拝し、別格14番椿堂へ。別格14番椿堂の後で一野屋旅館に戻るという三角コースの予定だ。

一野屋旅館を午前7時10分に出発、国道192号線（土佐北街道）を東進して別格13番仙龍寺を目指す。2キロ近く歩くと、右手前（南側）に大きく回り込むような感じのヘアピンカーブで県道5号線に入る。ここも土佐北街道であり、ウネウネと上り勾配がきつくなってくる。高知自動車道の法皇トンネルと並行するような形での、堀切トンネルを南進すると山深くなった。トンネルを出ると直ぐに右折（西進）する。右折したら50メートルほどで左折し急な下りで銅山川の新宮ダム湖近くの町まで下りていく。ダム湖近くの町まで民家は余りないが、道沿いの民家から、コチラを見下ろすような配置で案山子（?）が置いてあったのにはギョッとした。オカルト的というか、ゾンビに近い案山子である【写真46】。何に対しての案山子なのか。泥棒除《よ》けか野猿除けか。この後に町中を歩くと、道沿いの畑や花壇に高圧電線が張られていたので、同じ意味合いならば野猿除けだろうが、余りに人間向けの顔つきだった。

野猿の集団を時折見ながら別格13番仙龍寺参道下に着いたのは昼前で、一野屋旅館から歩行距離12キロ。仙龍寺は階段下から本堂まで、細い渓流（というより滝か）と並ぶように急な階段が続き、88霊場の58番仙遊寺の趣がある。階段の右手の崖の上に本堂がそびえている。ちょうど、京都の清水寺本堂舞台下の懸造《かけづくり》のコンクリート版だ。仙龍寺は88霊場65番三角寺の奥の院と言われ、大師堂がなく、本堂の本尊が弘法大師である。本堂に靴を脱いで上がり、奥に進んでいく様子は88霊場の71番弥谷《いやだに》寺をパワーアップした感じである。

仙龍寺を出て、来た道を野猿たちを見ながら堀切トンネル先まで戻る。トンネルを出てから下り坂、「平山」のバス停の待合小屋が右手にある交差点を右折すると、別格14番椿堂まではゆっくりとした下り坂である。仙龍寺から椿堂までが11キロ。椿堂では納経所から歩き遍路には飲食物と３００円のお接待がある。缶のお茶とか、煎餅とか。また３００円を頂けるのではなく、歩き遍路には納経代の３００円が無料になるということ。

椿堂から一野屋旅館までは長いゆっくりとした下り坂で約5キロ。なお一野屋旅館で、今夜と明朝の食事は都合で出せないと言われているのでコンビニで買うことになった。

〔追記〕仙龍寺に向かう道として、堀切トンネルを出た直後に右折してから（右に挙げたように）新宮ダム湖近くの村まで下がって行くコースと、ダム湖まで下がらずに山中を国道319号線で通るコースとがある。上り下りの坂の程度や距離は大差ないが、ダム湖近くのコースの方が民家があるので趣に大差があってオススメ。なお山中コースは時刻によって工事による交通制限の可能性があることを確認した。［2020（令和2）年8月］

⑭2019（令和元）年6月29日（土）【別格通算34日目】

○宿「一野屋旅館」↓宿「大黒屋旅館」。

○本日の歩行距離26キロ。

一野屋旅館から別格15番箸蔵寺に向かうのに、適当な距離の宿がなく、箸蔵寺参拝は明日の予定とし、本日はその手前のJR四国土讃線の阿波池田駅のある三好市（旧池田町）に泊まることとした。明日の箸蔵寺が難所なので、旧池田町市街地のなるべく箸蔵寺に近い側（東側）の大黒屋旅館に電話をして予約した。ここも夕朝食ともに出ないのでコンビニで買っていかなくてはならない。また「⑨2019（令和元）年6月24日（月）【別格通算29日目】」に書いた腰痛も日増しに悪化している。常に痛むのではなく、立ち上がる時などに痛むのだ。ギックリ腰の痛みや尿路結石、五十肩の痛みは高齢化に伴い避けて通ることができないものであり、一度ギックリ腰になったら、今後体勢だけは気をつけようと思っていても再度なってしまうのが常の自分である。

一野屋旅館を午前5時に出て、昨日別格14番椿堂から戻ったコースを逆方向に進んでいる。つまり国道１９２号線をひたすら東進する。正面に太陽があるため、更に暑くなってきて椿堂の北側を過ぎて境目トンネルに至る。この境目トンネルから徳島県になり、別格15番箸蔵寺を過ぎて10キロほど歩くと香川県に入る。さて境目トンネルから３００メートルほどで右側に食堂「水車」がある。が、廃業していた。当てにしていただけに落胆の度合いは大きいが、トンネル以降は下り坂なので、休憩せずに進む。

民宿岡田の南側を通り、３キロほどの所で白いヘルメットをかぶり青い上下の制服を着た数人の作業員の方たちが街路樹の剪定や道路標識、ガードレールの点検・補修作業をしていた。その中に恰幅《かっぷく》のいい方が一人いて白いワンボックスの作業車から太く短い棒状の物を取り出して私の方に向かってくる。こりゃ、ちょっとよけた方がいいかなと思って歩道内の片方によると、彼も寄ってくる。このままだとぶつかってしまうではないかと私が立ち止まると、彼は更に近づいてきて「お遍路御苦労様です」と言って、手にしたペットボトルのポカリスエットを差し出すではないか。

写真47

「え〜っ、お接待ですか〜っ」と思わず叫びそうになった。しかもそのポカリスエットは凍っていたのである【写真47】。この場所は普通歩き遍路は通らない。つまり、炎天下で作業する自分たちのために凍らせたうちの1本だったのだ。白の納札をお渡しして、「南無大師遍照金剛」と3回唱えてお別れした。

この凍ったポカリスエット1本のお接待の力によって私は急速に回復し、知らぬ間に口笛も出てくる。炎天下も何のその、食堂の「丸善食堂」（『同行二人』100ページの地図〈100‐1〉の右上の隅）が閉業していても動揺しない。白濁したコバルトグリーンの吉野川を池田大橋で渡って左折し、国道32号線に入る。道沿いに食堂があるが、通り抜けてしまう。国道32号線から池田町に入るには、左にセブン‐イレブンのある交差点を右前方へ進み、県道5号線に入る。道が急な下りになる。イテテッと腰痛がひどくなってきたので、阿波池田駅前を中心に整体院を探したが分からなかった。

結局、本日の宿の大黒屋旅館まできてしまった。すると大黒屋旅館のちょうど真向かいが「岡整骨院整体院」という整体院ではないか。旅館に入る前に岡整体院に飛び込んで、待合室のテーブルを見ると、「保険証のない方は5800円かかります」と明確に書いて貼ってある。一病息災で心臓の持病の薬を毎日飲んでいるのに、全般的に健康には自信があって、歩き遍路に出るのに保険証など持ってきたことなど一度もないので、痛みが取れれば充分だと思い、自費で施術して貰うことにした。一通りの施術を終えてテーピング用のテープを4枚受け取り、代金を払おうとしたところ、料金はタダであった【写真48】。歩き遍路の私へのお接待だとおっしゃる。もちろんお接待の大体は物品である。声かけもあるが、このような「技術のお接待」というのは初めてだ。白の納札をお渡しして、「南無大師遍照金剛」と3回唱えてお別れした。

向かいの大黒屋旅館に到着した。歩行距離は26キロ。腰痛は改善されたが、今日から左足の裏がピリピリしてきている。もしかしたら、この数日の雨天と晴天の入れ替わりの日々の影響かもしれない。

〔追記〕境目トンネルを過ぎて300メートルほどにある食堂「水車」の店の前には、2020（令和2）年8月、大きくてきれいな「本日休業」との看板が立ててあった。日によって営業しているのかもしれない。

写真48

⑮２０１９（令和元）年6月30日（日）【別格通算35日目】

○宿「大黒屋旅館」→別格15番箸蔵《はしくら》寺→讃岐香川県編へ続き、宿「たからだの里湯の谷荘」へ。

○本日の歩行距離20キロ。

大黒屋旅館を午前5時に出発し、夜明けの清々しい空気の中で、別格15番箸蔵寺を目指す。とにかく暑いので、午前中のうちに箸蔵寺を越えたいのだ。箸蔵寺は、88霊場の21番太龍寺、66番雲辺寺、85番八栗寺と同様に多くのクルマ遍路でさえロープウェイで上がる難所だからだ。そのために本日の宿は、早めに着きそうな「たからだの里　湯の谷荘」にした。

国道32号線で四国中央橋を渡る。行く手の東方の空がどんどん明るくなってくる。「JA阿波みよし燃料センター」「美容室リーフ」がある信号の交差点を左前方に入っていくと、道が次第に上り坂になる。道幅が狭くなると共に、カクカクと折れ曲がるので左前方の山側の方面へ。左からいつの間にか、JR四国土讃線の線路が近づいている。『同行二人』（１０１ページの上段の地図〈A〉の左上隅）によると、踏切のないような場所で線路を横切る感じである。左側の住宅の切れ目を見つつ、遍路シールがないかと探す。すると、保存協力会の赤色シールの小さいこと小さいこと。右側の電柱に貼ってあった。こんなに小さいのは初めてだった【写真49】。「環境を考えての住民の方から要請があったのかな?」と思ってしまう。それにしても、歩き遍路の殆どいない別格コースまでお遍路シールを貼って下さっていることに感謝感謝である。

箸蔵山ロープウェイの麓の駅を過ぎて暫くは原生林状態だったが、舗装路になり仁王門を過ぎると景色や道が広がった。箸蔵寺着、納経所の向かいの屋根のあるベンチでコンビニおにぎりを2個食べる。大黒屋旅館から箸蔵寺まで約6キロ。ロープウェイの終点「本坊駅」にも遍路の案山子がある【写真50】。

写真49

写真50

納経していると小雨が降ってきた。箸蔵寺から国道32号線に向かうには舗装路をウネウネと何回も曲折した、キツい長い下り坂である。しかも枝分かれしているので、1回間違えると、とんでもなく遠回りすることになるので要注意。箸蔵寺の納経所で納経時に伺うと、ポイントの明確な地図を書いてくれて説明して下さった。もしこの地図と説明がなかったら、私は大雨の中でひどい遠回りをしていただろうと思う。数少ないネット情報で「箸蔵寺に歩いていくのは、南側からロープウェイ沿いに行く方が、北からの舗装路よりもベター」とあるのは、こういう意味なのだなと思われた。

D．讃岐香川県編

【別格香川県の分岐点】

a．別格16番萩原寺には、国道11号線から入る海沿いコースや県道8号線から入る山越えコース、その後に続いて箸蔵寺に国道32号線で北側から入る北回りも検討に値する。徳島県の別格15番箸蔵寺と別格16番萩原寺は、その直前の別格寺とコース的には一体と思われるから、宿の取り方や季節も含めて考えると良い。冬期には通りにくいコースがあるからだ。

b．別格19番香西寺《こうざいじ》には、西側の直前の山を県道161号線のトンネルで抜けるトンネルコースか、大平山の南側の山裾に沿って迂回する南回りコースがある。トンネルは以前自動車専用の有料道路であったが、現在は無料で歩行者も通行できるようになったようだ。

Ｃ．

別格19番香西寺から別格20番大滝寺に向かうに際して、国道１９３号線で道の駅「しおのえ」まではコースの迷いはなかろうが、道の駅「しおのえ」から大滝寺には４本のコースがある。西側から見ていくと、１本目が小出川に沿った県道７号線・１５３号線コース。２本目が県道７号線から六甲天満原林道コース。３本目が香東川からの県道１０６号線コース。４本目が曽江谷川と夏子《なつご》ダムを通る国道１９３号線コースである。検討すると、４本目は遠回りだし夏子ダムからの旧道が通れない場合があるらしい。３本目は大型トラックの行き来が多く、道沿いの遍路に適した旅館・ホテルの営業・廃業や設備に不明確なところがある。しかしこの３本目を通る歩き遍路が一番多いような気がする。２本目は草原の一本道で最短距離。良い道のようだがトイレも何もないようにみえるがどうだろうか？　１本目には以前なかったホテルができているし、途中のキャンプ場にトイレがあるらしい。しかし歩行距離は２本目よりも長い。

さあ、どれを選ぶのか？

〔追記〕３本目の県道１０６号線コースは、この後述の⑧２０１９（令和元）年７月

7日【別格通算42日目】に〈追記〉として書いたように非常に危険であることが判明した。避けるのがベターだろう。

d.別格20番大滝寺を打った後で別格1番大山寺に戻る場合のコースである。右のcのいずれかで高松の市街地に出てから向かうのは安全だが遠回りしすぎだ。また例えば山中の道で88霊場の結願の88番大窪寺に巡拝してから向かうとか、大滝寺から南に下りて県道12号線を東進するコースとか、がある。

e.別格20番大滝寺を打った後は南進すれば徳島県になるが、記述の便宜上、香川県としておく。

---

⑪2019(令和元)年6月30日(日)続き【別格通算35日目続き】

〇伊予愛媛県より続く宿「大黒屋旅館」↓別格15番箸蔵寺↓宿「たからだの里湯の谷荘」へ。

〇本日の歩行距離20キロ。

何とか国道32号線(阿波別街道)まで降りることができて、この道を香川県側へと北進する。幾つかのトンネルを越えるが、猪ノ鼻トンネルの内壁の看板で、徳島県から香川県へと入ったことが分かった【写真51】。この頃から雨脚が強くなり、よく言う「篠《しの》突く雨」になってきた。国道の峠であり、㊡が一切ないと思っていると、左側にミカンの街道販売所を発見した。大箱とは行かないまでも、幾つか買って、座りながら食べさせて貰おうとした。店先のテントの中に入ってカッパを脱ぎながらそう言うと、ここでは箱単位でしか売れないいんですと言う。う〜ん、そうか。以前「別格高知県⑥２０１９（令和元）年5月1日（水）【別格通算15日目】」で「土佐の〇〇家」で休めなかったことと同じだなと思った私は、濡れたカッパを着ながら、甘かった自分を再度反省した。

写真51

この後も雨が降り続き、小雨になったのは道の駅「たからだの里」に近づいてからだった。宿の湯の谷荘は、この道の駅にある宿泊施設である。道の駅に接する外部の食堂で定食をゆっくりと食べて時間を潰したが、まだチェックインの時刻前である。「行けば何とかなるだろう」と思って湯の谷荘に行ってみた。宿の湯の谷荘着が午後0時50分、本日の歩行距離20キロ。20キロとは少ないが、朝食を食べずに夜明けに大黒屋旅館を出発して、土砂降りの中を歩いて箸蔵寺と県境の峠を越えたので順当だと思う。

湯の谷荘の建物の中には入れたが誰もいないので、離れた管理室に電話をして少々待った。歩き遍路一人では勿体《もったい》ないくらい広い和室で、部屋付きの風呂も大きい。もちろん道の駅にある入浴施設を利用するのもいいだろう。大雨でびしゃびしゃになった靴を乾かす古新聞を貰って使い、部屋の広いたたきで乾かせて貰った。

⑫2019（令和元）年7月1日（月）【別格通算36日目】

○宿「たからだの里　湯の谷荘」→別格16番萩原寺→宿「かんぽの宿　観音寺」。
○本日の歩行距離21キロ。

湯の谷荘を午前6時半に出発、今日は雨が降らないようにと祈る。県道5号線から国道377号線へと左折して西進する。観音寺《かんおんじ》市の郊外を過ぎていく、この道は88霊場の66番雲辺寺と67番大興寺、68番神恵院《じんねいん》を結ぶ線とほぼ垂直に交わっている。そういう位置関係になる。

郊外とはいえ町中を過ぎると県道241号線に変わる。別格16番萩原寺ももうすぐだ。小高く上がった萩原寺に着く。お寺の入り口の茶店の「萩庵《しゅうあん》」（不定休）でアイスコーヒーを頼んだら、売り物のお饅頭をお接待してくれた【写真52】。その場で食べなくても

写真52

いいように、袋に入っているのが嬉しい。また、茶店と言っても遍路用品も販売しているし、近所の人も話しに来ている。ちょっとした青空喫茶店だ。

萩原寺からは打ち戻る。本日の宿「かんぽの宿　観音寺《かんおんじ》」の玄関は、萩原寺からだと北東側へとグルッと回り込むようになる、しかも高台の上だ。『同行二人』の地図上で分かっていても、アチャ～と思わずにいられない。何とか上がって早くチェックインする。3日前の一野屋旅館の2泊目、2日前の大黒屋旅館、昨晩泊まった湯の谷荘と食事の提供がなかったので、ちょっとゆっくりと食事がしたかったのだ。また洗濯・乾燥を確実にする。更に腰痛や左足裏の痛みもあるという要注意状況が続いている。しかし暑い日々なので、午前中に距離を稼ぐために明日の朝食は取らずに出発することにした。

かんぽの宿観音寺着が、早い午後1時50分。なお、かんぽの宿観音寺は遍路宿と比べると値段は高いが、温泉地のいわゆる温泉旅館と比べると高くはないので、たまには泊まるのもいいかなと思う。

③2019(令和元)年7月2日(火)【別格通算37日目】

○宿「かんぽの宿　観音寺」→別格17番神野寺→宿

「琴平パークホテル」。

○本日の歩行距離27キロ。

かんぽの宿観音寺を朝の5時半に出発する。本日の宿は琴平町の「琴平パークホテル」だ。朝食は取っていないが既に夜が明け切っていた。国道377号線を北東方向へ、

写真53

ひたすら別格17番神野寺《かんのじ》に向かう。ほぼ直線の道なので嫌気もさすが、あそこにコンビニがある、あそこにファミレスがあると分かりやすいのが利点と言えば利点である。

琴平町の市街地に入り、県道200号線へ進む。このころから別格17番神野寺に向かう、極めて緩い上り坂となってくる。神野寺に近づいてきたぞというところで急に前方に芝生の壁が現れた【写真53】。何じゃこりゃと思っていると「神野寺まで○○メートル」という道路標識が出てきたので、この芝生の壁が満濃池の土手ということが分かった。

別格17番神野寺着が午後0時40分、かんぽの宿観音寺から21キロだった。神野寺から半《なか》ば打ち戻りで琴平パークホテルへ。琴平パークホテル着が午後3時。琴平パークホテルには以前泊まったことがある。夕食は出ないが隣がコンビニで、近くには讃岐うどんに限らず飲食店も多い。道の反対側には土産物が置いてある結構大きなスーパーもある。ホテル

には展望大浴場も洗濯・乾燥機もありで、施設的には申し分ない。

④２０１９（令和元）年7月3日（水）【別格通算38日目】
○宿「琴平パークホテル」→別格18番海岸寺→同奥の院→宿「丸亀プラザホテル」。
○本日の歩行距離22キロ。

琴平パークホテルでは四日ぶりに朝食を食べてからの出発になった。箸蔵寺に着く前日に整体院でお接待の施術をして貰って以来、腰の角度には人一倍気をつけるようになり、沈痛のシップも貼っているので腰痛は殆どなくなった。しかし左足裏の痛みが抜けない。だが足裏の接地点を変えることにより痛みが消えるので、大したことはなかろうと思っていた私がオバカだったのが、後で判明する。

琴平パークホテルからの出発は午前8時。国道３１９号線を北進してＪＲ四国の土讃線と並行する。善通寺が近づき、道沿いの讃岐うどん店でうどんのおやつを軽く食べて、県道24号線、県道２１２号線、県道21号線と名称変更をして別格18番海岸寺へと到着した。海岸寺の納経所で奥の院の場所を教えてくれたので、荷物を海岸寺の山門裏に置かせて頂き、小雨の降り出した中を奥の院に行って海岸寺に戻る。山門裏のベンチでコンビニのサンドイッチを食べていると、納経所の方が「これ、お接待です。レンジで温めてきましたから」とおにぎりをお接待して下さった。温かな梅干しのおにぎりは初めてだったが、その心根が有り難かった。

海岸寺からは半《なか》ば打ち戻りで県道21号線（さぬき浜街道）を北東へ進む。海岸沿いの造船工場やら何やらを見ながら右折（南へ）、88霊場の77番道隆寺の北側の「北鴨」交差点に出て『同行二人』88霊場コースに入ることとなる。88霊場コースに戻ると、「事故に遭っても誰かが助けに来てくれるのではないかな」と勝手に安心する。

88霊場コース道をしばらく東進し、丸亀市街地の本日の宿「丸亀プラザホテル」着が午後3時半。

⑤2019（令和元）年7月4日（木）【別格通算39日目】

○宿「丸亀プラザホテル」↓88の79番天皇寺↓宿「民宿あずさ」。

○本日の歩行距離17キロ。

今日は別格19番香西寺《こうざいじ》には着けなくとも、直前の山を県道161号線のトンネルで抜けるトンネルコースか、大平山の南側の山裾に沿って迂回する南回りコースを選ぶかを決めておかなくてはならない。どちらかのコースの途中で宿泊するような距離となるからである。歩く距離はそう長くないが、何しろ暑いので距離が伸びないし、左足裏の痛みも続くようになったからだ。

丸亀プラザホテル発が午前8時半、昨日からの県道33号線を東進する。結局のところ、香西寺までの歩行距離は大差がなかったこと、道沿いの設備・商店の状況のことを考えて、トンネルコースではなくて山沿いの南回りコースを選んだ。そうなると、明日の宿の関係から本日の宿は88霊場の80番国分寺近くの「民宿あずさ」と決定したので、早速電話して予約した。民宿あずさは、ほぼ88霊場コースにあるが、人によって評判が分かれていたので、私は多少ドキドキしていた。

暑さの続く中を、民宿あずさ着が午後3時半。何しろ暑いので昼食では早めに休憩を兼ねてコーヒーショップに入ったり、88霊場79番天皇寺直前の「八十場《やそば》の水」にある「清水《きよみず》屋《や》」で心太《ところてん》を啜《すす》ったり、コンビニで飲み物を買って飲んだりしていたのだ。

ところで民宿あずさは街道沿いの麺類の食堂「じゃんぼうどんピエロ」の裏手にある。その食堂の方が経営しているので、夕朝食は、その御主人が各自の部屋まで持ってきてくれる。全部で3室（?）あって趣が異なるようだ。また風呂・洗面台などの共用スペースに理髪店の椅子があり、洗面台のカウンターと椅子などの配置から、以前ここは理髪店だったのではないかと思われた。洗濯機と乾燥機は別々に割高の有料なので、両方使用したら数百円の出費となるが、それでも民宿あずさの1泊で2食付きの価格は、善根宿などを除いた遍路宿の最低価格帯だと思うし、泊まって良かったとも思う。

⑥2019（令和元）年7月5日（金）【別格通算40日目】

○宿「民宿あずさ」→別格19番香西寺→宿「天然温泉きらら」。

○本日の歩行距離18キロ。

本日は別格19番香西寺を打ち戻り、結願の別格20番大滝寺へのコースの途中での宿「天然温泉きらら」に泊まる予定である。天然温泉きららは食堂が宿泊棟とは別の、きれいな温泉施設内にあるので、食事の提供時間にとらわれずに済むことが最大の利点であり、食事をしなくてもよい。入浴は部屋でもできるが、やはり温泉に入りたいところである。

民宿あずさを午前7時15分に出発すると小学生の集団登校や中学生の登校と重なる。先生方も校門前で挨拶したりしている。四国では、都会よりも学校の開始の時間が早いのだろうか（?）と何度も思うのだが、朝で足が先に先にと進み、気がせいてしまって、聞いたりできない。

県道33号線から県道177号線へと山裾を通りながら、別格コースの結願が近くなってきたことを思う。以前の88霊場の順打ちの時もそうだったが、「結願の実感」というものが感じられないのである。多くの歩き遍路が同様な感想を持っているようで、それは結願までに気を抜けない場所を通ることや結願後に別格1番の寺まで行くこと、それも難コースであることが大きな原因だと思う。しかし一番の原因は「遍路に何かを求めない」ことではなかろうか？　亡き人の菩提を弔うためとか自己改革のためとか、よく聞く目的だが、歩き遍路をしているうちに「目的はどうでもよくなる」のだと思う。毎日毎日歩き続けることに精一杯で、それ以外のことはどうでもよくなる。目的なんて小さなこと（失礼！）だと思えてくる。お接待を受けて、それを後日の誰かに返したい、託したいという思いだけは残る。

民宿あずさから8キロ歩いて香西寺に着いた。門前には飲食店もあるので食事時ならゆっくりと食事もできるし、おいしそうなテイクアウトの店もあった。香西寺からは高松市の郊外の道であり、コンビニや大型ドラッグストア、飲食店も目立つので有り難い。

香西寺からは打ち戻り。県道177号線からキナシ大林病院の前を通って県道176号線に入り、2キロほど進むと左手に大型のディスカウントストア「ザグザグ」が見えてくる。そのザグザグの向こう側（南側）にコーヒー店の「結《ゆい》」がある。以前の順打ちの時は確か別の名前で別な建物だったと思ったが入店、モーニングを頼んだ。食後にミニフルーツをお接待で頂いた。確か前の時にも酷暑の中を歩いて、当時は「結」とは別名のコーヒー店に入り、ミニフルーツのお接待を頂いたのを思い出した。

結を出て直ぐの所、左側の歩道を歩いていると、ワンボックスカーが私の直前の車道左側で止まった。「危ないじゃないか」と思っていたら、助手席の窓がスーッと開いて無言でニューッと手が伸びてきて、瓶《びん》の新グロモントが差し出された。お接待である。こういうことも一度ならずあったが、また納札も渡したけれども、とりつく島がない感じがする。「お接待がないより、あるだけいいじゃないか」「お接待に上下はない」とも思うけど、せめて一声かけてから出して欲しい。何か施《ほどこ》しのような感じを受けるのだが、どうだろうか。

暑い状況が更に続くし、㊡がなくて休むに休めないので、必殺技の「理髪店で頭を刈って貰いながら休む」ことにした。低価格のカットだけの理髪店だと作業が早く終わるので休んだ気がしない。それで調髪・シャンプー・顔剃《そ》りのフルセットを頼む。当然有料で2000円以上するが、1時間近くゆっくり休めると思うと、高い値段とは思えないのだ。

理髪店を出て、ほどなく本日の宿「天然温泉きらら」着、午後2時40分。暑い中、㊡がなかったので、日陰になる道端の石垣などで何回も休んだ。当面の検討事項は、天然温泉きららの後の宿の続き具合である。この後は、結願の別格20番大滝寺の、十数キロほど手前の幾つかの宿しかない。現在洗濯は2日に1回の割合でしている。その大滝寺の十数キロ手前の幾つかの宿で洗濯機・乾燥機のあることが判然としないのである。とすれば天然温泉きららでしっかりと洗濯・乾燥しておくのに越したことはない。左足裏の痛みの具合もひどくなってきていた。

⑦2019（令和元）年7月6日（土）【別格通算41日目】

○宿「天然温泉きらら」→宿「ホテル　セカンドステージ」。

○本日の歩行距離20キロ。

本日は道の駅「しおのえ」から、結願の別格20番大滝寺に着くまでのコースの中では最も西北寄りの1本目のコースにして、今晩の宿は、その途中の「ホテル　セカンドステージ」に予約した。セカンドステージは『同行二人』には載っていない、比較的新しいホテルである。このコースを選んだのはキャンプ場を通るのでトイレがあるし、左足裏の痛みにより万が一歩けなくなった時でも、通りかかった車に対応をお願いできるだろうとの希望的な予測からである。

天然温泉きららでの朝食を待っていては太陽が昇って暑くなることが必定《ひつじょう》なので、午前5時半に、何も食べずに取りあえず出発する。ここは、国道193号線で向かっている南側に、別格20番大滝寺のある大滝山などの山々が聳《そび》えているせいか、夏でも5時半だと薄暗い。明るくなりかけた頃にコンビニに入って、サンドイッチと野菜ジュースの朝食をとった。高松空港を右手に、緩い上り坂を進んでいく。道幅が広いので開放感があるのはいいが、歩行中の日差しは避けようがないし、休めるのはコンビニだけだ。

次第に道幅が狭くなってきた。同時に喫茶店がボチボチと現れてくる。一軒に入ってモーニングを頼むと、グミが入った小袋のお接待を頂いた。このような袋は即座に作れる物ではないので、前からお接待用に作っておいたのだろう。

道の駅「しおのえ」に、17キロ歩いて着いた。売店隣のベンチに腰掛けて休んでいると、ドライバーらしい叔父さんが来て、甘酒を1瓶お接待して下さった。観光の方である。さりげないところが素晴らしい。本当は今夜の宿に着いてから飲みたいのだが、そうすると荷物になってしまうので、その場で飲んでしまった。お腹がタプタプになり、歩きづらくなった。

道の駅「しおのえ」からは右側に内場川・内場ダム湖の雄大な景色を見ながら進むと、右手の丘の上にあるホテルセカンドステージに直ぐ着いた、午後2時15分。

ネット情報では、セカンドステージに洗濯機・乾燥機があるとは出ていないので、ダメ元でホテルの方に聞いてみたところ、「業務用でよろしければ」とリネン室まで案内してくれ、そこの洗濯機と乾燥機を使わせてくれたのだった。よって洗濯代乾燥機代は無料である。もし私が歩き遍路でなければ貸してくれなかっただろうと思うと、白衣の力を感ぜずにはいられない。

⑧２０１９（令和元）年7月7日（日）【別格通算42日目】

○宿「ホテル　セカンドステージ」→八大竜王神社と西照神社→別格20番大滝寺

→宿「ビジネスホテル　マツカ」。

○本日の歩行距離28キロ。

本日は予定通り県道7号線・１５３号線で別格20番大滝寺に行き、別格コースの結願をする。その後に南進して県道１０６号線から県道２５２号線へと進み、徳島県美馬《みま》市の脇町の宿に泊まる予定である。

セカンドステージでは朝食を取らずに午前6時に出発した。本当ならもっと早く出たかったのだが、ホテルの警備員さんの勤務の都合により、最速でも、この午前6時となった。このコースは道を覆うように木々が伸びているので、正面からの太陽を遮《さえぎ》ってくれて助かった。隣を走る2本目の、六甲天満原林道コースはネット情報だと全く遮る物がない区域を通るので、この日も暑かったから苦労したろうと思われた。県道153号線を歩いていると、「左に行くと六甲天満原林道」という標識を2回ほど見かけた。確かに六甲天満原林道に行けば、少しは歩行距離が短縮されるのだろうが、堪《こら》えてやめた。せっかくここまで来て迷ったら……という思いである。

道を進んで大滝山の頂上も見えてきて視界が開けると同時に、今まで日差しを遮ってくれていた木々がなくなるので日当たりがキツくなった。今まで見たことのないような植物も見つけた【写真54】。結願の大滝寺ももうすぐだ。

手前の八大竜王神社と西照神社を参拝してから直ぐの大滝寺に向かう。とうとう結願の別格20番大滝寺着、午後0時20分でセカンドステージからは13キロだった。88霊場の結願寺の大窪寺とは全く違って、別格の大滝寺は静寂そのもの。納経所の窓口でも「納経の方

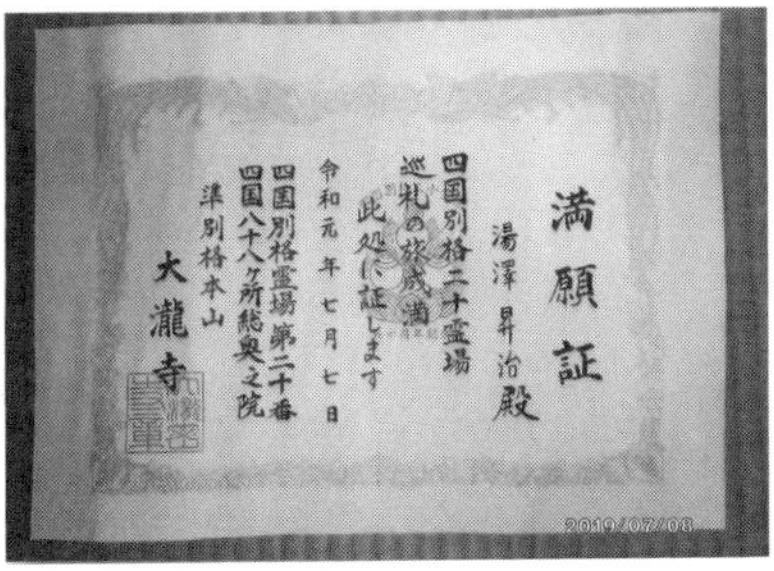

写真55

写真54

は呼び鈴《ブザー》を押して下さい」と貼ってある。納経所からペットボトルの水のお接待があった。せっかくだから「満願証」（丸筒付きで有料２０００円）【写真55】もお願いした。なお、大滝寺は香川県と徳島県の県境の大滝山の、若干徳島県側に位置する。よって大滝寺を出て南進する今後は、徳島県内になる。なお大瀧寺の本尊は隣接する西照神社と同じ（？）西照大権現である。

大滝寺から南進する県道１０６号線から県道２５２号線を進み、本日の宿の「ビジネスホテル　マツカ」を目指す。最初は急な下り坂だったが次第に下りが緩くなった頃、左足裏の痛みが途切れなくなり、今までとは違って強く響いてくる痛みになった。左足を引きずるようにして歩くしかない状況である。

ビジネスホテルマツカ着、午後2時50分で本日の歩行距離28キロ。宿をマツカにしたのはこの辺りの宿では歴史が古かったこと、しかも建て替えられているので設備が新しいだろうということによる。実際、マツカはきれいなビジネスホテルで、朝食のみ提供される。よって夕食は直ぐ近くの食堂にした。左足裏の痛みにより、マツカのある徳島県美馬市の脇町にある町並みを見ることもできず、食事以外はホテルの室内で静養することにした。

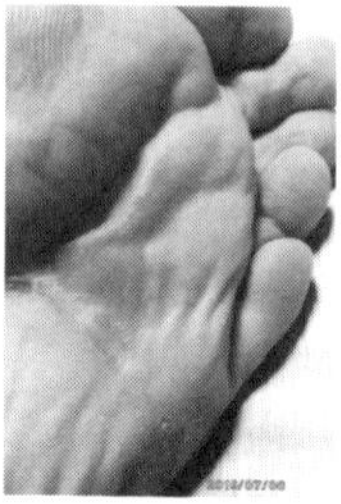

写真56

左足裏の痛みが出て以来、ずっと左足裏を見てこなかった。ちょっと怖い感じがしたからだが「どうせマメができたんだろう」とは思って、なめていたからだ。しかしこの夜に初めて左足裏を見てみると長さが5センチ、幅が1センチものマメ（?）を発見した【写真56】。しかしそれでも、今日で歩き遍路を終了しようとは思わなかった。今までの歩き遍路では、どんなに足が（筋肉痛などで）痛んでも、翌朝になるとケロッと治ってしまっている、そんなことだらけだった。「翌朝には治る」ということは、今までに同宿してきた多くの歩き遍路たちも言っていた、「不思議だなあ、お大師さんに呼ばれとるんじゃなあ」と。

〔追記〕県道１０６号線コースは、椛川ダム建設地までの道に大型ダンプカーの往来が常時あるだけでなく、椛川ダム建設地から六角堂（若者つどいの家）への道の途中に、鉄板

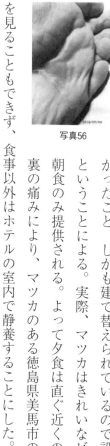

（？）で地面の崩落を凌《しの》いでいる箇所がある。しかも狭く、人とクルマのすれ違い不可能。交通誘導員は1人いたが、極めて危険。いつどうなるか分からないので避けるのがベターだ。２０２０（令和２）年８月の状況である。

⑨２０１９（令和元）年7月8日（月）【別格通算43日目】

○宿「ビジネスホテル　マツカ」↓ファミリーマート阿波善地店↓鉄道と空路で自宅に戻る。

○ファミリーマート阿波善地店までの本日の歩行距離５キロ。

ビジネスホテルマツカを朝食後の午前7時20分発、県道12号線（撫養街道）を東進して別格1番大山寺を目指す。しかし「何とかなるだろう」と思っていた左足裏の痛みが次第に増してきて、昨日の大滝寺からの痛みよりひどくなってきた。一歩一歩がビリビリと響いてくる。

結局、マツカから5キロ歩いて「ファミリーマート阿波善地店」着、午前8時40分。別格1番大山寺まで26キロ残していたが、ここで歩くのを中止し、タクシーを呼んでJR四国徳島線の「川田駅」から鉄道に乗り、徳島空港から帰宅した。徳島駅から徳島空港までのバスに間に合わなかったので、ここもタクシーに乗ったら、運転手さんからユンケルのお接待を頂いた。タクシーでお接待を頂く、これも初めてである。

後日、金剛杖の減り具合を見てみたところ、以前の順打ちでは25センチ、今回の別格では15・5センチ減っていた【写真57】。これは距離を忠実に反映しているわけではない。順打ちの時には、木の杖の減りやすい雨の中の歩行でも力一杯杖を突いていたからである。別格コースは、室戸岬や足摺半島、高縄半島などを通ってないので距離的には順打ちコースと比べて短いような印象がある。しかし、別格1番大山寺・別格3番慈眼寺・別格7番出石寺・別格20番大滝寺など、離れた山中・山上の霊場が目白押《めじろお》しなので、順打ちコースの80～85パーセントくらいの距離なのではないかと個人的には思っている。

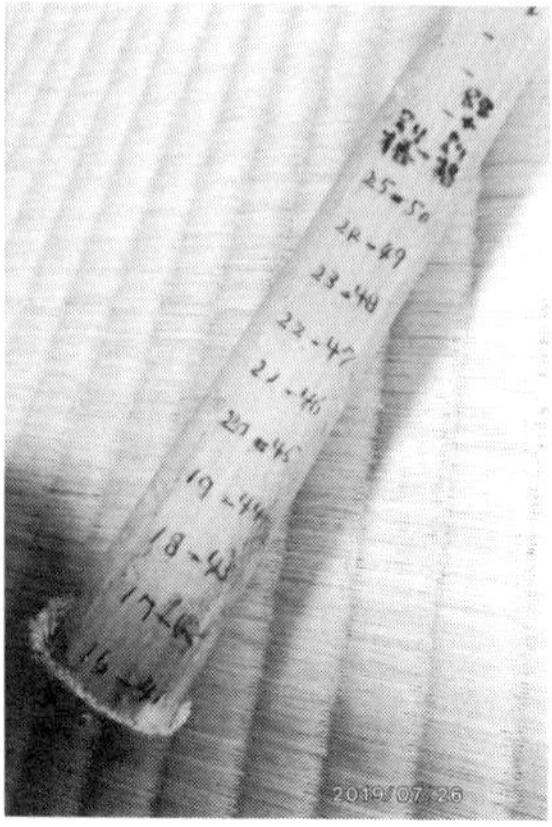

写真57

また、寺・納経所からのお接待が別格コースでは多かった。多かったというのは88霊場と比べて、ということだ。88霊場と比べてお遍路、特に歩き遍路が極端に少ないので、お寺側としては、ご苦労さんとの気持ちを示したいのではないかと、これも個人的には思っている。

⑩２０１９（令和元）年9月24日（火）【別格通算44日目】
○自宅↓空路・鉄道↓ファミリーマート阿波善地店↓宿「ビジネスホテル八幡」。
○ファミリーマート阿波善地店からの本日の歩行距離10キロ。

左足裏のマメの回復には大分時間がかかった。また2ヵ月半の時間が経《た》ち、季節も進んで気温も下がってきた。別格1番大山寺への、残る道を歩こうと思う。

前回の「ファミリーマート阿波善地店」での打ち止め後の逆の行程でファミリーマート阿波善地店まで着く。ただし違ったのは、徳島駅から川田駅までJR四国徳島線で同席した、年配の女性からお接待のヤクルトを1本頂いたことである。鉄道車内でのお接待は初めてだった。「乗り物遍路の方たちは、こういう車中でのお接待が多いのだろうか？」とも思った。

ファミリーマート阿波善地店から県道12号線（撫養街道）を東進して、本日の宿の「ビジネスホテル八幡（うどん亭　八幡）」を目指す。うどん亭八幡としては以前の順打ちの時に泊まった所であり、その時はうどん屋さんの2階が宿になっていた。今回は果たしてどうか？　着いてみると民家風のうどん亭も建て替えられ立派になり、ビジネスホテル八幡が別館で建っていた。宿の若い方《かた》が、ちょうどビジネスホテル八幡に来た外国人の方と英語で話している。設備としては全く不満のない、ビジネスホテルであった。ただ、ちょうどうどん屋さんの休みの日に当たり、夕朝食とも近くのコンビニで買うことになったのが、残念と言えば残念であった。

⑪2019（令和元）年9月25日（水）【別格通算45日目】

○宿「ビジネスホテル八幡」→別格1番大山寺。

○本日の歩行距離17キロ。

うどん亭八幡を出発して県道12号線（撫養街道）を東進する。道沿いにはコンビニやら飲食店やらたくさんあるが、閉店している飲食店が目立つのは四国の何処でも同じこと。ローソン阿波吉野町店で飲食物を買ってから左折（北進）しようとした、そのローソンの入り口前に一人の女の子が座り込んでいた。上は白のブラウスで下は紺色のスカートだったたし身長から見ても中学生なのだろう。どうする？　私には何もできないかも知れないが、せめて声くらいはかけられるはずだ。自宅のある東京の、忙しい職業人だったらできない行為である。「どうしたの？」と声をかけると彼女は「お母さんを待ってるの」と言う。私は「大丈夫かい？」彼女は笑顔で「大丈夫」と言ったので、私は急いでコンビニの中に入って買い物の後で見てみると、彼女はもういなかった。お母さんと会えたのだろうと思った。女子中学生によくある年相応の腹痛だろうと思ったが、「見知らない一人の歩き遍路のおじさんが心配して声をかけてくれた」と心中で思ったかな？　お母さんに言ったかな？　と想像した。

そうだ、四国をここまで歩いてきて私がしたかったことは、これなのだ。よく「四国の歩き遍路でお接待を受けて、地元に帰ったらいつまでも人々に優しくしようと思う」と言う。その通りなのだが、その「いつまでも」が数ヵ月だったり、数週間だったり数日だったりするのが実状だろう。それほど、現在の私たちを取り巻く環境は忙しいし、自分の中身や行動を反省する時間さえ持てていない。ならば、四国歩き遍路で受けたお接待を、四国にいる内に四国の他の方々に返せればいいではないか。「お接待はギブアンドテイクの関係ではなく、互いにギブギブの関係であり、それがお接待をする側とされる側の一期一会の素晴らしさ」とは何度も聞く話だが、遍路側からの良い意味での有象無象《うぞうむぞう》のお接待で結構ではないかと思う。それが、いわゆる観音経・観音菩薩の修行に繋《つな》がるのだろうと勝

写真58

手に思ったのである。

ローソン阿波吉野町店を左折（北進）する、この道も県道12号線（撫養街道）である。すると別格1番大山寺のある大《おお》山《やま》・讃岐山脈が遠目で正面に見えてくる。道沿いの田んぼでは稲穂が実っていて「別格愛媛県⑦2019（令和元）年5月13日（月）【別格通算27日目】」に見た「麦の秋」を思い出した【写真58】。

県道12号線（撫養街道）から更に左折（北進）。徳島自動車道の下を通り過ぎた辺りの、急な上り坂になる前の緩い上り坂で、年配の女性からクルマ接待の声をかけられた。歩き遍路なのでと丁寧にお断りすると、彼女はクルマから降りてきて、「大山寺は、あそこですよ。遠い、あの白い所の山。白いのは桜なの。ヤマザクラだから白いのね」また彼女は「ここいら辺は幾つもお遍路さんのコースが重なっていて、地元の私さえも分からなくなるわ」と嘆いていた。88霊場順打ちコース、88霊場逆打ちコース、別格コース、地元のお地蔵さん回りコースとか、ウォーキングのコースとかいうのもあるそうだ。確かに何種類ものコース案内の矢印付きの看板が立っているので、分かりづらいのは確かである。

急坂を上って大滝寺の仁王門着。仁王門を潜《くぐ》って先にある名物の長い階段【写真59】は、

写真59

別格20霊場を巡拝し始めた時には厳しく見えたものだが、今では懐かしいが新しくも見える。階段の修理が入ったのかも知れない。そしてとうとう別格1番大山寺本堂前着、午前11時25分。本日の歩行距離は17キロだった。これで本当に終了。

せっかくだから大山寺でも「満願証」(丸筒付きで有料2000円)をお願いした。しかし別格20番大滝寺での証紙と同じ物だった。88霊場の結願寺の88番大窪寺と満願寺の1番霊山寺《りょうぜんじ》の証紙のような区別はなかったのである。

大山寺を打ち終えた後に、自分がどのようにして山を下って東京の自宅に戻ったのかを全く覚えていない。タクシーを呼んで乗ったのかもしれないし、自分の足で歩いて下ったのかも知れない。記録も残っていない。ただ、大山寺の登拝道にある八丁目休憩所の横を、速い速度で通ったことだけが頭にある。それはそれでいいことだと思っている。

Ⅲ．逆打ち88霊場の歩き遍路（55日間）

a．以下、逆打ちで88霊場の歩き遍路をした記録を日記で記述するが、大きく分けて各県別の編とする。各県の編別で最初に「分岐点」として行程のポイントをその冒頭に記述したので、まず参考にして頂きたい。

【逆打ち88霊場の歩き遍路の注意点】

b．《以下のb・c・dは【別格20霊場の歩き遍路の注意点】のc・d・eと同じである》

グーグルマップで目的地への道順や距離を検索した時に、異常に遠回りをすることがある。その時は、途中の道が崩落などにより通行不能な場合である。大方は自動車の通行が不可能で歩行は大丈夫なのだが、実際は歩行が大丈夫でも歩行者検索で通行できないように扱う場合もあるので要注意。また何かの施設の案内サイトに貼り付けられているグーグルマップだと時々古いデータごと引っ張られているのか、正しくない案内をされることがあるので、これも要注意。とにかく「おかしいな？」と思ったら迷わずに、向かっている本日の宿に電話してみるのがよいと思う。

c.靴のこと。1日に20~30キロくらい毎日続けて歩いていると、長距離用のウォーキングシューズでも、靴底が「ヘタッ」てしまい、耐用が持たなくなる。どこのメーカーのウォーキングシューズでも同様だが、私の場合の靴はM社のウォーキングシューズだった。長距離40キロ用の靴でも、10日間~2週間くらい続けて歩いていたら、靴底で路面の凸凹を感じるようになってきた。ちょうど、靴底が薄くなってきた感じで、(実際に履いたことはないが)草鞋《わらじ》で歩いているようである。もとより靴裏のゴムは充分に残っているのに、である。繰り返し言うが、この現象は、どこのメーカーのウォーキングシューズでも同じだ。結局私は、ヘタッてしまったウォーキングシューズで歩き続けたのであるが、コンディションの良い靴で歩きたいなら、道中のスポーツショップで買い換えるか、ハイキングシューズ(以上の靴)を買うしかないだろう。

d.薬や特殊な用品のこと。持病があり、ドラッグストアで買えない薬・処方薬しか飲めないならば、何十日分も持参するしかない。また、万が一の発作が想定されたり命にかかわったりする病気ならば、地元でかかっている医師から「臨時の紹介状・検査結果一覧」のような書類を書いて貰い、「お薬手帳」と共に携行する。また私は左足裏の小指の付け根を14針縫った手術の傷跡が盛り上がってきていたので、歩くのに細い鉛筆を横に踏みながら歩いている感じがするようになっていた。以前の順打ちコース終盤から盛り上がってきていて、順打ち終了後に外科医に良性の腫瘍を3個取って貰った。暫くは歩くことさえ難儀だったが何とか仕事を続けることができた。別格コースを辿る前から、イボコロリのテープで患部の表皮細胞を白濁・軟化させて「魚の目カッター」で切除することを考えついて今日に至っている。だから歩き遍路に行く時は、イボコロリのテープと魚の目カッターを持参していたのである。何だかんだあったものの今ではその外科医に感謝するしかない。ただし、この魚の目カッターが四国のどこでも売っている物と思ったのが私の間違いで、入手までに時間がかかってしまった。薬と同様に、個人の事情による特殊な物品は、使う可能性や回数が低くても自宅から持参するしかない。

A. 讃岐香川県編

【逆打ち香川県の分岐点】

a．84番の屋島寺への登拝道を、『同行二人』に書いてある通り、東側から等高線とほぼ垂直に登るか、屋島スカイウェイを通るかである。屋島スカイウェイは『同行二人』に「車道は歩行禁止」とあるが、現在では歩行者の通行が可能になっている。屋島寺からの下山は石畳で足裏が痛くなるものの、「食わずの梨」のある旧道コースに趣があると思う。なお、『同行二人』82ページの地図〈82－1〉、東側（左側）からの垂直登山コースへの登り口が、実際には数ミリずれているので曲がり角を間違えないように要注意。西側（右側）から下りてくる点線（……）と、等高線と水平に（ほぼ上下に）進んでいる道の接続部分が実際は5ミリほど南側（前方側）にずれていて、Y字路とぶつかっているのだ。地図上の5ミリは実地だと125メートルになる。

b．67番大興寺から66番雲辺寺への道でのことである。雲辺寺への旧道の登拝道になる手前の舗装道路にある民宿青空屋の、100～200メートルほど手前（坂下側）の辺りで野犬《やけん》が出る時がある。詳しくは、後述の「逆打ち香川県⑧2019（令和元）年10月23日（水）【逆打ち通算8日目】」に書いた。

c．66番雲辺寺から、65番三角寺に行く途中の境目トンネル・境目峠までは徳島県だが、続き方の具合により、この「A．讃岐香川県編」に入れてある。

写真60

①２０１９（令和元）年10月16日（水）【逆打ち通算1日目】

○88番大窪寺→87番長尾寺→宿「ながお路」。

○本日の歩行距離18キロ。

ＪＲ四国の高徳線の志度駅から「さぬき市コミュニティバス」（平日1乗車で２００円）に乗り、88番大窪寺に午前9時15分着。山門（仁王門）ではなくて二天門なので気をつけよう。歩き遍路同士で話していると、順打ちで大窪寺に到達する場合、女体山越えか否かで、話が噛《か》み合わない時があるからだ。桜色の逆打ち納経帳に墨書・御朱印を頂いた後で二天門から下りていき、正面の「八十八庵《やそばあん》」で小腹を満たそうと名物の打ち込みうどんを頂く。店を出る時に御主人から、売り物のゆで栗1袋をお接待して頂いた【写真60】。お接待を求めての歩き遍路ではないけれども、幸先《さいさき》のいいことである。

大窪寺発、午前10時半。山門脇を通り、国道３７７号線ではなくて、その北側の旧道を歩く。私は、この旧道を通るのは初めてだが、順打ちの結願の時は女体山越えがいいか、この旧道かと訊《き》かれたら「それは歩き遍路のあなたが今まで歩いてきた道筋によって決めるのがいいですよ」と言いたい。しみじみと歩くのが好きな人なら、結願を目指して緩い坂道をハアハア言いながら上っていくと、山門が正面に見えるのが素晴らしいと思う。一方、急な登拝コースをガンガン歩いてきた人なら女体山越えコース。登り切った所にあるお社で見られる讃岐平野の風景も素晴らしいし、大窪寺に下りてくる際に膝がガクガクになるのも素晴らしい。ただ女体山越えだと山門（仁王門）を通らずに境内に入ってしまうので、違和感がある。もちろん山門を通らない歩き遍路コースは3番金泉寺など他にもあるが、結願寺くらいは山門から入りたいと思うのが人情だろう。よく「女体山越えは比較的新しく作られた、伝統がない道だから……」と言うのも四国遍路の、改廃されてきた歴史の中では余り意味がないことだと思っている。

今回この旧道を下っている時に、すれ違うように歩いてきた二人の女性から、ペットボトルのお茶1本をお接待頂いた。遍路姿ではないし荷物もないので、ハイカーだったのだろう。

旧道から国道377号線、県道3号線と下ってくる。途中の「助光《すけみつ》」の町の無料㊡に寄れる【写真61】。逆打ちで言うと道の右側。中に入るとソファー、水道、トイレ、甘味、お茶と何でもある。私が行った時は無人だったが、経営しているどなたかがいらっしゃる

写真61

写真62

写真63

こともあるだろう。

広く知れわたる「前山おへんろ交流サロン」着、午後1時50分。四国遍路のDVDを無料で頂けた【写真62】。真っ赤な納経帳の納経回数が以前の展示物より増えていたので、一体何回まで増えるのだろうかと楽しみだ【写真63】。

87番長尾寺着、午後3時40分。マイクロバスの先達の方が「本堂の屋根の下、賽銭箱の上に周利槃特《しゅりはんどく》の彫刻があるよ」と教えてくれた。彫刻の直ぐ上に箒《ほうき》が見えるので彼に違いない。周利槃特とはチューラパンタカのことで、こちらの名前の方が周知率が高いと思う。お釈迦様の弟子の十六羅漢の一人。へ～え、やはり先達は色々なことを知っているんだなあと思わずにいられなかった。

本日の行程の途中でお会いした御高齢の女性からの話である。「四国の地元の人の一部には、お遍路さんたちを快く思っていない人もいる」と。自分たちが子供の頃は（歩きしかいない）遍路たちは怖い存在だった。勝手に自宅の前でお経を読んでお布施を請求したりしてイヤだった。一人で留守番している時はお遍路さんが怖くて、勝手に玄関の戸を開けないように、内側からつっかえ棒をして留守番したと言う。また、現代で、特に歩きの人は一日当たり、1万円近く出費しながら何十日も歩き続けることを知っているので、その点でも妬《ねた》みがあるのだろうとのことだった。確かに、私も歩いていて、近くの人に大声で挨拶しても知らんぷりの人が時折いるし、中には私が近づいていくと、わざと（?）ソッポを向いてしまうような人がいたことは事実である。挨拶を返してくれなくとも、遍路側からは、挨拶をし続けるしかないなということだ。

なお、この種の話は「別格高知県⑪2019（令和元）年5月6日（月）【別格通算20日目】」にも出てきているので参照して下さい。

本日の宿の長尾寺門前の「ながお路《じ》」に午後4時着。食堂には歩き遍路のK元首相の色紙が飾ってあった。有料で洗濯機・乾燥機あり。

②2019（令和元）年10月17日（木）【逆打ち通算2日目】

○宿「ながお路」→86番志度寺→85番八栗寺→84番屋島寺→宿「屋島ロイヤルホテル」。

○本日の歩行距離25キロ。

ながお路を午前7時20分発。

86番志度寺着、午前9時20分。志度寺は何故か境内が乱雑、前からのようだ。工事関係者の方々が見えているので、長期的に、大幅な修繕があるのだろう。なお、納経所の建物内にあるトイレはシャワートイレだった。志度寺を打った後の志度の町にある「表装の詠智会」には、中に入らずとも小さなトイレがあるので有り難い。

写真64

「道の駅　源平の里むれ」着、午前10時40分。地元の海産物が入った昼食を早めに取って、八栗寺を目指す。県道145号線が何しろ急な上り坂で山中に入ると㊡もない【写真64】。

85番八栗寺本堂着が午後0時半。納経後に山門に向かう、その山門手前右にトイレがある。八栗ケーブルの「八栗山上《やくりさんじょう》駅」と山門周辺の幾つかの商店は、一体いつになったら開くのだろうかと前回の順打ちでも思った。余り当てにできない。下りはやはり勾配20％くらいの膝に良くない道。八栗ケーブルと並行している、その道沿いに一軒だけ蓬《よもぎ》餅の茶店があった【写真65】。女性の御主人によると、「昔は何軒もあったのに今では家《うち》だけなのよ」とのこと。是非寄って欲しい。お土産だけではなくて、店内でも頂けるので膝を休めることができる。なお『同行二人』に載っている「㊡」の印は恐らく「仁庵接待所」だろうが、「木曜休み」と掲示されていたので要注意。

八栗ケーブルの麓の駅「八栗登山口」を過ぎて「うどん本陣　山田屋本店」辺りの道順は迷いやすいので要注意。順打ちの矢印付き看板（案内矢印）が1種類だけではないから、矢印に従えば迷って当然という感じだ。この辺りの矢印看板は「こちら（って何？）を通った方がいいですよ」という何らかの不要な作為を感じてしまう、違っていたらごめんなさい。案内看板と言えば、『四国のみち』と88霊場コースの違いなど、知らない人は戸惑うはずだ。ましてや外国人なら、なおさらだ。

写真65

マルナカの横を過ぎて橋を渡る。突き当たった県道150号線を右折（北進）するか、左折（南進）するかで判断の分かれるところである。無難なのは『同行二人』に書いてある左折（南進）による「乙」コースで屋島スカイウェイを通る。屋島スカイウェイは『同行二人』に「車道は歩行禁止」とあるが、現在では歩行者の通行が可能になっている。一方右折（北進）する「甲」コースは東側から等高線とほぼ垂直に登るコースなので、急な上り坂というより崖をよじ登るような感じである。私は、以前の順打ちでは「食わずの梨」のある石畳の旧道コースを往復とも使った。当時は屋島スカイウェイの歩行は禁止だったたし、ネット情報では「屋島寺を打った後に東進して下るコースは危険なので避けるべし」との意見があったからである。

結局私はマルナカの横の橋を渡り右折（北進）した。よく「逆打ちでは旧道や山道に入る道が分かり難い」と聞いていたので、『同行二人』に示された八栗寺側・山側の左側を注意して見ながら進行したが、分からない。どうも山側への登拝道の角を通り越したようなのだ。20メートルほど歩き戻ってみると、山側への小道の先に「屋島寺はコチラ」との看板矢印があった。つまり、東側（左側）からの垂直登山コースへの登り口が『同行二人』では数ミリずれていたのだ。西側（右側）から下りてくる点線（……）と、等高線と水平に（ほぼ上下に）進んでいる道の接続部分が5ミリほど北側（前方側）にずれているが、実際はY字路とぶつかっているのである。これでは分からないはずである。『同行二人』の地図が正しくなかったのだから。

写真66

写真67

正しい道を屋島寺へと上り始めると、すぐさま道が登山道化する。舗装路が細い道になり、土の道になり、登山道になり、崖のようになる。遍路転がしで見かける縄や鎖が必要な道だが、ここにはない。ないどころか、イノシシの侵入防止柵の扉まで出てきた【写真66】。「この扉を自分で開けて入ってイノシシにやられても自己責任ですぜ」ということだ、多分。這《は》うようにして、というか文字通り這いながら屋島スカイウェイまで辿《たど》り着いたところで、この登拝道をやめて屋島スカイウェイを進むことにした。何と景色の素晴らしいこと【写真67】。

84番屋島寺着で、午後3時半。

屋島寺からの下山は「食わずの梨」のある石畳の旧道コースで、膝がガクガクになった。下山道と国道11号線の交差点にある、本日の宿「屋島ロイヤルホテル」に着いたのは午後

5時。屋島ロイヤルホテルは大きめのビジネスホテルだが、国道11号線沿いなので外食には困らない。また真向かいには大型のスーパーもあった。宿に有料で洗濯機・乾燥機あり。

③2019（令和元）年10月18日（金）【逆打ち通算3日目】

○宿「屋島ロイヤルホテル」→83番一宮寺→宿「天然温泉きらら」。

○本日の歩行距離14キロ。

屋島ロイヤルホテルを午前7時半に出発。暑くも寒くもない国道11号線を西進し、登校する小学生、中学生、高校生たちとすれちがう。よく「四国では小学生が挨拶してくれるので嬉しい」と歩き遍路がコメントしているが、それは「当たらずといえども遠からず」程度なのではないかと私は思う。むしろ半分以上の小学生が挨拶しないと言う方が正しいのではないか。小学生たちは学校で「白い服を来た（歩いている）人には挨拶をしよう」と躾《しつけ》られているので、登下校の際には白衣姿（の遍路）の者に挨拶をし、道々に立っている町会のおじさんおばさんや学校の先生方にはよく挨拶をする。しかし、それも集団登校の先頭の小学生が主であって、後ろに続く小さな小学生たちは、遅れないように転ばないようにと前の子と路面を見るので精一杯。決して子供たちが歩き遍路がどのようなものなのかを知って、言葉をかけてくるのではないだろう。そんなことを考えながら歩いていた。高松琴平電鉄の「松島二丁目駅」辺りで左折して南西に進む。また国道11号線に戻るのに、少しのショートカットになるからだ。少し雨が降ってきた中を83番一宮寺着、午前11時50分。

本日の宿は「天然温泉きらら」である。天然温泉きららは、チェックインの時刻まで入室できなくても温泉施設でゆっくりできる。有料で洗濯機・乾燥機あり。天然温泉きらら着が午後1時半。やけに歩行距離が短いのは、次の宿との距離の調整のためである。

天然温泉きららには順打ちと「別格香川県⑥２０１９（令和元）年7月5日（金）【別格通算40日目】」でも泊まったので、これで3周目で3泊目になる。設備が整っているからだけではなく、食事に制限されないので、到着と出発が自由だからである。ただし、いわゆる遍路宿にあるような御主人や同宿遍路たちとの話ができない。

④２０１９（令和元）年10月19日（土）【逆打ち通算4日目】

○宿「天然温泉きらら」→82番根来寺→81番白峯寺→宿「ニューサンピア坂出」。

○本日の歩行距離24キロ。

天然温泉きらら発が午前8時。『同行二人』の県道12号線の車道コースで西進し「中間《なかつま》町《ちょう》交差点」を目指す途中で、御老人が取り立てのイチジクを一つお接待して下さった。男性としては近所までイチジクを取りに行った、または貰ってきた帰途に私に出会っ（てしまっ）たという感じである。こういう言わば、行きずりのお接待というのも多くはない。なおイチジクは「不老不死の果物」とも言われ、ビタミン・ミネラル・酵素をたくさん含んでいるので残さずに食べるのがベター。

中間町交差点を右折（北進）する。大きな緑色の看板のディスカウント「ZAG《ザグ》ZAG《ザグ》」の手前側（南側）にコーヒー店の「結《ゆい》」がある。以前の順打ちの時は確か別の名前で別な建物だったと思ったが入店、また現在の建物で「別格香川県⑥2019（令和元）年7月5日（金）【別格通算40日目】」でもモーニングを頼んで、食後にミニフルーツをお接待で頂いた。この経緯を店の方に話すと、3ヵ月前の別格の時の私を覚えているとのこと。これで3周目で3回目のお接待になった。お接待が確実だから入ったというのではなく、絶妙な道中の場所・距離にあり、しかも設備がきれいだからこそ入ったのだ。

県道176号線を左折（西進）し、JR四国の予讃線「鬼無《きなし》駅」辺りから82番根来寺《ねごろじ》と81番白峯寺《しろみねじ》のある大平山を目指す。高松西高校の北側の溜池《ためいけ》横を過ぎて右折したいのだが、その角《かど》が分からない。また小雨が降り出しそうだ。山道の旧道に早く入らないと「逆打ちは道が分からないから、したくない」という、出会ってきた多くの歩き遍路の言葉の通りになってしまうではないか。

　舗装路が行き止まりになったので、数十メートルほど手前まで戻りつつ山側を見る。おっ、何じゃこりゃ。ないはずのものがあるではないか。「矢印看板がないから逆打ちは難しい」はずなのに、逆打ち用の矢印掲示物があったのだ【写真68】。ここを下手《しもて》から見て右折した途端に、小雨が降り出して霧も出てきた。先ほども、この矢印を見ていたはずなのに、山道の先の方向しか見えてなかったのかも知れない。とにかくこれは本当に神仏の助け、いや、お大師様の助けとしか言いようがない。

写真68

写真69

　根来寺に着く数百メートル手前にお接待小屋「五色台子どもおもてなし処」を発見。子供たちが作ったらしい菓子箱があったが、既に何も入ってなかった【写真69】。一時《いっとき》に外箱を作っても後々まで中身を保つのは難しいね、何でも。根来寺着、午後1時。

根来寺から白峯寺へは県道180号線ではなく、県道北側の土の道の旧道を通ることにしたが、いつも通り、広い舗装道路から狭い旧道・土の道に入る角《かど》が分かり難い。トイレがある広い駐車場・㊡を右手に見て、足尾大明神を越えてから右手へ入る狭い旧道・土の道に入るのだが、足尾大明神にも㊡がある。この二つの㊡を間違えやすいので要注意。

旧道に入ったら一気に下る。以前はとても良い自然に溢《あふ》れた旧道だったが、今は暴風雨で大岩が転がっている危険な道になっている。特に岩に付いている茶色や緑色のものが、土なのか枯れ葉なのか、苔《こけ》なのか緑の葉なのかが分からない。それを間違った判断で踏むと、ツルッと滑って仰向《あおむ》けに転ぶのだ。背にリュックを背負っているからリュックが衝撃を吸収してくれるからいいけれども、リュックがなかったら後頭部を強打して最悪なら頭蓋骨骨折になる。だから「転《ころ》んでも（歩き遍路をしているから背負っているリュック　イコール）お大師さまが救ってくれた」ということになる。事実私も背中から派手に大転倒したがリュックのおかげで右肘《ひじ》の軽い打撲だけで済んだものだ。その後に上りとなって白峯寺に着くが、上りの滑り具合も下りと大差ない。順打ちから見れば下りなのだから。

白峯寺に着く数分前に、道の左手が自衛隊の駐屯《とん》地になり、物々しい感じである【写真70】。しかしここまで来たらしめたもの。あとは順調に。

写真70

写真71

81番白峯寺着。白峯寺から10分強で本日の宿「ニューサンピア坂出」着、午後3時40分。有料で洗濯機・乾燥機あり。ニューサンピアは以前泊まった「かんぽの宿」に似ている。設立された経緯から施設や飲食が豪華なだけに料金は遍路宿よりは高いが、温泉地帯の温泉旅館よりずっと安い。体を休めるのに最適だ。この後で雨が上がり霧が晴れ、部屋から絶好の夕陽が見られた【写真71】。

⑤2019（令和元）年10月20日（日）【逆打ち通算5日目】

○宿「ニューサンピア坂出」→80番国分寺→79番天皇寺→78番郷照寺→宿「丸亀プラザホテル」。

○本日の歩行距離25キロ。

ニューサンピア坂出を午前7時50分に出発。県道180号線を南東に進むと、ここも自衛隊の駐屯地だった。いや、駐屯地の中に文化・宗教施設が点在していると言った方がもはや正しいかも。県道１８０号線を下りきったような辺りで右折（南進）し、急な階段を80番国分寺へと進んでいく。歩き遍路しか通らない急な階段だったり、土の道だったりするのだが、再び昨日と同じように山、岩に付いている茶色や緑色のものが、土なのか枯れ葉なのか、苔なのか緑の葉なのかが分からない。ここでもまた私は背中から派手に大転倒したが、リュックのおかげで右肘の軽い打撲だけで済んだ。右利《き》きなので、やはり咄嗟に右手右肘を下に出して転倒から身を守ろうとしていたのだろう。

下りの土の道から舗装路に変わった辺りで国分寺を確認すると、「国分寺」と「国分寺跡」と「国分寺跡資料館」の三つがあった。「そう言えば80番国分寺の納経所が境内の東端にあったなあ、あれが国分寺跡資料館なのかな」などと妄想してしまい、道に迷い遠回りとなった。国分寺と国分寺跡資料館は別物なので要注意だ。

80番国分寺着、午前10時。

国分寺山門を出て右折（西進）し、県道33号線を進む。国道11号線との立体交差を右折（西進）し、休憩所（おもてなしステーション）「加茂駅」へ。『同行二人』だと分かり難いが、休憩所加茂駅は国道11号線沿いではなく、上がった土手の道沿いにある家屋の、塀に囲まれた庭部分であって、看板が出ている。御主人がいらっしゃるが無人のようでもあり、無人と思っても入る時は大きな声で「歩き遍路の者です、お願いします」と声がけを。お接待の缶ジュースや菓子、果物など何でもあるしベンチもあるので暫《しばら》く休憩するのも可。なお、休憩所（おもてなしステーション）「加茂駅」は鉄道の駅ではありません、念のため。

79番天皇寺着、午後0時半。天皇寺を出発して直ぐにある、八十場《やそば》の水の「清水屋《きよみずや》」は心太《ところてん》の有名店だが本日が定休日なのが痛かった。

78番郷照寺着、午後2時50分。水盤舎でお父さんが娘に「早くこっちに来て手を洗いなさい」と言っていた。お父さん、ここは口や手を浄《きよ》める場所なので、ゴシゴシと手洗いする所ではありませんよ。この後もひたすらに県道33号線を西進する。

宿の「丸亀プラザホテル」着で、午後4時半。丸亀プラザホテルは別格コースでも泊まったビジネスホテルだ。有料で洗濯機・乾燥機あり。

⑥２０１９（令和元）年10月21日（月）【逆打ち通算6日目】

○宿「丸亀プラザホテル」→77番道隆寺→76番金倉寺→74番甲山寺→72番曼荼羅寺→73番出釈迦寺→75番善通寺→宿「善通寺宿坊」。

○本日の歩行距離20キロ。

丸亀プラザホテルを午前8時に出発し、県道21号線を西進する。77番道隆寺着が午前8時50分。その後に76番金倉寺《こんぞうじ》に向かう。

その歩き遍路道の旧道で、順打ちの白人系の三人グループと擦《す》れ違う、その時に、その中の一人の女性が私にミカンを差し出すではないか。その女性はレジ袋にミカンを20個くらい入れて、ぶら下げながら歩いていたのである。自分たちだけで食べるには多過ぎる数である。「お接待したいがためなのだ」、そう思わずにはいられなかった。その時に私が納札を渡したか、南無大師遍照金剛と3回唱えたかをハッキリとは覚えていない。それほどびっくりしたのである。

思い出してみると、私が歩き遍路に初めてお接待したのは、順打ちで27番神峯寺《こうのみねじ》の登拝道「真《ま》っ縦《たて》」を下りてくる時だった。これも白人系の若い数人の女性グループが、赤く日に焼けた肩で息しながら登ってきた。彼女たちの頑張りに、勿論声かけも大切だが何かをあげたくなった。私は持っていたチョコレートと飴を「お接待、プリーズ」と言って渡すと、彼女たちの喜びようったら、なかったのである。擦れ違って30メートルほど離れたら、今度は坂の上の方にいる彼女たちの一人が道を下ってきて、私に「おせったい」と言いながら菓子をくれた。何の菓子だったかは覚えていない。そんなことを思い出した。

76番金倉寺着、午前10時。本日は75番善通寺の宿坊に泊まるので、本日の参り納めが善通寺になるようにするため、お寺を打つ順番を変更した。

74番甲山寺《こうやまじ》着、午前11時20分。境内のトイレがシャワー付きなので驚いた。

72番曼荼羅《まんだらじ》寺着、午後0時半。

73番出釈迦寺《しゅっしゃかじ》着、午後1時。上がっていく参道脇の商店が閉店していて残念。ネット情報による曼荼羅寺と出釈迦寺近くのお接待うどんを当てにしていた訳ではないが、食べられなかったので、昼食は出釈迦寺参道にあった善人市でのミカン1袋（１００円）になった。出釈迦寺を出て善通寺に向かう時は田園地帯の中を、更には弘階池《ひろしないけ》沿い、池の北側を通った。その土手の辺りから小雨が降りだした。

75番善通寺着、午後2時20分。宿坊に入る前に宝物館へ。宝物館で見たかった国宝「金《こん》銅錫杖頭《どうしゃくじょうとう》」が写真展示のみになっていたのが残念。これだけでもいいから本物を見たかった。でも「拡大した写真展示の方が細部まで分かるから、まっ、いいか」と自分を慰めた。

善通寺宿坊は「いろは会館」と言う。無料での洗濯機・乾燥機が4セットもあり。

⑦2019(令和元)年10月22日(火)【逆打ち通算7日目】

○宿「善通寺宿坊」→71番弥谷寺→70番本山寺→69番観音寺→68番神恵院→宿「ファミリーロッジ旅籠屋　讃岐観音寺店」。

○本日の歩行距離28キロ。

善通寺では宿坊に泊まったので朝6時からのお勤めに出ることができる。宿坊でのお勤めは寺々の特徴、印象に残る法話などをして欲しいものだが、今までのところでは大差なかった、御免なさい。「同じ仏教の寺なのだから、差がなくて当然かな」と思い始めていたのも事実である。

しかし実際の善通寺の朝のお勤めは大したものだった。読経と法話の後に、昨日宝物館で見ることができなかった国宝の「金銅錫杖頭」の本物が登場して、「お加持《かじ》」をして下さった。しかもその後で戒壇院巡《かいだんいんめぐ》りもあったのだ。朝食の前に気持ちの上では、もう満腹である。

善通寺宿坊「いろは会館」発が午前7時40分。県道48号線を西進する。七佛寺《しちぶつじ》の前から国道11号線に変わる、この七佛寺からの200メートルほどの間に飲食店があるので、食事することができる。そこを過ぎて、大小二つある池の間を通るのだが、国道11号線から池の間の道に右折する角《かど》が分かり難い。「国道をやや過ぎて、ぐっと右手前にUターンする」とも言えるし、「数十メートルほど手前を右前方へと細い道を入ってから、軽く右手前にUターンする」とも言えるのだ。

ここから71番弥谷寺《いやだにじ》へは、歩き遍路専用の旧道・土の道をアップダウン。駐車場上がり口《ぐち》に看板も立っている【写真72】。以前は参道に有名な「俳句茶屋」があったが今は廃業なのか、建物すらなかった。

写真72

71番弥谷寺本堂前着、午前9時40分。弥谷寺からは田園地帯の中の舗装路を南進する。

70番本山寺《もとやまじ》着、午後1時50分。本堂前のベンチに座っていたら、2組の団体バス遍路に囲まれてしまった。そこに二人の女性遍路がやってきた。一人は朱色の錫杖を持った白衣の若めの方。もう一人は全体的に黒衣の方だった。白衣の方が小さめの音木《おんぎ》（小型の拍子木のこと）を使って読経して納経所に二人でサッと向かっていった。あれっと思ったが「ああ、そうなのか」と合点もした。今まで私は、白衣姿で朱色の錫杖（＝公認先達の持ち物）を持っているのは亡くなった方の形見と思っていたが、そうではなかったのだ。「既に自分が公認先達であり、その昇進（昇補という）のために巡拝しているのだ」と。なお、先達《せんだつ》とは霊場巡拝などで一般の方に対して解説や案内、読経の場でのリードをする引率指導者のことを言う。四国遍路では「四国八十八ヶ所霊場会」が、その人の四国遍路の実績等を考慮に入れて認めた方を「公認先達」と呼んでいて、公認先達の中でも実績によって昇進したりすることができるシステムになっている。本山寺の納経所脇にあるトイレはシャワートイレだった。

69番観音寺《かんのんじ》着、午後3時40分。

68番神恵院《じんねいん》着。観音寺と神恵院は同じ境内にあることで有名だが、神恵院で納経後に観音寺の大師堂前のベンチに座っていたら、一人の若い女性から缶コーヒー1本をお接待に頂いた。

この時に彼女と話していて、2点ほど気になったことがあった。1点目は、私が納札を渡した時に彼女が「この紙はどうしたらいいんですか？」と訊《き》いてきたことだ。私が納札の意味を話すと、彼女は「自分はこのところ、ここでこうしてお遍路さんにお接待しているが納札を貰ったのが初めてだ」と言う。こういう人とは稀《まれ》に会う。「何回かお接待してきたが納札を貰うのは初めて」ということなのだ。（歩き）遍路側としては申し訳ない限りである。遍路宿に泊まった夕食時にでも、他の遍路たちに話し続けていかなければならない課題だろう。

2点目は、彼女が、お遍路さんにお金をあげるなんて、いけないことだと思っていたということである。初めて聞いた考えである。渡される遍路側にとって、お金は何にでも使えるトランプのオールマイティー、スペードのエースであって、この上なく貴重なもの。渡す側にとっても大切な財貨である。私が想像するに、現金を渡すなんて、相手（遍路側）を見下していると受け取られかねないのだろうということだ。

この日の宿は神恵院から2キロ足らずの「ファミリーロッジ旅籠屋《はたごや》讃岐観音寺店」である。とあるクルマ遍路の方から推薦されたチェーンホテルだ。とても機能的に作られいるため日本各地で人気の出ている理由が分かった。しかし同宿の遍路たちとの会話が前提でアドバイスし合ったり、時には洗濯までして頂きたいと思うような疲れた歩き遍路には不適合かなと思われた。事実私は翌朝に、無料で出てくる朝食（軽食）を取らずに出発しなければならなかったのである。

ファミリーロッジ旅籠屋・讃岐観音寺店着、午後4時50分。有料で洗濯機・乾燥機2セットあり。

⑧2019（令和元）年10月23日（水）【逆打ち通算8日目】

○宿「ファミリーロッジ旅籠屋　讃岐観音寺店」→67番大興寺→66番の雲辺寺→宿「民宿岡田」。

○本日の歩行距離28キロ。

今晩の宿は「民宿岡田」である。経営陣の素晴らしさはもちろんだが、「四国で一番予約が取れない宿」として有名だ。今回も諦めていたのだが、87番長尾寺門前の宿の「ながお路」で同宿した歩き遍路から「直前に電話したら、狭い部屋でいいなら空いてます」と聞いて、私も一昨日辺りに民宿岡田に電話したところ「狭い部屋でいいなら空いてます」とのことだった。二つ返事で1泊2食をお願いしたという経緯があった。

今日は歩き遍路のハイライトの一つ、66番の雲辺寺越えである。30キロ前後の距離、しかも遍路道中の最高所のお寺だから気を抜くことはできない。雲辺寺は順打ちだと標高のある高原から上るので楽だが、逆打ちだと海辺から登り出すのでキツいだろうと予想している。これと反対なのが12番焼山寺である。焼山寺は順打ちだと吉野川の河原から登り始めるのでキツいが、逆打ちだと標高のある高原からなので楽である。

ファミリーロッジ旅籠屋・讃岐観音寺店を午前6時半に出発。まだ暗く、未明である。途中のコンビニ2軒で食料を多めに調達する。荷物になるが仕方がない。日が傾く前に雲辺寺を越えたいので、スタスタ歩くしかない。いい気になって歩いていると、国道３７７号線に出る数百メートルくらい前の所で迷ってしまい、一気にあせった。気を引き締めよう。

国道３７７号線から67番大興寺《だいこうじ》に右折（南進）する辺りで、「お遍路さん、待ってぇ」との声がした。が、声の主《ぬし》が見えない。すると下の畑から畑作業姿の年配の女性が出てきて「お杖の音がしたので呼んだの。ちょっと待っててね」と、近くの自分の家からお菓子の入った小袋と、リポビタンDを1本持ってきてお接待して下さった【写真73】。

写真73

この国道３７７号線から大興寺への上りの舗装路道を歩いていたら、大興寺の山門にショートカットできるような矢印看板が道の左側にあった。左前方に進む下り坂、その後に平坦な田園地帯を進む舗装路である。ということは逆打ち用の看板である。通ったことのない道なので取り敢《あ》えず遠慮したが、後で大興寺山門の駐車場に着いてみると、間違っていないコースと思えたので、順打ち・逆打ち共に使用すれば良いなと思った。特に大興寺は『同行二人』のコースだと順打ち・逆打ち共に、上ってきたかと思うと急坂で下り、また山門から本堂まで階段を上るという行程なので体力的に厳しい。ここで体力を少しでも温存できるのに越したことはないと思われる。

67番大興寺着、午前7時。順打ちなら、大興寺山門・駐車場を出たら直ぐに左折すれば、今示した平坦な田園地帯の中を68番神恵院へ進むことができるはずである。

〔追記〕右の大興寺ショートカットの道は、舗装路ながらクルマだと小型車なら何とか通れる位で、結構カクカクした道であった。迷わぬよう要注意。

雲辺寺は明るいうちに越えたいので、その道で迷ってはいけない。そこで念のため大興寺の納経所で雲辺寺への道を確認したら、ハンドメイドの1枚の地図を下さり、説明して下さった。「よく道順を聞かれるので作ったんですよ」とのこと。その地図を見ながら、大きくはない町中を進む。しかし直ぐに道に迷った。地元の人や納経所の方には、当然書かなくても分かるような分岐点の目標物や建物が書いてないのである。道も細い太いの区別がなく書いてあるし、分岐の角度も正しくなかった。結局私はスマートフォンの画面を見ながら歩くしかなかった。それで山を左手に見ながら菩提山《ぼだいさん》の山裾《すそ》を通る所まで辿《たど》り着けた。ハンドメイドの地図って難しいと思う。

途中の㊡の遍路小屋に、素晴らしい鏝絵《こてえ》のレリーフがある【写真74】。いや、このようなものは博物館か美術館に行かないと見られないのではないか。この㊡からは県道240号線。右手に川を見ながら、また次第に両側から山に挟まれるような上り坂になる。その道を右折後に開けた町並みとなるが、民宿青空屋の手前・坂下側100~200メートルほどの辺りで野犬《やけん》が2匹来た。見たところ毛並みが良くて首輪をしてないから、無届けで放し飼いしているか、飼っていたが首輪を外して放擲《ほうてき》されたかであろう。1匹ならまだしも2匹なので、犬は相乗効果か吠え続ける。私は心臓がバクバクした。噛まれたら狂犬病に? 金剛杖で路面を強く叩いて、「だあっ」と叫び、後ずさりしながら野犬と目を逸《そ》らさずに逃げたが、また野犬2匹が追いかけてきた。そのようなことを2~3度繰り返すと、テリトリーから外《はず》れたのか野犬は来なくなった。野犬に襲《おそ》われかける、人生初の体験であった。

写真74

私は、このように書いた方法しか即座には考えつかなかったが、「野犬に対して地面を叩いて大声で威嚇《いかく》する、目を逸らさずに離れる」という方法は、咄嗟《とっさ》に私が取ったものである。正しいかどうか分からないので、各人でお調べ下さい。また、地面を叩く時は金剛杖が頼りである。近年多くの歩き遍路が使っているウォーキングポールは、先端にゴムキャップが付いているので地面を叩いても音や衝撃が出ないし、折れる恐れもあるのではないか。なお、本日の宿の「民宿岡田」で歩き遍路の人が「僕には野犬が1匹来ましたよ」と言っていた。もちろん野犬が出ない時もあるのだろうから、そのために遠回りする必要もないだろうが、頭の片隅に入れておくと良いだろう。

民宿青空屋前にベンチがあるので助かる。コンビニのおにぎりを食べ野菜ジュースを飲んで小休止した。この直後の山越えが控えているからだし、野犬騒動からも落ち着きたかったのだ。

民宿青空屋を過ぎて土の道の登山道への入り口を探す。「太い舗装路から細い旧道への道が分かりにくい」の典型なので、ウロウロと行きつ戻りつしていると、雲辺寺への歩き遍路道の（逆打ち用かハイキング用の）看板を発見した。看板は先ほども見えたはずだが、余りの急坂だったので、「こんな山道が遍路道の訳がない」と頭の認識回路が作動しなかったのだろう。旧道・山道と言うよりも、よく国道や県道から山肌に登っていく、森林調査員やミツバチ農家さんが登る道そのものだ。え〜っ、と言う感じである。いきなりの急斜面に梯子《はしご》のような階段が付いているだけであり、最強の遍路転がしだ。縄や鎖が欲しいが無い。階段すらない所も多いので、『同行二人　解説編』第7版（30ページ下段10行目）に書いてあるような、両足の間、股《また》の間に金剛杖を挟んで地面を押して体を持ち上げる「両手両足で坂を登る」登り方で進む。これは体重をかけるのでウォーキングポールではできない（と思う）。このような上り坂が3〜4キロ続いた。助かったのは各所にあるベンチであり、２００〜３００メートルほどに1台あった。この坂では休憩時間も含めると時速1キロの速度だった。

雲辺寺山の頂上からは平坦になる。電波塔の基礎のコンクリートに腰掛けて、残ったおにぎりを食べ、お茶を飲みきる。と白人系の外国人の若者が、歩き遍路コースを下りていった。私には滑って転がらないことを祈るしかない。

66番雲辺寺、逆打ちだと手前になる五百羅漢が増えているような気がする。こんなにあったかなあ、八百羅漢くらいはありそうだ。午後1時に雲辺寺本堂着。納経所近くのお守り授与所の看板の、１００メートルほどで区切ってある寺々の標高が可笑《おか》しい【写真75】。また、境内の石の階段でツムグリという蛇が昼寝していた【写真76】。伸ばせば1

写真75

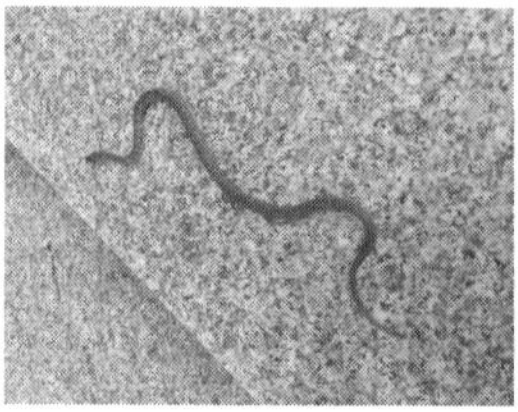

写真76

メートルはあったが、近づくとユックリと動き出すのは寒いからだろうか。

雲辺寺を後にして、2キロ半ほど緩い下りの舗装路である。直進する舗装路を左折（南進）して左下の旧道・土の道を下りていく、その角を間違えると極めて遠回りすることになるので、ここかなという辺りで民宿岡田に電話した。右前方に小屋のあることから確かにココだと確信して、一気に下りていく。しかし道の荒れ方が凄《すさ》まじい。道幅が狭いので降った雨が道底に流れ込んで削り、底が「V」の字になっているのだ。ちょうど地形の「V字渓谷」の極小版と思って貰えたら良いだろう。そのため両足を一直線にしなくてはならず、「逆平均台」を歩いているようなのだ。そこに大小の落石と倒木である。坂が急とか急じゃないとかの話、以前の問題だと思われた。この道で足首を挫《くじ》かないように、歩く速度が急低下である。

こんな倒木【写真77】を片付けるにしろ、どのように運ぶのか？　先《ま》ずは切断してから、とか気の遠くなるような御努力が必要であろう。この雲辺寺越えの旧道・土の道に関して、南の徳島県側と北の香川県側では余りの差がある。ちょうどこれは、四国の西南部の、松尾峠の北の愛媛県側と南の高知県側の道の様子には、違いがありすぎるのと同じではなかろうか。松尾峠の北側と南側では手摺《す》りの付け方や樹木の伐採、㊡の様子など、違いが一目瞭然なのだった。県道などはクルマが通れなくなれば実害が出るから、苦情も直ぐに役所に入って即座に修理となるだろう。しかし旧道・土の道は「これも修行だ」と我慢する傾向が人々にあるので公《おおやけ》の手が入りにくい。実際に公の手が入るのは何かの切っ掛けのある整備の時だけだし、それ以外はＮＰＯ、ボランティア団体任せなのではないか。例えば、松尾峠の北の愛媛県側の歩き遍路道にはそういう団体の札が沢山かかっている。また雲辺寺の南の徳島県側の、この旧道・土の道は民宿岡田の御高齢の御主人が中心となり、クラウドファンディングにより改良しようとなさっている。

写真77

　四国遍路を世界遺産にしようと、四国の有名企業が協賛していることは知っているが、一体全体どこでどのように協賛資金が使われているのか、広く公表してほしいものだ。四国

写真78

遍路とは、88霊場の建物を言うのではなくて、伝説の弘法大師空海のように道を進んで88霊場を中心に巡礼することではないのか、そのことを第一に扱って欲しいと歩き遍路や遍路宿の方々は切望している。

　民宿岡田着、午後3時50分。2階の3畳の部屋だったが、K元首相の色紙が飾ってあって快適に過ごせた。食堂の全ての壁に飾ってあるお礼の写真【写真78】にも驚いたが、むしろ、もう一部屋空いていたことの方に驚いた。洗濯機・乾燥機あり。

　なお、数日前から私の金剛杖の先端部分に割れが入ってきていた。若女将さんの話だと、「結構ありますよ、最近の金剛杖は木が柔らかいからねえ。お父さん（御高齢の御主人）が帰ってきたら直して貰いましょう」とのこと。

⑨2019（令和元）年10月24日（木）【逆打ち通算9日目】

○宿「民宿岡田」→逆打ち伊予愛媛県編へ続く。

民宿岡田発が午前6時45分。まずは朝食時にお接待で頂いたおにぎりに感謝である。お接待で頂く昼食のおにぎりは、「この先の道にはコンビニや食堂がないから、これを食べてね」という遍路宿からの意思表示なため、当然「あなたは逆打ちだけどお接待のおにぎり必要ですか？」と聞かれることもある。しかし民宿岡田では聞かれなかった。そう、逆打ちの道の途中にある食堂の「水車」が廃業していたからである。これは別格コースの「別格愛媛県⑭２０１９（令和元）年6月29日（土）【別格通算34日目】」で確認済みのことだった。また、金剛杖の割れた先端を針金で縛《しば》って頂いた【写真79】。この方法は最適で、逆打ちが終わるまで耐久性があった。

写真79

なお、この頃から靴底で路面の凸凹を更に感じるようになってきた。ちょうど、靴底が薄くなってきた感じで、足底には大きな負荷になる。もともより靴裏のゴムは充分に残っているのだが、なぜだろうと思っていた。

それに、左足裏の小指の付け根を14針縫った手術の傷跡が盛り上がってきているので、歩くのに細い鉛筆を横に踏みながら歩いている感じがするようになった。以前の順打ちコース終盤から盛り上がってきていて、順打ち終了後に外科医に良性の腫瘍を3個取って貰ったのだった。暫くは歩くことさえ難儀だったが何とか仕事を続けることができた。別格コースをする前から、イボコロリのテープで患部の表皮細胞を白濁・軟化させて「魚の目カッター」で切除することを考えついて今日に至っている。だから逆に言うと、イボコロリのテープと魚の目カッターがないと歩きづらいのである。

〔追記〕食堂「水車」の店の前に、2020（令和2）年8月、大きくてきれいな「本日休業」という看板が立っていた。日によっては営業するのかもしれないが、一体どこに連絡して聞いたら良いのかが、わからない。

B. 伊予愛媛県編

【逆打ち愛媛県の分岐点】

a. 愛媛県では大きな問題はない。本来的に道が大きく二通りあって、どちらを選ぶかというような場面はないと言うことだ。以下は小さな選択である。

b. 北条市の手前（北）側、ＪＲ四国で言うと予讃線の「大浦駅」の東側（内陸側）に峠がある。道的には急坂が続く峠ではなく、歩き遍路はこの峠道を通ることになろうが、『同行二人』に示してある鎌大師沿いのコースが崩落復旧工事のために現在通れない。その道の西（海）側に道がつけられ、工事の方が、こちらを通るように指示されていた。この道も結局「北条育成園」の所にでてくるのだが、逆打ちで進行（南進）する左下の方に鎌大師が見えてくるというコースである。鎌大師を通りたいならば工事の状況がどうなっているのかを、工事の案内板に書いてある工事事務所に問い合わせるかしてみると良いと思う。

c. 43番明石寺《めいせきじ》と42番仏木寺《ぶつもくじ》の間の歯長峠・歯長トンネルの通り方。ここも県道の崩落の大工事中で、実際は歩行者は通れるものの、その余波でグーグルマップでは通れなく出てくる時がある。旧道・土の道も大崩落中なので、少なくとも手前側（北側）にある峠入り口から入ってトンネルの入り口の右手前に出る旧道コースは数年通れないと思う。

①2019（令和元）年10月24日（木）続き【逆打ち通算9日目続き】

○宿「民宿岡田」→逆打ち讃岐香川県編から続く→別格14番椿堂→65番三角寺→

宿「御宿　大成」。

○本日の歩行距離22キロ。

民宿岡田のある徳島県と愛媛県の県境が境目トンネルだ。国道１９２号線沿いの別格14番椿堂着、午前8時40分。椿堂で納経する。別格コースなのだが、以前の順打ちでも回っているので3周目で3回目だ。ここの納経所のお接待が面白い（御免なさい）。歩き遍路には納経代３００円が無料になるので結果的には３００円分のお接待になり、更に飲食物を一つ頂ける。その飲食物が「今回は何かなあ」とささやかな楽しみなのだ。今回はぽたぽた焼きのおせんべいだった。

椿堂から65番三角寺を舗装路で一直線に目指した。県道5号線との交差点を越えた辺りから小雨になり、三角寺に着く手前から篠《しの》突く雨、どしゃ降りになった。靴の中も雨水でタプタプだ。正面の階段を上り山門に辿《たど》り着いた。山門の中と言うか、山門の下に鐘撞《かねつ》きの縄が出てきている鐘楼門《しょうろうもん》なので、三角寺では遠慮せずに鐘を撞けて有り難い。65番三角寺本堂前着、午前11時50分。境内にある㊡は屋根がしっかりしているので、大雨でもカッパを脱いで休めた。

三角寺から本日の宿の「御宿　大成《おおなる》」を目指して、やや弱くなった雨の中を下って北進する。そう言えば昼食がお接待のおにぎりだけであったことに気づいた。宿が近くなったと同時にお腹が空いてきたのだ。「食堂」「レストラン」で検索したところ、道沿いのスーパーホテル四国中央の向かいに「ジョイフル川之江店」を発見。ランチタイム時を過ぎて空いていたため、テーブルの下で、濡れた靴を脱いでゆっくりできた。

御宿大成着、午後3時20分。御宿大成は改築されたばかりのきれいな建物で、設備も考えた造りだった。部屋数は減らしたとのことだったが、今後も続けて欲しい宿である。洗濯機・乾燥機あり。乾燥機のみ有料。

②2019（令和元）年10月25日（金）【逆打ち通算10日目】

○宿「御宿　大成」→別格12番延命寺→宿「ビジネスホテルMISORA《みそら》」。

○本日の歩行距離25キロ。

御宿大成発が午前7時20分。早速の雨天である。道沿いの別格12番延命寺着、正午。以前の順打ち、別格と巡拝してきたので、今回で3回目だ。御住職はざっくばらんな、気の置けない方なので、何でも伺ってみると良いと思う。

本日の宿は「ビジネスホテルＭ《み》Ｉ Ｓ《そ》Ｏ Ｒ《ら》Ａ」である。規定のチェックイン時刻の午後４時よりも早くに到着しそうですと言うと、「では館内、ロビー辺りにいますので来て下さい」とのことだった。実際に早く午後３時40分に着いて玄関に顔を出すと、中から鍵を開けてくれた。本日の歩行距離25キロ。洗濯機・乾燥機あり。

ここいらまで来ると、私の左足裏の手術の傷跡の盛り上がりが大分気になってきた。歩く度に盛り上がりを踏むので、左足をかばおうとしてしまい、結果として右足への負荷にもなっている。皮膚の盛り上がりをカットする、頼みの「魚の目カッター」を大型ドラッグストアで探しても見つからない。また、手術の傷跡とは別に、靴底の調子が良くなく、路面の凸凹を感知してしまっているので更に歩きづらくなってきた。

③２０１９（令和元）年10月26日（土）【逆打ち通算11日目】

○宿「ビジネスホテルＭＩＳＯＲＡ」→64番前神寺→63番吉祥寺→62番宝寿寺→

宿「ビジネス旅館小松」。

○本日の歩行距離23キロ。

ビジネスホテルＭＩＳＯＲＡの朝食の出汁《だし》巻き卵が最高に美味しかった。何でこんなにおいしいの？　というくらいである。これだけを食べに行きたくなるほどだ。

3日前に66番雲辺寺を越えてからの道は、本日も平坦だし、精神的にも肉体的にも余裕が出てきたのか、今までのこと、お接待のこと、自分が四国でできることは何かを考え続けてきた。もちろん急に考え始めた訳ではなく、以前の順打ちから、ずっと考え続けてきたことの継続の結果である。

結論から言うと、「すれ違う順打ちの歩き遍路の疲れた方や困っている方に、ポッキーの小袋のお接待をする」ということだ。逆打ちしていることの利点は、順打ちの歩き遍路に沢山会えるだけでなく、相対《あいたい》しているために彼ら彼女らの表情や体の様子がよく分かるということである。もちろん歩き遍路同士がすれ違う時は表情や姿勢も正すし服装も直すだろうが、疲れていたり困っていたりすると、それもできないことが多い。しかし一方では「遍路同士で物や灯明の火をあげたり貰ったりするものではない。あげる人の業《ごう》を引き継ぐことになるからだ」という考えも、時と場合で聞く言葉である。整合性をどのようにつけたら良いのだろうか？

ビジネスホテルＭＩＳＯＲＡ発、午前7時40分。ホテルを出て、コンビニでポッキーを1箱買った【写真80】。1箱に小袋四つ入りである。64番前神寺《まえがみじ》に着く前の国道11号線の

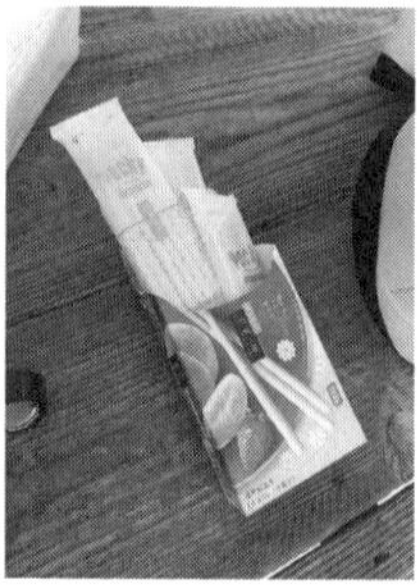
写真80

南側（左側）の歩道を歩いていると、前方から一人の女性歩き遍路が来る。順打ち1周目という感じで、遍路の装束がフルセット。午前中だが、体が傾いているのは荷物が重くて疲れている証拠。私は早速片手を挙げて立ち止まり、二言三言の挨拶をすると、その方は「東京から来て……」と話し出した。私がポッキーの小袋を渡すと大喜びしてくれた。逆打ち歩き遍路から、ポッキーの小袋をお接待して貰うなんてことは絶対になかったはずだ。私だってポッキーのお接待デビューなのであり、足が震えてドキドキしていたのだ。順打ちの方を励ますつもりが、逆に私の方が励まされる、そういう相乗効果のようなものを感じた。

㊡の追加である。『同行二人』には書いてない。『同行二人』69ページの上段の地図〈68-1〉国道11号線の69ページ部分、「フレッシュバリューとローソンの中間地点」の南（上）側にトヨタフォークリフト店がある。店の敷地の西寄りにベンチあり。直ぐ西隣に和菓子店「蛭《えび》子《す》堂《どう》」があるので、買ってきて、ここで食べても良い。確証はないが、トイレに入りたい人は、頼めばトヨタフォークリフト店のを使わせてくれるだろう。

64番前神寺着、午後0時20分。

63番吉祥寺着。

62番宝寿寺着。

宿の「ビジネス旅館小松（小松ビジネス旅館）」着が午後3時40分だった。明日はビジネス旅館小松に荷物を置いて60番横峰寺打ち戻り。よって今晩・明晩と連泊するので、この宿には四国3周で4泊することになる。なおビジネス旅館小松については「別格愛媛県⑩2019（令和元）年6月25日（火）【別格通算30日目】」を参照して下さい。

④2019（令和元）年10月27日（日）【逆打ち通算12日目】

○宿「ビジネス旅館小松」→60番横峰寺→星ヶ森の石鎚山遙拝所→61番香園寺→62番宝寿寺遙拝所→宿「ビジネス旅館小松」。

○本日の歩行距離31キロ。

ビジネス旅館小松発が午前6時50分。宿で頂いた、横峰寺までの地図を見ながら進む。遍路宿・旅館経営は接客業でもあるからか、よりお客（の歩き遍路）の必要なポイントを捉《とら》えた地図になっていた。ただし1ヵ所だけ、分かりづらい所があった。それは、採石場を越え、舗装路から旧道・土の道になり、倒木・落石【写真81】を過ぎた辺りの、順調に

写真81

写真82

草場の右上がりの斜面を斜め右前方に進んでいく所だった。右手が山側で上りながら斜め前方に進んでいくと、前方の左下方からこちら向きに上ってきて「X」の字で交差する道がある。道の様子としては、こちらの自分は直進しても良いし、右手前にUターンして上っても良い感じだ。敢《あ》えてどちらかというと、右手前へのUターンを選ぶ感じである。交差点に看板矢印を探したが見つからない。もう1回隈《くま》なく探してみると、矢印看板が交差点の地面に刺さっていて、直進であることを示していた。見つかって良かった~と胸をなで下ろした。なお、このコースには「草刈り接待」の看板【写真82】があったが、鎌がなかったのでできなかった、残念。その後に白滝奥の院経由の登拝道と合流し、暴風雨で馬の背（尾根道のこと）が半分崩落している箇所を通る。ここはさすがに怖かった。

60番横峰寺着、午前10時半。真言宗の若いお坊さんたちが、黒衣の歩き遍路姿（?）の集団で何組も上ってきている。流石《さすが》、横峰寺だ。納経後に、以前の順打ちでは行けなかった、「星ヶ森の石鎚山遙拝所」に行くことにした。本堂・山門から６００メートルほどの所にある、絶景の場所でもある【写真83】。四国遍路の写真集類なら必ず載っている所である。６００メートルほどとはいえ、上り坂の旧道・土の道なので、余り歩き遍路の姿はない。よって絶景が独り占めである。この遙拝所で、ビジネス旅館小松で作って貰った昼食を頂いた。

写真83

横峰寺から下山して、61番香園寺着。

香園寺から２００メートルほどで遙拝所着。88霊場会と（当時は）犬猿の仲の、62番宝寿寺の御本尊を遙拝する場所とのこと。

ビジネス旅館小松に連泊２日目で着、午後４時。

⑤２０１９（令和元）年10月28日（月）【逆打ち通算13日目】

○宿「ビジネス旅館小松」→59番国分寺→宿「ホテル　バリイン」。

○本日の歩行距離25キロ。

ビジネス旅館小松を午前6時50分発。

国道196号線を西北に進んでいると、『Shikoku Japan 88 Route Guide』（ぶよお堂発行）を開いてキョロキョロしながら、順打ちの東南アジア系の若い男性の歩き遍路が歩いてきた。この本は『同行二人』の英語版と言えそうだが、データが新しいのと、地図の縮尺や北の方角の表し方で人気がある。しかし難点がないわけではない。この外国人の男性歩き遍路は地図の表記が小さすぎるため、迷わないようにコンビニなど各所での多くの目標物を逐一《ちくいち》確認しながら歩いていたのだろう。知らない道を歩くことの心細さ・大変さは、私も逆打ちの旧道・土の道でよく分かっている。ポッキーのお接待をすると、彼は破顔一笑、自分の国にいるかのような明るい顔つきに戻っていた。

59番国分寺着、午後1時半。トイレはシャワートイレだった。

本日の宿「ホテル　バリイン」着、午後3時。有料で洗濯機・乾燥機5セットあり。

⑥2019（令和元）年10月29日（火）【逆打ち通算14日目】

◯宿「ホテル　バリイン」→58番仙遊寺→57番栄福寺→56番泰山寺→55番南光坊→54番延命寺→宿「あさひや旅館」。

○本日の歩行距離24キロ。

ホテルバリイン発、午前8時。高縄半島の東岸先端の、今治市を北西へと進んでいく。四国に来てから2週間が経ち、頭髪もボサボサだ。「理髪店は有料の最高の休憩所」と思っているので、探しつつ歩いているものの、いいタイミングで見つからない。

58番仙遊寺着、午前9時10分。本堂裏手にある駐車場のトイレがシャワートイレなのに驚く。

57番栄福寺着、午前10時10分。次の泰山寺に着く数百メートル前で、東南アジア系と思われる若い女性の順打ち歩き遍路の方1名と相対した。東南アジア系の若い女性の一人での歩き遍路は珍しいと思う。11月も目前だが、結構暑く、かなり疲労が蓄積の様子。ちょっと話してからポッキーのお接待をした。

56番泰山寺着、午前11時50分。次の南光坊に向かう住宅街の舗装路で、二人の順打ち歩き遍路とすれ違った。前が二十代の男性、後ろが五十代の女性で母親と思われる。男性は異様と言っていいほど真面目に前方を見つめて歩き、後ろから母親が前の息子を見守りつつ歩いている、そんな感じであった。何か事情があるのだろうと、察せずにはいられなかった。

55番南光坊着、午後1時20分。

54番延命寺着。

本日の宿、今治市の「あさひや旅館」着、午後4時50分。本日あさひや旅館に泊まるのは私一人だった。伝統がありそうなインテリアで設備も揃《そろ》っているが、年季の入った生活設備は主に1階にある。宿泊する部屋は2階で、レトロ感一杯の、旅館宿である。他の仕事の人々も多く泊まりそうだ。有料で洗濯機・乾燥機あり。

⑦2019（令和元）年10月30日（水）【逆打ち通算15日目】
○宿「あさひや旅館」→宿「シーパMAKOTO」。
○本日の歩行距離23キロ。

あさひや旅館発が午前7時半。右手に瀬戸内海と造船工場を見ながら国道196号線を西進する。途中で個人設（会社としての設立かも）の接待所があって生活小物をお接待として配っていたり【写真84、85】、自転車に乗った年配の御夫婦の各々からお接待を受けたりして、快調に歩く。しかしエネルギーが切れて食堂かコーヒー店を探すと、JR四国予讃線の「菊間駅」の駅舎に接して「ふれあいステーションきくま」があった。コーヒーや軽食が出るらしい。『同行二人』には載っていない店である。ちょっと期待しつつ到着すると、地域交流の店らしく、年配の女性が10人近く集まって談話や手作業をしていた。コーヒーと小さなパンを頂いて退出した（有料です、念のため）。

　空腹は疲労と相互作用があり、バテ気味になった。この後で、鎌大師を通った辺りで、大休憩を兼ねて理髪店に入ろうと思って検索したところ、北条の市街地に見つかった。本日の宿は北条港すぐ脇の「シーパＭＡＫＯＴＯ《まこと》」であり、チェックインの時刻には早いので時間調整の意味からも理髪店に入るのは悪くない。

写真84

写真85

　北条市の手前（北）側、ＪＲ四国で言うと予讃線の「浅海《あさなみ》駅」と「伊予北条駅」の間に峠がある。道的には厳しい峠ではなく、峠を越えた北条の市街地の手前側に鎌大師があるので、歩き遍路は海沿いではなくて峠道を通ることになる、ここまでは以前の順打ちで分かっていた。しかし今は、『同行二人』に示してある鎌大師沿いの道の北方で、崩落復旧工事があるために通れない。その峠道の西（右）側に道がつけられ、工事の方が、こちらを通るように指示されていた。この道も結局「北条育成園」の所にでてくるのだが、進行（南進）する左下の方に鎌大師が小さく見えてくるというコースである。

北条の市街地の理髪店「富田《とみた》」【写真86】に入った。ちょうどお客が切れて、御主人が昼食中。しかし食事途中で店に

写真86

出てきた御主人は「次のお客さんが来るまでに30分あるので今やりますよ」と、五分刈りに頭を刈って下さった。この地方で大体２３００円くらいであろう、お金を出そうとすると御主人が「いやいや、お接待させて貰いますよ。こういう仕事してると、なかなかお接待できないんですよ」と代金を受け取らなかった。理髪代金のお接待である、う〜ん。代金のお接待とも言えるが、頭を刈る技術のお接待とも言えよう。別格愛媛県⑭２０１９（令和元）年６月29日（土）【別格通算34日目】で腰痛治療の為に入った整体院で、代金５８００円をお接待して頂いたことがあったのを思いだした。理髪店富田でも白の納札をお渡しして、「南無大師遍照金剛」と３回唱えてお別れした。

宿の「シーパＭＡＫＯＴＯ《まこと》」着、午後３時20分。シーパＭＡＫＯＴＯは温泉入浴施設であり、宿泊施設とレストランも併設している。食事は建物内のレストランで食べてもよし、

食べないでもよしというオールオーケーの宿である。有料で洗濯機・乾燥機もある。各部屋から素晴らしい海が見え、それぞれ室内の大きな浴槽に入れるのは良いが、循環式温泉で各部屋の浴槽の、湯を吸う音が室内まで響いてきて眠れなくて困った。「ズズッという音が聞こえてくるので眠れないから循環を止めて貰えませんか？」とフロントに深夜に電話したが「全館一体なので止めることができません、すみません」とのことだった。

⑧２０１９（令和元）年10月31日（木）【逆打ち通算16日目】

○宿「シーパＭＡＫＯＴＯ」→53番円明寺→52番太山寺→宿「メルパルク松山」。

○本日の歩行距離27キロ。

本日は松山の道後温泉本館を越えて、温泉宿の「メルパルク松山」に泊まる予定である。

シーパＭＡＫＯＴＯ発、午前7時20分。国道１９６号線ではなく海沿いの県道３４７号線を南進していたら、以前の順打ちの時にこの近くのコーヒー店「ラザール」で、濃い赤ワイン色のドロドロの血尿が出たことを思い出した。【写真87】のコップの中のもの。区切り打ちの最終日

写真87

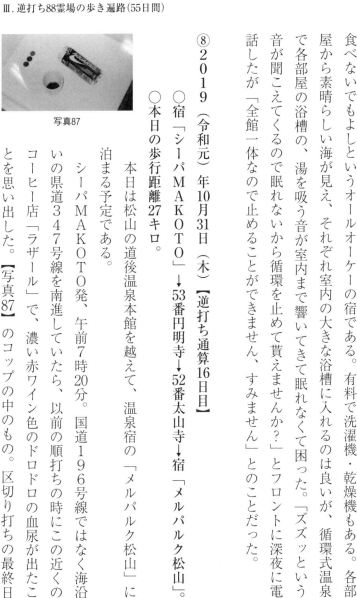

だったので、病院にも寄らずに伊予北条駅から列車に乗って帰ったのだが、駅前で立っている時に地元の年配の女性から「ジュース代だからね」と１２０円を硬貨でお接待頂いた。お金のお接待は初めてだったので、内心狂喜乱舞した。「血尿が出るほどガンガン歩いていたのをお大師様が見ていて下さったのだ」としか思えなかった。10年以上前の話である。

53番円明寺《えんみょうじ》着、午前10時。

写真88

52番太山寺《たいさんじ》着、午前11時。大山寺から県道１８３号線、県道19号線、国道４３７号線と進む道を選んだ。県道19号線辺りからファミレスやコーヒー店など飲食店が増え、食べるのには困らない道である。

道後温泉本館着【写真88】。道後温泉には伝説もあるし、四国遍路関係の場所でもある。折角《せっかく》だから、このエリアのお高くない宿に泊まって、道後温泉に入るのもいいし、経由地にするなら道後温泉本館の湯に入って、階上の個室でしばらく休憩するという手もある。

宿のメルパルク松山着、午後４時20分。メルパルクは旧称「郵便貯金会館」なので遍路宿よりはお高いが、いわゆる温泉旅館よりずっと安価に泊まれるホテル。ゆっくりしたい時には最適。有料で洗濯機・乾燥機2セット以上あり。

夕食前に、道後温泉本館に接するアーケード商店街の「道後ハイカラ通り」で、自宅や独立した子供らの各家に愛媛県の名産を郵送した。

⑨2019(令和元)年11月1日(金)【逆打ち通算17日目】
○宿「メルパルク松山」→51番石手寺→50番繁多寺→49番浄土寺→48番西林寺→47番八坂寺→46番浄瑠璃寺→宿「長珍屋」。
○本日の歩行距離20キロ。
メルパルク松山発が午前8時。

51番石手寺着、午前8時20分。折角だから宝物館にある四国遍路・逆打ち発祥伝説の「衛門三郎再来の石」だけは見た方が良い。

50番繁多寺着、午前10時。

49番浄土寺着、午後0時半。

48番西林寺《さいりんじ》着、午後2時。

47番八坂寺着。

46番浄瑠璃寺着。

浄瑠璃寺のほぼ門前にある、本日の宿「長珍屋」着、午後3時50分。有料で洗濯機・乾燥機5セットあり。遍路用品の補充もできる宿。廊下のガラスケースに「遍路560回記念」の方の記念手拭《ぬぐ》いが飾ってあった。560回は私の見る限り最多である。先達としてお働きになったのだろうが、88霊場を560周するって一体……。さて今週末は、どうやら久万町・久万高原町がお祭りらしく、休業の宿が多い。どうなることか。

⑩2019（令和元）年11月2日（土）【逆打ち通算18日目】

○宿「長珍屋」→網掛け大師→44番大宝寺→宿「いやしの宿　八丁坂」。

○本日の歩行距離26キロ。

長珍屋発が午前7時40分。県道194号線を1キロ弱ほど進んだ久谷《くたに》郵便局の直ぐ先の右（西）側に、商店の「橋岡屋」あり。店で当日作成の弁当類の食品の購入可能。網掛石《あみかけいし》大師堂の、御坂川を挟んでの対岸の県道207号線は、上流にある採石場往復の大型トラック多し。とにかく端に止まって、やり過ごすしかない。

網掛け石・網掛け大師着、午前8時半。

三坂峠までの中間地の「おせったい所　坂本屋」（旧遍路宿　坂本屋）【写真89】は有志・運営委員会によるもので飲み物や食べ物、食事までお接待して下さるし、トイレも広い。ただし季節により開所の有無や開所時間の長短があるので、是非寄りたい方は事前にサイトで確認を。

旧道・土の道になり、「一ノ王子休憩所」で若い女性歩き遍路と会う。彼女は「逆打ち」のことを「さかうち」と由緒正しく言ってくれていたので嬉しくなり（?）ポッキーのお接待をした。

写真89

三坂峠着が午前11時で、久万町・久万高原町へ向かう。三坂峠からの国道４４０号線を2キロ弱ほど下った右側に「レストパーク明神」があった。大きな東屋とトイレ、地図看板だけのきれいな駐車エリアである。自販機もない。ちょうど車椅子の二十代に見える（たぶん）息子さんとドライブしつつ四国遍路しているお父さんという感じのお二人が東屋《あずまや》にいらしたので、私が「ここには何もありませんねえ」とだけ声をかけたら、そうですねと。お二人がクルマで出発する時、お父さんが５００円のお接待をして下さった。

44番大宝寺《だいほうじ》着、午後3時。手前（坂下）ではなく本堂直下にある納経所あたりまで入ってきた駐車場奥のトイレがシャワートイレだった。大宝寺裏から東進する道は以前の順打ちで迷ったので、今回は迷わないように通るぞと思ったが、ダメだった。仕方がないので、大宝寺の左（北）側の峠御堂トンネルを通ることとした。このトンネルは「鳥坂《とさか》トンネル」並みの怖さである。鳥坂トンネルについては「別格愛媛県④2019（令和元）年5月10日（金）【別格通算24日目】」を御覧下さい。

この峠御堂トンネルも段差歩道がなく、歩道は1メートルもない。排水溝のフタが歩道なのだ。鳥坂トンネルの短縮版だ。当然重大事故も起きるし、ここは懐中電灯貸与のお接待がある。しかし懐中電灯は既になかった。

本日の宿「いやしの宿　八丁坂」着、午後4時50分。45番岩屋寺の打ち戻りの宿である。そのために宿に荷物を置いておくためだけの、各人別のロッカーがあるのが素晴らしいと思う。確かにこういうロッカーがあれば安全だし、帰路で荷物を取る時も宿の方が不在でも可能、当然宿の方も歩き遍路も時間の制約なく自在に動けるという一石二鳥ならぬ一石三鳥の設備である。もちろん食事・入浴・洗濯乾燥・トイレ・洗面台など、全て手抜かりがない。

⑪２０１９（令和元）年11月3日（日）【逆打ち通算19日目】

○宿「いやしの宿　八丁坂」→45番岩屋寺→宿「おもご旅館」。

○本日の歩行距離24キロ。

いやしの宿八丁坂発が午前7時半、気温８℃。県道12号線を北上し、1キロほどで右の旧道・土の道へ入る。この角が、いつも通り分かりにくい。まず右に入る舗装路のような道があるが、ここではない。この角を過ぎて直ぐ右に休憩小屋があり、その先の右に入るのが正しい。

以下は順打ちの打ち戻りの行程と同じなので、略します。

45番岩屋寺着、午前10時。今回は、以前の順打ちでは怖くて登れなかった、本堂に向かって右手の「法華《ほっけ》仙人跡」に梯子で登れた。前回見ることのできなかった風景には爽快感があった【写真90】。ただし、岩屋寺に着く直前の「逼割禅定《せりわりぜんじょう》」は流石《さすが》に恐ろしくて無理だった。

写真90

本日の宿「おもご旅館」着、午後3時。洗濯機・乾燥機あり。以前の順打ちの時にも泊まったので気が置けない宿である。黒

写真91

光りのする柱に伝統を感じる宿で、故O《おー》首相の色紙が飾ってあった【写真91】。しかし今は、頼まれたのでゲストハウスも兼ねているということだった。この日に同宿したのは、ゲストハウスとして泊まった白人系外国人の女性一人のみ。私は通常の（？）遍路としての料金である。どのように差をつけるのだろうか？

広い静かな食堂で、大きなテーブルで夕食を二人で取る。女性の御主人が片言の英語で話しているが、白人の女性は明朝、食事を取らずに出発するらしい。夕食では袋に入った割り箸が出たので、白人の女性がテーブルを離れる時に私は片言の英語で、「食事が終わったら箸袋を折って、使用済みの割り箸を入れるんですよ」と身振り手振りで説明した。すると彼女は日本語で「ガイコクジンハ、コウシテマス。オシエテクレテアリガトウ」と言い、今までは、使用した箸を茶碗の上に置き合掌していたと私に日本語で説明した、おおっ。

食事後に私は女性の御主人に、「逆打ちなので明日は長い峠道で御飯を食べる場所もないから、有料でお弁当のおにぎりを二つお願いしたい」と言ったところ、近くのコンビニを教えてくれた。私は「手作りのおにぎりほどおいしいものはないので」と再度頼むと、そうねえと話が打ち切りとなった。

⑫2019(令和元)年11月4日(月)【逆打ち通算20日目】

○宿「おもご旅館」↓宿「いかだや」。

○本日の歩行距離24キロ。

朝食時に、女性の御主人は、「お餅みたいな平べったいおにぎりだけど、これで良ければ」と、出してくれた。有料でも有り難い。本日の宿の「いかだや」までは、鶏田《ひわだ》峠の旧道・土の道を通ることにした。以下、暫くは順打ちコースと同じなので、ポイントのみ記します。

おもご旅館発が午前7時半。

鶏田峠直後の南西へ進む旧道・土の道と舗装路の交差部分は『同行二人』に書かれているほど単純ではない。ちょうど左下りの斜面を左前方に下りて行くと、クルマ1台が通れるくらいの砂利道に下りた。道の勢いとしては、砂利の車道を右手にゆっくりと上っていく感じである。しかし(いつものことだが)赤矢印看板が無い。右手に上るのは、下り中心の地勢からは不自然だった。腰を据えて看板を探しても無い。ただし、坂を下り立った所から砂利道車道を横切る形で、急な階段が下方に伸びていることに気が付いた。しかし看板は無い。どうするか？　人が道に迷う時の大半は「いつの間にか迷ってしまった」であるが、今は違う。「今、迷うのだ」と分かっていて迷う。胸がドキドキして冷や汗が出てくる。山中のここで迷いたくないのだ。人生も同じだ。いつものことだが地方の山中なのでグーグルマップも使えないし、どうしようもなければ、しばらく順打ちの人が来るのを待ってみるのも一つの手である。水分を取って数分待つ。すると外国人の順打ち歩き遍路が、砂利道車道へと近づく階段を1人で上がってきた。まさしく天の助けだ。この道だ。お大師様だ。

鴇田峠を過ぎて1キロ強の辺りの右（北）側の奥に、「（染色）工房　天月《てんつき》」というショップ兼コーヒー店あり。看板にはコーヒーの印があったが、事前にネットで要確認。由良野の㊡（左側）のちょっと手前である。

舗装路から下坂場峠への右手前への急坂に上がる入り口が分かりにくい。いつものことながらの旧道・土の道への分かりにくさなので、ここまで培《つちか》ったカンを発揮して右手側の土壁の中の道を探して欲しい。

三嶋神社脇の㊡、滝ノ上橋休憩所ともに男女別のきれいなトイレあり。私は三嶋神社脇休憩所で、お弁当のおにぎりを食べた。

本日の宿「いかだや」【写真92】着、午後3時20分。いかだやは『同行二人』には載っていない、地元の有志の方たちが実質上運営している宿である。場所は『同行二人』55ページの中段の地図〈54-2〉の左端の楽水《らくすい》大師と千人宿大師堂の中間辺りの西（右）側になる。廃校になった大瀬の町の小学校の校舎を利用した宿で、内部は真新しい木材を使っている。風呂と洗面台の全てが各利用団体で分けられているのには驚いた。例えば、この日に泊まったのは私を入れて2名だったが、それぞれ別の大きな風呂と洗面台があった。

写真92

「いかだや」に同宿したのは遍路ブログ「WALKER'S」の方で、彼は四国歩き遍路を何周も体験した中での歩き遍路のプラン、道や宿の情報の提供をしているし、出会った歩き遍路の人々にそれらが書かれた、見本となるプランのプリントを配布している、これもお接待だと思う。また、奥の院の歩き遍路もしているが距離が長い一方で宿がないから、やむを得ず交通機関を使う時があるとのことだった。これから歩き遍路をしてみようという方は、早速彼のブログを見てみるといいと思う。私も彼に、自分が現在逆打ち中で、疲れた順打ちの人たちにポッキーのお接待をしていることを話した。

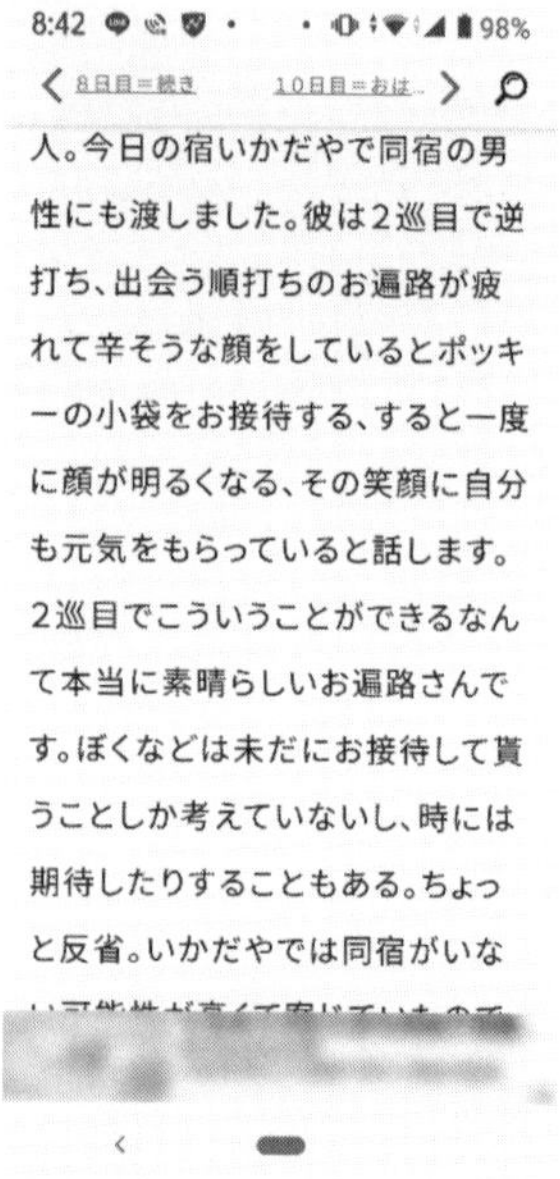
8:42 98%
8日目＝続き
10日目＝おは…
人。今日の宿いかだやで同宿の男性にも渡しました。彼は2巡目で逆打ち、出会う順打ちのお遍路が疲れて辛そうな顔をしているとポッキーの小袋をお接待する、すると一度に顔が明るくなる、その笑顔に自分も元気をもらっていると話します。2巡目でこういうことができるなんて本当に素晴らしいお遍路さんです。ぼくなどは未だにお接待して貰うことしか考えていないし、時には期待したりすることもある。ちょっと反省。いかだやでは同宿がいな

写真93

⑬２０１９（令和元）年11月５日（火）【逆打ち通算21日目】

○宿「いかだや」→別格８番十ヶ橋→宿「ホテルオータ」。

○本日の歩行距離30キロ。

目を覚ましてから同宿した彼のブログ「WALKER'S」【写真93】を見てみると、早速私のことが書いてあった。恥ずかしい限りであったが、賛同して頂けたと思えると心強かった。何しろ「遍路は遍路から物を貰ってはいけない。その人の業《ごう》を引き継ぐことになるからだ」と書いてある本もある。よく霊場で「灯っているロウソクの灯を貰うな」とは聞くけれども、ポッキーのお接待は、どのように、人々の心に映るのだろうか？

宿の朝食も品数がとても多く、朝食だけでも30品目くらいありそうだった。この品目数は私史上、最高新記録であることは間違いない。

いかだや発、午前7時50分で気温4℃。今までで一番気温が低いものの、風もなく日が当たるので極寒ではない、白衣と半袖で充分だ、まだまだ。

順打ち・別格回りの時は通らなかった内子の「伝統的建造物群保存地区」を通ってみることにした。四国外からの観光客なのか、私のお遍路姿をジッと見ている人がいたので、少々たじろいだ。

別格8番十ヶ橋着、午後3時。何とまあ、十ヶ橋の近くの複合施設「オズメッセ」のダイソーで魚の目カッターを発見した。皮膚を切除するので、ドラッグストアでしか売ってないと思った私が、お馬鹿さんでした。3本も買いました。

本日の宿「ホテルオータ」着、午後4時20分。有料で洗濯機・乾燥機あり。ホテルの斜《はす》向かいにもダイソーがある。

⑭2019(令和元)年11月6日(水)【逆打ち通算22日目】

○宿「ホテルオータ」→43番明石寺《めいせきじ》→宿「民宿みやこ」。

写真94

○本日の歩行距離25キロ。

ホテルオータ発が午前7時半。「四国歩き遍路で一番怖い」という鳥坂《とさか》トンネルを抜けて、国道56号線を南進する。「別格愛媛県④2019（令和元）年5月10日（金）【別格通算24日目】」の鳥坂トンネルは朝の様子だったが、今回は明るい昼間である。何が怖いかというと、向かってくる自動車の半分くらいが前照灯をつけていないのである。特に地元ナンバーの自家用車、軽トラックなどの点灯率が3割くらいだった。通り慣れたトンネルだし、外は明るいので、ライトをつけずにトンネルを通ろうとするのだろう。また大型トラックの直後にピッタリとついているので、前方の歩き遍路が見えていないようだ。一方、大型トラックの運転手は抜かりないプロドライバーとして100%点灯しているし、荷物がトンネルの側壁にぶつからないように道路の中央寄りを通っているようだ。私が危険な歩き方をしていたのか、順打ちの外国人の歩き遍路に、トンネルの壁寄りに抱き留められてしまった。

宇和パークホテルの1キロほど手前の「三好《みよし》へんろ小屋」（『同行二人』52～53ページの下段の地図〈52-2〉のほぼ中央）【写真94】は、開放されたへんろ小屋ながら珍しく畳敷きだった。陽気が良かったので、ついウトウトとしてしまった。『同行二人』だと分かりにくいが、国道56号線沿いではなくて、東（左）側の旧道にあるので要注意。

43番明石寺《めいせきじ》着、午後3時半。

本日の宿「民宿みやこ」着、午後4時半。食堂に併設している、昔ながらの遍路宿で固定客がある感じ。洗濯機・乾燥機もある。御主人夫婦のみの経営で、御主人は委嘱されて、世のため人のための仕事もなさっているとか。無報酬なのにやっていらっしゃる、その御苦労などを伺った。私が現在逆打ち中で、疲れた順打ちの人たちにポッキーのお接待をしていることを話すと、「それは良い。ドンドンおやりなさい」と賛同して下さった。

この日に同宿したのがベテランの女性歩き遍路だった。M社の「OD100GTX7」を履いていて「四国を半分ずつ2回に分けて、年に合計で1周する」とのこと。その半周ずつで、この靴を交換する、履きつぶしているとおっしゃった。ということは、1周でM社のウォーキングシューズ「LD－40」1足の私なんて、足を大事にしていないことになる。

私は「LD－40」シリーズのウォーキングシューズを履いているが、毎日25～30キロくらいを10日間程度歩いていると、路面の凸凹を靴底が吸収してくれなくなり、路面の凸凹が足裏に伝わってきてしまう。これはシューズの使用限界を超えたのであり、他のメーカーのウォーキングシューズでも同様だ。「毎日25〜30キロくらいを10日間程度」以上歩き続ける歩き遍路には、結局のところウォーキングシューズレベルは不向きである。ダメージが強すぎるのだ。敢えてウォーキングシューズで歩きたいのなら、「どこのメーカーのウォーキングシューズでも同じシューズを3足買って、毎日交換して3足でローテーションして履いて下さい」と複数のウォーキングシューズ販売員から言われている。しかし実際のところ、3足ローテーションは無理なので、買ったウォーキングシューズに入っていた中敷きを捨てて、「ソルボ」の中敷きを入れて、限界を超えたウォーキングシューズを私は履き続けている。

彼女と「民宿みやこ」の奥さんは、順打ちのことを「本打《ほんう》ち」と由緒正しくおっしゃっていた。有料で洗濯機・乾燥機あり。

ところで、昭和二十年代の本を読んでいると「逆打ち」の「逆」に「さか」と仮名が振ってあるのを見たことがある。この頃から、「本来はサカウチだけど、ギャクウチと誤って読んでしまう人がいる」との認識があったのだろう。鉄棒の「逆上がり」は「さかあがり」であり、「ぎゃくあがり」とは言わない。訓読みで本来的に「逆」は「さか」と読むものだろう。サカウチでは「坂打ち」と間違われてしまい、「坂にある寺に巡拝する」ことと受け取られ兼ねないと思ったのではないか、それでギャクウチと言う人が急増したと私は勝手に想像している。

⑮２０１９（令和元）年11月7日（木）【逆打ち通算23日目】

○宿「民宿みやこ」→42番仏木寺→41番龍光寺→宿「宇和島オリエンタルホテル」。

○本日の歩行距離27キロ。

民宿みやこ発が午前7時半。愛媛県から高知県に入る松尾峠までは別格・順打ちと同じコースなので、ポイントのみ記します。

この日は朝方から濃霧で、峠までの視界が良くなかった。しかし雲海がきれいだったと思えば良いのだろう【写真95】。歯長トンネル・歯長峠は、「別格愛媛県③２０１９（令和元）年5月9日（木）【別格通算23日目】」と同じ状況で、『同行二人』の53ページの黄色の囲み記事のような、大規模な土木工事が続いていた。峠道に入る前の、北側旧道・土の道の崩落の凄まじさが継続中【写真96】。

写真95

写真96

42番仏木寺《ぶつもくじ》着。

41番龍光寺着。

「道の駅みま」で昼食。

本日の宿「宇和島オリエンタルホテル」着、午後4時。宇和島オリエンタルホテルは食堂がなく、1階に併設しているコンビニで購入した物を飲食する、初めからそういうシステムである。頭がいいと言えば、いいやり方である。

⑯2019（令和元）年11月8日（金）【逆打ち通算24日目】
○宿「宇和島オリエンタルホテル」→馬目木大師→宿「西遊魚センター」。
○本日の歩行距離25キロ。

宇和島オリエンタルホテル発が午前7時40分。以前の順打ちの時に寄ったことのない「馬目木《まめき》大師」に寄らせて頂く。大師堂の扉に銀杏《ぎんなん》細工のお接待が掛かっていた【写真97】。

夕方に南西方向の海に向かって進むので、海が光っていて美しい【写真98】。本日の宿「西遊魚《ゆうぎょ》センター」着、午後3時40分。宿の正式名は「西遊魚《ゆうぎょ》センター」だが、某サイトや資料では「西遊漁《ゆうりょう》センター」と書いてあるものがあったので、参考まで。この宿は漁師さんの経営なので（頼めば更に）豪快な海鮮料理が食べられる。以前の順打ちの時とは違い、宿泊棟はきれいに新築されて、各部屋の風呂・洗面台類もきれいだった。

⑰2019（令和元）年11月9日（土）【逆打ち通算25日目】

○宿「西遊魚センター」→40番観自在寺→高野山仏眼院→宿「大盛屋旅館」。

○本日の歩行距離30キロ。

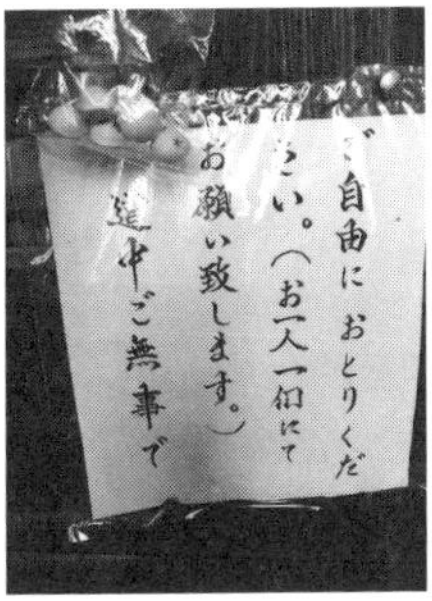

写真97

写真98

西遊魚センター発が午前6時20分。

40番観自在寺着、午前11時半。境内でお接待講があり、梅茶と饅頭を頂く。

高野山仏眼院着。

本日の宿「大盛屋旅館」着、午後3時。着くと同時に、おやつとしてぜんざいのお接待を頂く。洗濯機無料、乾燥機なし。

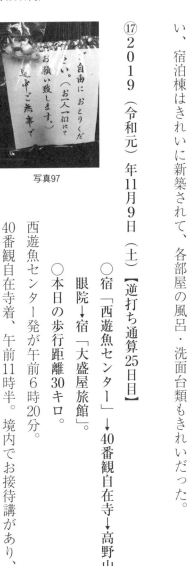

⑱2019（令和元）年11月10日（日）【逆打ち通算26日目】

○宿「大盛屋旅館」→逆打ち土佐高知県編へ続く。

いよいよ本日は松尾峠を越えて高知県へ。足摺岬と室戸岬がそれぞれの見所・歩き所を持って待っているかと思うとワクワクしてくる。

大盛屋旅館発が午前7時半。松尾峠を目指したが、松尾大師を過ぎた辺りで早速迷った。舗装路の切り回しの工事もしていた。また、松尾峠まで1・5キロ手前辺りでの、舗装路から旧道・土の道に入る角でも迷った。ここいらは「迷って当たり前」と思い、会う人全員に道を確認するのがいいだろう。

松尾峠頂上着、午前8時50分。ここまでが愛媛県である。

ところで愛媛県では御住職の方お二人に、「閏年《うるう》に逆打ちすると順打ちの3倍の御利益がある」という考えについて伺ってみた。そもそも閏年とは日本では明治時代になって入ってきた太陽暦・西洋暦であり、平安時代の弘法大師空海大師や遍路の元祖と言われる衛門三郎、江戸時代初期に88霊場とコースを策定した真念とは全く関わりがない。敢えて「閏」と言えば、江戸時代までの旧暦での「閏月《うるうづき》」しかない。

お一人の御住職は、この矛盾のことを当然御存知だった。そして「喧伝《けんでん》しているのは88霊場会ではなくて観光業者・バス会社だから口出しはしない」ということだった。もう一人の御住職は、「歩いて道を間違えやすい逆打ちの功徳が多いという主張も一つの御縁であり、逆打ちだろうが順打ちだろうが、誰が言おうが功徳が多かろうが少なかろうが、いつでも四国遍路はＯＫなのだ」とのことだった。私としては「理屈では矛盾しているが、激減している四国遍路の人数や遍路宿の数を回復させるためならば仕方がないかな」と思っている。ただし、「閏年の逆打ち功徳3倍論」支持の方がいると、理屈上の不当性については申し上げることにしている。ただ法華経の『方便品』に「唯物与仏乃能究尽《ゆいぶつよぶつないのうくうじん》」(＝仏しかわからない)とあるじゃないかとか、見えない縁起をどうするんだとか言われたら、降参しますけど。

なお、本日までで香川県・愛媛県と二つの県が終わり、逆打ちの約半分まで来たという感じである。この2県で、境内で休憩していたところ、2人の若い女性から声を掛けられて話をした。話の内容を書くのは差し控えるが、歩き遍路の私にかなり複雑な人生相談のアドバイスを求めており、単に聞くだけでは済まないような内容だった。私は、いわゆるお経の中でも「懺悔文《さんげもん》」が一番大切だと思っているが、ある意味自分を白紙化する・リセットすることは至難中の至難なのだろうと思われた。

私設の接待所や遍路宿で、年配の御婦人経営者の方が「私の息子は東京に仕事で行ったきりで戻らないのよ」と、よく話される。そのような半分（?）自慢にも聞こえそうな話とは明らかに一線を画した相談だったので、襟を正す思いがした。このような話をキチンと受けるのも遍路の一つの使命なのだろうと思う。なお、地方の老翁・老嫗の話される「東京」「大阪」とは単に都会という意味であることも多いらしい。

c. 土佐高知県編

【逆打ち高知県の分岐点】

a. 足摺岬の付け根の土佐清水市に行くのに、39番延光寺から最短の三原村経由の山中コースで行くか、遠回りだが大月町の月山《つきやま》神社・竜串経由の海沿いコースで行くか。以前の順打ちの時は、最短に惹かれて山中の三原村コースを選んだが、海沿いコースにはもっと大きな魅力があるかもしれない。

b. 土佐清水市から足摺岬へのコースである。足摺半島の東回りコースか西回りコースかである。距離的には西回りコースが長いと言われていたが、近年出来た大きなトンネルで大差がなくなった。むしろ西回りコースの方が短いのではないかとも思う。この、東回りコース・西回りコースと、上に示した山中コース・海沿いコースはリンクしていない、土佐清水市の市街地でクロスしてもいいのだが、実態としてクロスする歩き遍路は余り多くないのではないか。いないわけではないが、その時々の、それぞれに別な雰囲気、個性が感じられるのだ。

C．宿毛から大月町竜串経由で海沿いに土佐清水市に行くコースについて。宿毛から大月町役場前後までは、予想以上にコーヒー店や食品の販売店が多かったので、飲食には困らないだろう。大月町から国道３２１号線で月灘郵便局までの道の飲食店は不明。爪白キャンプ場から「道の駅めじかの里　土佐清水」までの間にもコーヒー・軽食店が予想以上にあった。ただし宿の続き具合がよいとは言えない。

①２０１９（令和元）年11月10日（日）続き【逆打ち通算26日目続き】

〇宿「大盛屋旅館」逆打ち伊予愛媛県編から続く→39番延光寺→宿「ホテル　アバン宿毛」。

写真99

写真100

○本日の歩行距離29キロ。

以前の順打ちの時は足摺半島の東回りコースと、土佐清水市から三原村を通る山中コースを選んだので、今回の逆打ちでは、宿毛からの大月町の月山神社・竜串コースと半島の西回りコースを選ぶことにした。その中でも月山《つきやま》神社と叶崎《かのうざき》灯台、空海見残し海岸の三つが大きなポイントである。

愛媛県の大盛屋旅館発が午前7時半。松尾峠着、午前8時50分。ここから先が高知県である。松尾峠を挟んでの、以前ほどの、遍路道に対する両県の格差は小さくなったなという印象だ。むしろ、松尾峠から39番延光寺までの間の、英語でのガンバレ札や案内看板の多さには驚いた。ただし文字が小さすぎて読みづらいのが難点【写真99、100】。

松尾峠を下りきって、午前10時50分に本日の宿「ホテル　アバン宿毛」に荷物を置かせて貰って、39番延光寺を打ち戻りする。

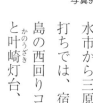

39番延光寺着、午後1時50分。延光寺からホテルアバン宿毛に戻ってくる時に、へんろ小屋33番「すくも」で、いわゆる職業遍路の人と話す機会があった。白衣姿の人もいたし、(たぶん)既に白衣を脱いでいる人もいたが、皆さん日焼けしていて、道のことにはとても詳しい。道だけではなくて、遍路関係の事跡にも詳しく、インテリと思われる人も。道々余り姿を見ないので、『同行二人』に示しているような、多くの人が通るコースとは違うコースを、または違う時間帯を通るのではなかろうかと勝手に推測する。

ホテルアバン宿毛着、午後4時半。朝食は館内で取るが、夕食はホテル前の駐車場に併設しているトンカツ系のファミレスでよろしければどうぞ、というビジネスホテルである。

②2019(令和元)年11月11日(月)【逆打ち通算27日目】

○宿「ホテル　アバン宿毛」→宿「ホテルベルリーフ大月」。

○本日の歩行距離19キロ。

ホテルアバン宿毛発が午前7時50分。早速ポツポツ小雨が降ってきた。雨宿りをしようと早歩きをして「道の駅すくも(すくもサニーサイドパーク)」に行ったのが失敗したのか、道の駅の中の商店がまだオープンしてない。しかし、この道の駅すくもから大月町役場までの間に、コーヒー店、食品販売店などが合計で10軒ある。北から「おばちゃんの店（食事と物販）」「カルチェ（コーヒーと食事）」「三木（食品販売）」「ケーキとパンの販売、ベーカリー」「ありんこ（コーヒー店）」「食品コンビニ」「桜（カフェ）」「スーパーコモンズ大月店」「ママショッピングセンター」「すこーる（コーヒー店）」、役場過ぎに「バル（コーヒー店）」。なお、ここから先は飲食店や物販店は激減する。私は休憩を兼ねて、大月町役場までのほぼ中間にある「カルチェ」に入ると、近隣の年配の多くの女性の社交場になっていた、多くの四国のコーヒー店がそうであるように。

国道321号線を南下。道の駅「大月」が左手にある。その中に小さなへんろ小屋「しんきん庵」もある、というか道の駅の駐車場の中にあった。道の駅大月には観光案内所もあったので、「月山神社、叶崎灯台方面の遍路地図がありますか？」と訊くと、歩行者用の地図を出してくれた。ここでの先（南東）に行く歩行者は、逆打ち歩き遍路しか考えられないので、遠慮せずにコピーして頂いた。地元の名産の惣菜を購入して食べたり、順打ちの女性歩き遍路の方と、地元の御高齢の女性の三人で1時間くらい歓談したりして別れた、楽しい大休憩だった。

本日の宿「ホテルベルリーフ大月」着、午後2時50分。ベルリーフ大月までは比較的広い舗装道路で、緩《ゆる》いような急なようなアップダウンの繰り返し。しかし、ホテル直近を右折してからのホテル専用の舗装路は急な上り坂。よくある山の上の宿である。ベルリーフ大月では「電話で予約するとお遍路さん特別料金として定価の〇割引で泊まれる」と後で知ったが、数ある宿泊サイトの割引料金と比べてどちらが低価格なのかは考えたことがない。取り敢えず、土佐清水市への海沿いコースの宿が他にないので泊まった（ゴメン）が、実際泊まってみると実に立派な施設でリーズナブル感が最高だった。洗濯機・乾燥機あり。

③２０１９（令和元）年11月12日（火）【逆打ち通算28日目】

○宿「ホテルベルリーフ大月」↓音無神社↓月山神社↓叶崎観音堂・地蔵堂↓宿「民宿宮本」。

○本日の歩行距離20キロ。

本日は月山神社と叶崎灯台を越える。ただし宿が決まってないのが不安なところ。叶崎灯台を過ぎて数百メートルほどにある「民宿叶崎」と「民宿宮本」には、既に何回も電話したが、繋《つな》がらないのだ。

ベルリーフ大月を午前7時50分に出発し、海沿いのような山沿いのような、アップのよ

写真101

うなダウンのような舗装路を南へ歩く。右の海中に弁天島を見る手前に「樫西園地」があり、トイレとベンチあり。この公園で、ずっと電話が通じなかった民宿宮本に電話してみた。するとやっと通じたのである。その電話での御年配の女性の話によると、「近くの民宿叶崎は廃業済み。うちも民宿やってないけど、どうしようか？（旦那さんに訊いているようだ。民宿叶崎やってないしお遍路さん困ってるから）じゃあ泊めてやるから」と。民宿宮本に泊まれることとなった。地獄で仏とはこのことである。一遍に気持ちが楽になった。

樫西園地のある岬をグルッと反時計回りした所の道の左側に「樫西シーサイドセンター」があり、宿泊可能とあった。

舗装路が続き、赤泊《あかどまり》分岐にある音無神社の角《かど》に着いたのが午前9時40分。ここは案内の矢印立て看板がある分岐【写真101】。しかし逆打ちなので、全く人とすれ違わないから迷うのが怖い。「赤泊の浜」からの旧道・土の道の入り口は分かったけれども、遠目で見たところ海沿いの崖を登るコースなので崩落が怖くてやめにする。舗装路も次第に狭くなり、左右の雑木林から枝葉が伸びてきていて暗い道が続くと、右手に月山《つきやま》神社が見えてきた。

月山神社着、午前11時。神社の由緒を書いた看板が1枚ならずあるので、しっかり読んだ方がいい。「月山はガッサンではなく、ツキヤマという人名による。発掘された三日月型の御神体は、本殿の後方の崖の上、地上10メートルくらいの所にある」ことなどである。しばしば月山神社の前の道沿いの鳥居脇にある三日月型の石【写真102】や本殿後方の崖、地上数メートルの三日月型の石を御神体と間違ってネットに載せている人がいるので、要注意。本物の御神体は、もっと上ですよ。

写真102

舗装路の道を続けて歩く。ただし大浦の漁港への舗装路が遠回り過ぎるので、川を渡る旧道・土の道だけは通ることにした。大浦からは国道321号である。海面と同じ高さのような道で小才《こさい》角《つの》の町を過ぎると土佐清水市だ。上り坂が続いて「脇ノ川トンネ

写真103

ル」を抜けると叶崎灯台が見えた【写真１０３】。この叶崎は、インテリ職業遍路さん「逆打ち高知県①２０１９（令和元）年11月10日（日）続き【逆打ち通算26日目続き】」に教えて貰った自殺の名所なのである。足摺岬で死にきれなかった者が叶崎で再度自殺を試みて崖の樹に引っかかり助かる。そして叶崎灯台駐車場の背後の階段上にある観音堂で再起するという話だ。もちろん亡くなった方を追善する地蔵堂もあると言う。

叶崎灯台駐車場着、午後3時。ここに行くにはトンネル手前を右折する。駐車場には借金苦で自殺する人を思い留《とど》まらせるための看板や、ペット（の命）を捨てるのを思い留まらせるためのポスターが貼ってあった【写真１０４、１０５】。駐車場の東屋には毛布を敷いた猫用の籠《かご》が数え切れないほど設置してあり、ここは野良猫だらけである。駐車場から灯台への歩道は、と言うよりも馬の背の道（尾根道）の両側や灯台の周辺には、自殺者を引っ掛けて救うように樹木が密生していた。駐車場から見て、灯台の反対側となる山側の階段を上がると観音堂と地蔵堂がある【写真１０６】。通夜堂・善根宿も兼ねていると言うが鍵が掛かっていた。ここは流石《さすが》に、この世ならぬ雰囲気

写真104

写真105

写真106

の漂《ただよ》うエリアだった。

叶崎灯台から国道を下って直ぐ、民宿宮本に着く、午後3時半。

営業を止《や》めていたのに泊めて下さって有り難うございます。当然泊まり客は私一人だけである。私が今回の逆打ち歩き遍路に持参していたのは『同行二人』の第11版であり、これには民宿宮本も民宿叶崎も載っていたが、『同行二人』第12版には両方の民宿ともに載っていない。つまりは両方とも廃業していた、情報に疎《うと》い私がお馬鹿さんなのでした。洗濯機のみあり。

④2019（令和元）年11月

13日（水）【逆打ち通算29日目】

○宿「民宿宮本」→空海見残し海岸への入り口→宿「みかんの家」。

○本日の歩行距離23キロ。

本日は土佐清水市の宿の「みかんの家」を目指す。その途中にある竜串の「空海見残しの浜（見残しの展望の跡）」にグラスボートに乗って渡ることができるので、そのための時間を大きくとってある。

民宿宮本発が午前7時10分。国道321号線を今度は東進するようになって、土佐清水市の市街地を目指す。長い3本のトンネルを抜け海沿いの道で、爪白《つまじろ》キャンプ場（現在はスノーピーク土佐清水キャンプフィールド）を過ぎると竜串も近い。竜串は海の透明度が極めて高いので、いわゆるミュージアム類を除けば、「竜串海底館（海中展望塔）」と「空海見残し海岸に上陸できるグラスボート」の二つが目玉である。

この二つの施設の国道321号線沿いの入り口「レスト竜串」【写真107】着、午前9時半。両施設が曜日を変えて相互に休館している。本日は水曜日なので海底館が休みで、空海見残し海岸に上陸できるグラスボートは営業しているはずだ、はずだったのだ。しかし行ってみると逆だった。水曜日はグラスボートが定休日で、海底館が営業していたのだった。オーマイガッ、とはよく聞くが、そんなことが我が身に起こるとは……。泣くに泣けず、レスト竜串でうどんを啜《すす》って我慢した。なおレスト竜串は土産も買えるし休憩もできるし、コーヒーから定食まで、何でもＯＫの場所である。

うどんだけでは昼食に足りないので、その後、あしずり港の西側の堤防にある「海の駅あしずり」（道の駅ではなく海の駅である、念のため。ジョン万次郎資料館を兼ねている）着、午後1時20分で、豪華な昼食を取った。何を食べたか覚えてないが、豪華な昼食だったのは覚えている。会計時に、店の方から菓子の小袋のお接待を頂いた。

写真107

写真108

土佐清水市の市街地を西から東へと横断し、丘を上ると本日の宿「みかんの家」に着いた。午後3時20分だった。きれいな施設で有り難い。食堂には「別格高知県⑨２０１９（令和元）年5月4日（土）【別格通算18日目】」で見た「土佐の一本釣り」作者の色紙が飾ってあった【写真１０８】。本日のみかんの家の泊まり客も私一人だけだった。

洗濯機・乾燥機あり。

⑤2019（令和元）年11月14日（木）【逆打ち通算30日目】

○宿「みかんの家」→38番金剛福寺→宿「みかんの家」。

○本日の歩行距離25キロ。

本日は「みかんの家」に荷物を置かせて貰い、38番金剛福寺の打ち戻りを足摺半島の西岸で行い、みかんの家に戻り連泊する。以前の順打ちの時は足摺半島の東岸で行い、39番延光寺には三原村経由の山中コースだったからである。

みかんの家発が午前7時20分、足摺半島西岸の県道27号線を南下して足摺岬を目指す。海岸沿いになったり山中になったりしていたが、大浜トンネルは奥（南側）に行くと緩い下り坂で、出た途端に左折するので、トンネル出口からの道が海にダイビングしているようだ。その時は太陽の位置関係から海が光っていて、幻想的なショットが撮れた【写真109】。そして地元の方が「あの大きなトンネルができたから、ウンと近くなった」という新しいトンネルが松尾トンネルだった。トンネルを抜けると足摺岬も近い。

足摺岬に到達する直前まで県道27号線と並行する、右（南）側で通る道がある。その手

写真109

写真110

写真111

前（西）側の分岐点にあるコーヒー店「緋羅里《ひらり》」着、午前10時。モーニングも出るし、近所の方々も集まる、いつもの四国の喫茶店なのだが歩き遍路に対する気配りが著しい。モーニングを食べて店を出る時に柿を3個お接待して頂いた。お接待して頂いた生《なま》柿は重量物だが、「柿が赤くなると医者が青くなる」というほどにミカンとは違う貴重な栄養素を含んでいるので、皮ごとガシガシと食べる。

38番金剛福寺着、午前10時50分。山門の扁額「補陀落東門」【写真１１０】が即身成仏の歴史を伝えていて、有り難い。同時に痛々しくもある歴史を感じながら境内を回った。岬方面に行ったのは、その後である【写真１１１】。現地近辺で一度ならず、「山門前の土産物屋・食堂の中で、どこに入ったらいいですかね？」と訊かれたので記しておくと、山門側から見て数軒ある建物の中の、左端。一番角《かど》の土産物店の2階の食堂。それに左から数えて4軒目の店の2階の食堂だと私は思う。店外に出ていたメニューによると、他の食堂は麺類・甘味類が中心だったが、私が勧める二軒の食堂は刺身とかの海鮮類の定食のバリエーションがあった。ここ金剛福寺まで来れば、順打ち逆打ちとも88霊場での半分は来たと言えると思うので、明るい太平洋を見つつ、ググーッとジョッキでやりたかったが、我慢のしどころである。

打ち戻り連泊のみかんの家着、午後3時20分。

⑥2019（令和元）年11月15日（金）【逆打ち通算31日目】

○宿「みかんの家」↓宿「民宿月白《つきしろ》」。

○本日の歩行距離28キロ。

本日より土佐清水市から北東の高知市を目指す。距離を考えて四万十川を越えた辺りで宿を取りたいが、なかなか見つからない。できれば四万十川河口の「下田の渡し」に乗ってみたい。下田の渡しは正式な遍路コースだからだ。しかし宿は遅くとも昼過ぎには決めておかないと……。

みかんの家発、午前6時50分。お接待でバナナ2本と野菜ジュースを頂いた。国道32

1号線を北進する。真念庵分岐の、きれいな「カフェダイニング　ルーチェ」に午前11時半着で食事。帰りに菓子袋のお接待を頂いた。結局、下田の渡しは時間に制約があって断念する。

伊豆田トンネルを抜けて、左側の小さな山にある大文字焼きの跡を見つつ、へんろ小屋54番「四万十《しまんと》」着。ここは四万十川野鳥自然公園の駐車場脇にあるので、トイレも近い。近くにはコーヒー店「モリー」ができていた。「レストラン大文字」「うどん屋田子作」は朝から営業しているので便利。ここのへんろ小屋から「民宿月白《つきしろ》」に電話して、泊めて貰えることになった、有り難い。安心したためか、へんろ小屋の中で、ついウトウトしてしまった。

四万十川は四万十大橋で渡った。四万十大橋は下田の渡しを除けば最短ルートだし、車道と歩道が完全に分離されているし、広い歩道の要所要所に展望のためのバルコニーがあるので、眺望が良い。また『同行二人』では分からないが、順打ちで言うと橋を西側（対岸）に渡って直ぐの、国道321号線へ南側（左側）に下りる直線階段が付いているので、距離上のロスがないのである。

民宿月白着、午後4時。宿の名前の「月白」とは俳句の季語で、「歩き遍路しか泊めな

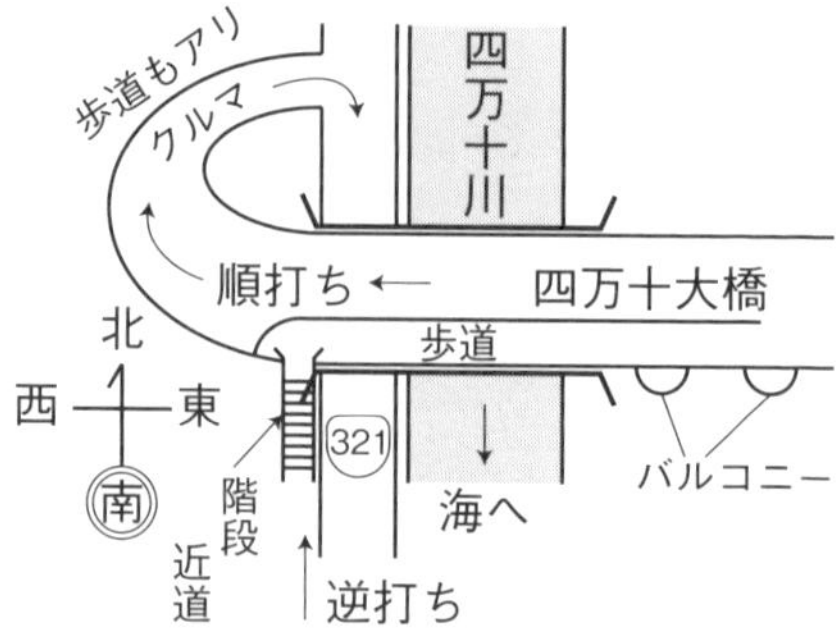

写真112

い」という女将さんが俳号（俳名）を持つ俳人だから【写真112】。相撲にも造詣が深いので、それらの方面の詳しい話が聞ける。

⑦２０１９（令和元）年11月16日（土）【逆打ち通算32日目】

○宿「民宿月白」→宿「民宿ニュー白浜」。

○本日の歩行距離21キロ。

民宿月白発が午前7時半。宿を出る時に、お接待のバナナ1本と野菜ジュースを頂いた。ここでは朝渡されるお接待の食べ物を選択できるのが面白い。

国道56号線を東進する。前回頭を刈ったのが「逆打ち愛媛県⑦２０１９（令和元）年10月30日（水）【逆打ち通算15日目】」だったので、そろそろ頭を刈るべく検索した。その結果、国道56号線と県道42号線が接続する交差点から直ぐ向こう側の右手に、「松岡理容所」【写真１１３】を発見。店内は懐かしい感じである。丸刈りで刈って頂くと、代金２３００円のところ、２０００円でいいよと。つまり３００円のお接待である。「南無大師遍照金剛」と３回唱えて白の納札をお渡ししてお別れした。

写真113

この辺りの道は結構古くて段差のある歩道がない所も多い。それだから歩くのは側溝の排水溝のフタの上である。歩き遍路ではよくあることだが、ボーッとしていると排水溝のフタとフタの間の穴に金剛杖が落ちてしまう。ここの古い道の側溝の排水溝の古いフタも、穴が大きくなっていた。恐らく小学校の通学路だったからだろうか、穴に落ち込まないように修復がしてあったのを初めて見た【写真１１４】。

写真114

本日の宿「民宿ニュー白浜」に着くまで、ポツポツと飲食店が増えていた。なかでも『同行二人』に書いてない、39ページの下段の地図〈38‐３〉左上の伊田トンネルを東へ抜けて100メートルほどの右（南西）側にある「まるみや食料品店」が地元産のお弁当や果物があって有り難い。民宿ニュー白浜着が午後3時40分。1階が営業もしている食堂で、泊まるのは2階。風呂・トイレ・洗面設備は2階という所。なお、この辺りは将来予測される東南海沖地震で、大津波が発生する可能性が高いと言われているようだ。もちろん避難階段は随所にある。

本日の同宿は二人の男性の順打ち歩き遍路だった。夕食時には、まだ1名が未到着。よって初めの一方《ひとかた》と席を同じくした。一般に「遍路に出た理由を遍路に聞いてはならぬ」という不文律があるので、私は「何番のお寺が良かったですか?」とか「四国ではどこかの観光をしましたか?」とか和やかな一般的な話をしてから、こんな質問をした。

・歩き遍路をしていて、何か気づいたこととか悟ったことがありますか?

・どうして何十周も何百周も回る人がいるんでしょうね?

この二つの質問は、自分自身にリンクしてくるので嫌《いや》な質問でもある。また質問が相互に絡んでもいる。しかし余り深刻に考えるとその場の雰囲気が壊れるので、私は「以前、46番浄瑠璃寺の門前の長珍屋で、560回も回った人の記念の手拭いが飾ってあるのを見ましたよ」と言うと、皆が「へぇ〜」となって話が終わる。

この質問に初めのかたは「う～ん、遍路で何かを見つけないといけないのかなあ」と繰り返しておっしゃっていた。このかたが食堂を去っても御主人夫婦の話が続いていたし、夕食途中だったので、まだ私は食堂にいた。

するとお遍路衣装フル装備の男性の歩き遍路が外から入ってきた。遅れて来たかたであった。菅笠と金剛杖を除いた全てが白一色だ。白衣はもちろんのこと、白色の手甲《てっこう》と白色の脚絆《きゃはん》、下は靴ではなくて、白の地下足袋だ。年齢は78歳で、今日は長距離を歩いて来たので到着が遅くなったらしい。彼は荷物を2階の部屋に置くと、早速1階の食堂に戻ってきて夕食とビールである。例のごとく話を進めていき、私が「歩き遍路をしていて、何か気づいたこととか悟ったことがありますか？」と聞くと、彼は「何も見つけてないから、こうして歩いてるんじゃ」とおっしゃった。そして私の意図を汲《く》み取って下さったのか、「たくさん歩かなくちゃいかんと思っとったので、歩くのを止めることができんかったし、話したい人にも話せんかった。今日ここまで来る時に黒い着物を着た若いお坊さんと会ったけど話せんかった。明日はアンタとすれ違うぞ」と私に語った。

ところで全身白装束の78歳の彼は、本日43キロも歩いたらしい。43キロと言ったら、運動不得意の私が四十代の半ばでの1日の最長歩行距離と同じである。素晴らしい彼の精進だ。しかし長距離歩くことのマイナス点は、歩き遍路なら誰でも考えていたり、知っていたりするはずだ。（老いていく）自分との闘《たたか》いを距離という数値で測るなら、陸上競技場を歩いてもいいだろう。問題は何故四国を歩くのか、である。お接待があるから？　自然が豊かだから？　答えは尽きないが、『同行二人　解説編』第7版（7ページ下段）で宮崎建樹氏は、「一日の歩行時間　一〇時間以内」「歩行距離は二五キロから三〇キロまで」と書いていた。歩き遍路同士でコミュニケーションを取る、地域の人たちとコミュニケーションを取る、宿側に迷惑をかけないことを歩き遍路としての大切なポイントとして考えるなら、宮崎氏の御意見は妥当過ぎるほどに妥当だろう。

⑧2019（令和元）年11月17日（日）【逆打ち通算33日目】

○宿「民宿ニュー白浜」→宿「37番岩本寺宿坊」。

○本日の歩行距離24キロ。

今夜は37番岩本寺の宿坊に泊まるので昨日予約した。別格コースの時にも泊まったので朝のお勤めも施設も分かりやすいし、和室の部屋が20畳以上もあって広いからである。ちょっと心配なのは、どうやら明日が雨になりそうなこと。もし明日岩本寺を出発して大雨になって歩行スピードが落ちたら、届く宿にも届かなくなる。最悪の場合、歩き遍路の当日途中のリタイアの場合は、鉄道を使ったりタクシーを呼んだりもするが、七子峠《ななこ》辺りに鉄道はないし、路線バスの本数は極少、タクシーを呼ぶには遠すぎるから、どうしよう。そんなことを考えていた。

民宿ニュー白浜の朝食は洋食か和食を選べる。「朝からコーヒーを飲みたい人ならモーニングの洋食がいいよ」と。宿を午前7時半に出発。国道56号線をひたすら北へ。途中の「民宿坂上」(『同行二人』38ページの下段地図〈38‐3の中の囲み地図のE〉の2番の宿)は廃業していた。『同行二人』の同ページの宿1番「土佐佐賀温泉こぶしのさと」は300メートルほど北側(前方の岩本寺側)へ移動していた。片坂バイパスの建造と合わせ新築しての移動だろう。極めてきれいだった。この1階がレストランになっていたので大休憩を兼ねて昼食にした。へんろ小屋13番「佐賀」も同様に300メートルほど北側(前方の岩本寺側)へ移動している。なお片坂バイパスは自動車専用道路なので歩行者は通れません、念のため。この後で道端で農作業している方から、ミカンや柿のお接待を頂いた。

佐賀 橘川《たちばながわ》辺りを歩いていたら左(西)側の後方から誰かの「お遍路さん、お遍路さん」と呼ぶ声がするものの姿が見えない。振り返ってみると接待所のポスターが貼って

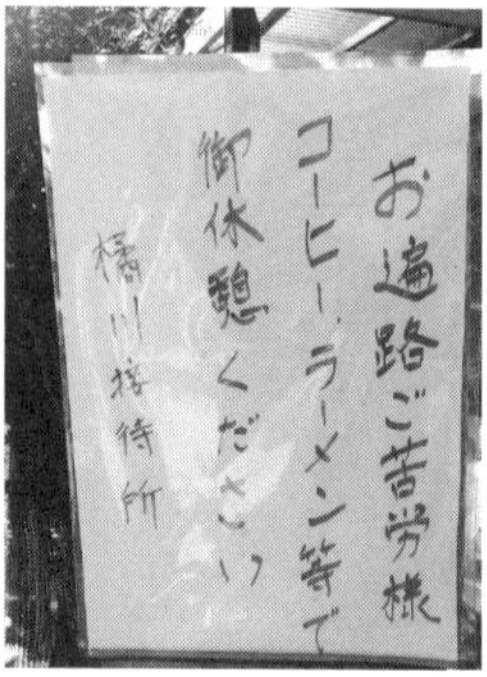

写真115

あった【写真115】。順打ち遍路に向けて貼られていたので見えなかったし、声はブロック塀の中からしていたので聞こえにくかったのである。正式名「橘川《たちばながわ》接待所」である。私設の接待所でブロック塀の中にあり、リポビタンDやらコーヒーやらの飲み物、果物、カップ麺、お菓子など何でもある。場所は『同行二人』38ページの下段地図〈38‐3〉が上の段の地図へと移る手前300メートルほどの所（地図で言えば8ミリ位）である。

どうやら明日の雨天が決定的になった。道々考えた、「本日泊まる岩本寺を連泊して、明日は雨天なら鉄道の駅のある所まで歩いて鉄道に乗って岩本寺に戻ろう」と。岩本寺は人気があるので早く電話を入れよう。電波が通じるか、ダメモトで片坂峠の頂上で岩本寺に電話してみると通じた。明日の連泊もオーケー、おお神よ仏よ有り難うございます。ただし寺の都合により、明日の晩からの夕朝食が出ませんとのことだった。

岩本寺のある窪川の市街地に入って間もなく、歩道に座って下を向き、何か両手を動かしている黒衣の人がいる。近づいてみると若いお坊さんが袈裟《けさ》を縫っているのだった。遍路について話したが、彼は高野山大学を卒業して、すぐさま歩き遍路に出たとのこと。ただし「師僧から20万円以上の金を使ってはならんと厳命があったんです」と。彼が続けて「この縫っている輪袈裟《わげさ》は歩きながらでもしてるので、ほつれちゃうんですよね」と。よく見ると輪袈裟ではないので、私が「あれっ、これは折《お》り五条《ごじょう》じゃないですか?」と言うと、彼は「僧籍をお持ちなんですね?」と言ってきた。私は「天台ですから四国では恥ずかしいですね」と。噛《か》み合わなく聞こえる会話だが、まあ、いいものだ。若くして黒衣を着て歩く彼と、白衣で歩く自分との差を考えずにはいられなかった。

37番岩本寺着、午後3時20分。宿坊の部屋は広い和室ではなく、鍵の掛かる洋室だった。連泊で荷物を部屋に置いておくから、鍵の掛かる部屋にしてくれたのだろうと思われた。有料で洗濯機・乾燥機あり。

⑨2019(令和元)年11月18日(月)【逆打ち通算34日目】

○宿「37番岩本寺宿坊」→JR四国土讃線の影野駅→鉄道→宿「岩本寺宿坊」。

○影野駅までの歩き遍路の本日の歩行距離12キロ。

岩本寺発が午前7時半、今にも降り出しそうな曇り空だ。窪川の市街地を抜ける前にポツポツと降ってきた。国道56号線で北進するも寒いので、早々とトイレに行きたくなるが、JR四国土讃線の仁井田駅にトイレがない。結局、仁井田駅と六反地《ろくたんじ》駅の中間ほどの国道沿い右（東）側にコーヒー店「コスモス」を発見、トイレに入って早めのモーニングの昼食を取った。『同行二人』に載ってない店である。

JR四国の土讃線沿いで最も七子峠の方向に進めた「影野駅」で鉄道に乗った。窪川駅まで戻って下車し、岩本寺までの間は歩きになる。

⑩2019（令和元）年11月19日（火）【逆打ち通算35日目】

○宿「岩本寺宿坊」→鉄道→影野駅→宿「須崎プリンスホテル」。

○影野駅からの歩き遍路の本日の歩行距離27キロ。

岩本寺発が午前6時半。昨日とは逆で、窪川駅から影野駅まで鉄道に乗る。ちょうど「アンパンマン号」【写真116】を同じプラットフォームの反対側に発見した、ラッキー。今日は（今日も）いいことがあるかも。影野駅発が午前7時20分。七子峠着、午前8時10分。今回で3回目になるが、いつ来ても「ななこ茶屋」は閉まっている。

七子峠から、どのコースで降りるかが本日のポイントである。旧道・土の道の大坂越えは2回したのでパス。「そえみみず遍路道は登るもの」と思うのでパス。残ったのは国道56号線による舗装道路での下り坂である。

これが思ったよりも長くてキツかった。旧道・土の道の下り階段は最も膝に来るので苦手だが、七子峠の急な国道下り（逆打ち）はスピードが落とせずに足の裏に衝撃が来る。「地獄の七子峠」とはこのことと思われる、国道コースの上り坂（順打ち）は半端《はんぱ》ではない。

写真116

下り途中のコンクリートの道端でカンタロウミミズと出会った。カンタロウミミズと会うのは大雨の翌朝が多いのだ。ミミズは皮膚呼吸なので雨水が巣穴に満ちてしまうと溺れてしまう。そこでミミズは巣穴から出てきて大雨で路上に流される。そういう仕組みのようだ。運が良ければ何処かの土の上に辿《たど》り着けるが、そうでなければコンクリートの上で乾燥死、またはクルマに轢《ひ》かれてしまう。今日会ったカンタロウミミズは至って元気に進んでいたので、私が座り込んで観察していた。すると、下から大型トラックが上がってきた。轟音と振動の渦である。するとカンタロウミミズが緊張した感じで、跳《は》ね回り始めたのである。1分、2分と伸びきった状態で、いつまでもクルクルと跳ねている。私の想像だが、カンタロウミミズは轟音と振動によって、大きな天敵の動物が来て捕食されると直感して避けるために跳ねたのではないか。動画でもあれば、ここに貼り付けたいくらいであった。

久礼の町を過ぎると面白いものがあった。ＪＲ四国土讃線の踏切である。遮断器があるのだが、通行者が自分で押して開けるというもの。日本で、いや世界で一番小さな「遮断器のある踏切」ではないか【写真１１７】。

写真117

本日の宿「須崎プリンスホテル」着、午後３時半。部屋は異常に細長い和室だった。宴会場または狭めの和室を二間《ふたま》続きに繋《つな》げたという感じの部屋である。夕食がないので、すぐ近くのガストで夕食を終わって出ようとしたところ、煤《すす》けた白衣を来た人が入ってきて近くの席にポツンと座った。見るとはなしに見ていると、オーダーしてボーッとしている。一見して白衣の遍路姿なのだが、歩き遍路ではない感じである。荷物がないから近くの宿に置いたのだろう。それなのに夜のレストランに来て白衣姿は妙である。何か訳《わけ》があるのかな？

私は席を立つ時に近づいて聞いてみると、彼は機関銃のように「自分は原付によるバイク遍路だ。何でも行き当たりばったりで決めるので、まだ今夜の宿が決まっていない。今までの人生も行き当たりばったりだったし、これからもそうだろう」と話してきた。エーッ、こう言う人もいるんだと驚いた。本人が今までの自分を考えてそう言い、本人がこれからも変わらないと言うのだから、その通りなのだろうと思う。ならば周囲ができることと言えば、本人の考え方を変えることではない。できるのは真言宗のお大師様のように、または法華経の観音様のように本人をサポートすることしかない。そんなことを考えて、「直ぐ近くに見えるプリンスホテルが安くていいですよ。洗濯機と乾燥機も別棟でありますから」とアドバイス。私はガストを出る時にチョコボール1箱をお接待させて貰った。

このところ、朝方が寒くなってきたのでホテルに戻る前に、ホテルの斜向《はす》かいにある作業着の専門店「ワークウェイ須崎店」で軍手を購入した。

〔追記〕「須崎プリンスホテル」は「ホテルバンダガ」に変更された。ただし、建物や立地に変更は無い。

⑪２０１９（令和元）年11月20日（水）【逆打ち通算36日目】

○宿「須崎プリンスホテル」→36番青龍寺《しょうりゅうじ》→宿「三陽荘」。

○本日の歩行距離23キロ。

本日は浦ノ内湾辺りを通って36番青龍寺《しょうりゅうじ》参拝後の、打ち戻りの宿の「三陽荘」までである。本当は浦ノ内湾を船に乗って（これも正式な遍路コースである）進みたかったのだが、曜日と本数が限定されていて残念ながら乗れなかった。航行は基本的に小学生たちの登下校に合わせているようなのだ。

写真118

写真119

須崎プリンスホテル発が午前8時。県道23号線を東進する。へんろ小屋17番「須崎」にはトイレがあって助かる。隣接する庭に、妙な形の柑橘類があった【写真１１８】。仏手《ぶっしゅ》柑《かん》ほど伸びていないし、何かの原種に近いものかな？　またへんろ小屋前の案内石柱の頂《いただ》きに、逆打ちコース用のシールが貼ってあった。初めて見るタイプだ【写真１１９】。

『同行二人』には出ていないが、同36ページの地図〈36‐2〉の浦ノ内湾沿いの、浦ノ内郵便局の手前（南）側へ700メートルほどの右（湾）側に、「大島親水公園（くろしお休暇村）」がある。トイレと自販機があって堤防や土手に座って少しは休める。

浦ノ内トンネルを抜けて左側辺りだろうか、建設会社らしき重機と住宅のある敷地の道側に、個人設（会社設？）の歩き遍路用の㊡があった。私より先に東南アジア系の女性歩き遍路が座っていて「おいでおいで」と手を振るので、休むタイミングではないが寄らせて頂いた。よく見るとお接待する側の人たちが入るスペースがあるので、もしかしたら、この地域の接待所なのかも知れない。女性歩き遍路は私に向かって、スマホの画面を見せる。そこには「あなたは修道士なのですか？」と表示されていた。私は「随分翻訳の精度が低いアプリだなあ」と思いつつ、「どうして、そう思うのですか？」と彼女のスマホに話しかけると、彼女は私の金剛杖に書いてある「僧侶」との文字を指さした。私は「いや、修道士と僧侶は根本から違います」と説明したくなったけれども、修道士としたのがアプリに由来するのか彼女に由来するのか問うのも余り意味が無いので、ポッキーのお接待をして彼女とお別れした。別れ際に彼女から頂いた白の納札には「住所　台湾省新北市」と書いてあった。

〈追記〉この㊡と建設会社は、現在見あたらない。

これも『同行二人』には出ていないが、同37ページの地図〈36 - 1〉の上端の6番の宿「なずな」から、下（東）側へ1キロほどの右側（湾側）の所に「美島商店」がある。食品・雑貨の商店で以前の順打ちの時には店内に、数え切れないほどの納札が貼ってあった。今回寄ってみたところ、規模が縮小され、食品も数が減っていたものの、急な折には役立つと思う。

三陽荘に荷物を置かせて貰って、青龍寺の打ち戻りへ。

36番青龍寺着。その後の三陽荘着が午後3時20分。三陽荘は大型バスのバス遍路たちも泊まる大きな遍路宿で、遍路用品や土産も置いてある。ここに泊まった芸能人たちの色紙が何枚も貼ってあるし、設備に不足なし。洗濯機・乾燥機あり。宿泊棟に向かう通路のガラスケースには見るべき物が多かった。

⑫2019（令和元）年11月21日（木）【逆打ち通算37日目】
○宿「三陽荘」→35番清瀧寺《きよたきじ》→34番種間寺《たねまじ》→送迎バス→宿「ホテルＳＰはるの」。
○34番種間寺までの歩き遍路としての本日の歩行距離24キロ。

大分、高知市に近づいてきた。本日は土佐市から高知市へと、高知県の中央部を東進する。

三陽荘発が午前8時。宇佐漁港から県道39号線を北上し、塚地坂トンネルを抜けて下り坂。右手の高石神社を越えて60メートルほどの交差点を左折（西進）する。左折して２0メートルほどで右手の「スナック喫茶　慕麗」着、午前10時。『同行二人』に載ってない店である。早めの昼食をモーニングで取る。

35番清瀧寺《きよたきじ》着、午前11時半。以前の順打ちの時には入らなかった、薬師如来台座の戒壇巡りもできた。本堂へ上がる階段右側のテントで休んでいると、近くの御老人が話しかけてきて、「通夜堂が立派だよ」と教えてくれた。台所・食堂の他に和室が二つあり、いつか泊まろうと思わせる通夜堂【写真１２０】だった。

写真120

清瀧寺から田んぼ道の脇の民家のオブジェが四国随一の秀逸。これも遍路向けのものだろうからお接待の一環だろう【写真１２１】。

仁淀川《によどがわ》大橋を渡る。四国の人も、四万十川より仁淀川の方が好きな人が多いですよと聞いたことがある。確かに四万十川の河口は海

写真121

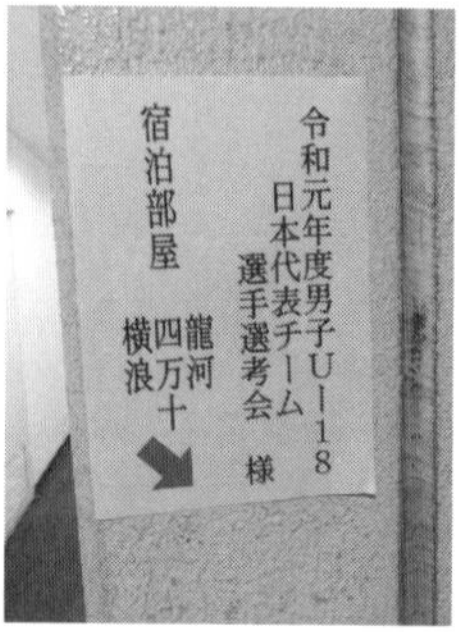

写真122

水が逆流して藻が生えたり、プランクトンが多かったりしていて、濁り気味なのだ。

34番種間寺着、午後3時20分。本日の宿「ホテルSPはるの」は34番種間寺、33番雪渓寺辺りの歩き遍路を送迎してくれる「お遍路さん応援プラン」がある。宿のクルマによる送迎を頼んだことは今までなかったのだが、一度体験してみたかった？　種間寺まで迎えに来て頂いてクルマに乗ってみると、遍路コースから外《はず》れてからが遠いこと遠いこと。これでは送迎なしでは歩き遍路は絶対泊まらないはずだ。

またホテルは春野総合運動公園の中にあり、合宿・研修にも使われているので入浴・洗濯機・乾燥機もバッチリである。この日はソフトボール男子の日本代表選考会一行が泊まっていた【写真122】。ソフトボールと言うと女子、と思っていた私がアホだった。スマートながら筋肉モリモリの体育会系の男子たちが、ゾロゾロと館内を歩いていて気後れしてしまった。

⑬2019(令和元)年11月22日(金)【逆打ち通算38日目】
○宿「ホテルSPはるの」→送迎バス→34番種間寺→33番雪渓寺→渡し船→32番禅師峰寺→31番竹林寺→JR四国土讃線の土佐一宮駅→鉄道→宿「高知ホテル」。
○34番種間寺から土佐一宮駅までの本日の歩行距離24キロ。

本日の宿が決まっていないのが気掛かりである。紅葉の観光シーズンでもあり、また歩く距離の都合もありで調節が難しい。30番善楽寺近くの遍路宿まで行ければ良いのだが、満室の可能性もある。無理にお願いしても辿り着けなかったら申し訳ない。

ホテルSPはるので朝食後に34番種間寺までホテルのクルマで送って頂く。種間寺からの歩き遍路開始が午前7時10分。(旧称)春野町を通っていたら、向こう(東)側(順打ち側)から男性歩き遍路がやってきた。聞くと、別格だけを歩いて回っているとのこと。おおっ、数少ない別格回りの歩き遍路が、私以外にもここにいるぞ〜っと叫びたくなった。彼も感じていた別格回りの難所の話をして、私はポッキーのお接待をして別れた。

33番雪渓寺着、午前8時40分。

高知湾の無料渡し船の長浜渡船場待合所着。朝方ではなかったので、船の間隔が長く、40分待ち。小雨が降り出す。

32番禅師峰寺《ぜんじぶじ》本堂前着、午前11時半。本堂下の駐車場脇の小屋での休憩後に車道で下山した。禅師峰寺からは県道247号線で31番竹林寺を目指すが次第に雨が強くなってきた。靴の中も雨水でタプタプである。雨宿りと昼食を兼ねて、北進する県道247号線と高知東部自動車道（高架道）の交差点の左手前（南西）の角《かど》にある「烏兎匆々《うとそうそう》」に入った。食堂であり、『同行二人』には書いてない。

31番竹林寺着、午後2時10分。この後は順打ちの時に迷ったコースを下り坂で逆行する、その不安と土砂降りになってきた不安のダブルで、次の30番善楽寺まで行くことを諦めた。歩いていける所まで歩き、鉄道に乗って高知駅前の宿に泊まるという方法である。

竹林寺から、竹林寺山門前にある牧野植物園の中を無料で通ってJR四国土讃線を目指す。牧野植物園に入る時は有人ゲートから、通路の説明を聞いてからの入園がベター。雨が強くなり、路面電車の「とさでん交通　後免線《ごめんせん》」の線路も見えないほどになった。コスモス畑【写真123】の中を何とかJR四国土讃線の土佐一宮駅《とさいっくえき》に着いた、午後3時40分だった。ここから鉄道に乗って高知駅まで。高知駅前の「高知ホテル」が本日の宿となった。以前の順打ちの時はホテル内の居酒屋で夕朝食が取れたが、なくなっている、残念。なお、この土佐一宮駅から高知ホテルへの鉄道という方法は順打ちの時にも実行していて、結構良い方法だなと思っていた。有料で洗濯機・乾燥機あり。

⑭2019(令和元)年11月23日(土)【逆打ち通算39日目】

○宿「高知ホテル」↓タクシー↓土佐一宮駅↓30番善楽寺↓29番国分寺↓28番大日寺↓宿「かがみ宿《じゅく》」。

○土佐一宮駅からの歩き遍路の本日の歩行距離26キロ。

高知ホテルを出て、タクシーで土佐一宮駅へ。土佐一宮駅からの歩き始めが午前7時50分。山近くなると、昨夜の雨の影響か、秋の常のことか、濃い霧が低く立ち込めている。途中の田畑の地面からは湯気が立っていた、それほどの寒さになっていたのだ。

30番善楽寺着、午前8時10分。

29番国分寺着、午前10時40分。「山門前の巡拝用品販売『扇屋』で裏面に般若心経が印刷させている納札を売ってるよ」と、某歩き

写真123

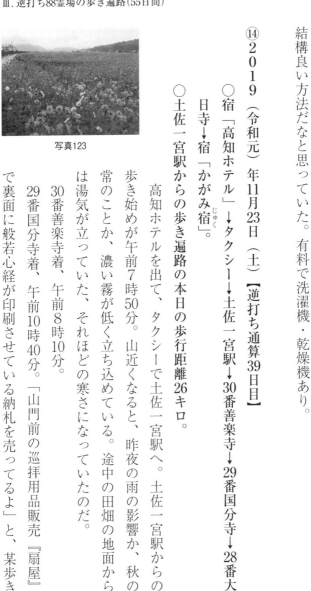

写真124

遍路さんに教えて頂いたので行ってみると開いていなかった。母屋にも人がいない。う～ん、通販してないし、また来るしかないか【写真124】。

やや落胆して本堂前のベンチに座っていると、白衣の団体遍路がやってきた。「20人くらい来るかな。混雑する前に退出しよう」と思っていると6～7人くらいしか来ない。しかも読経のリーダーとなる先達がいないので、行動もバラバラだ。読経してない方が大半で、駐車場に戻っていく。この人たちって一体？

そうか、この人たちが噂に聞くマイクロバス遍路なのか。運転手が添乗員を兼ねて遍路たちの納経帳（御朱印帳）を集めて御朱印を頂きに行くのでロスタイムがない。だから行程（宿泊）が短くて済む。先達がいないので安価に御集印できると人気（？）らしいのだ。

そう感心（？）しつつ更に座っていると、今度は一人で私服の男性遍路が来た。持ち物が少ないのでクルマ遍路なのだろうと思って見ていると、彼は本堂・大師堂の前で読経をせずに、数珠を3回擦《す》っただけで納経所へ御集印しに行った。この人って、一体？

恐らく公認先達の認定（補任という）や昇進（昇補という）を目指しているのだろうと

思った。そりゃ私も歩き疲れて本堂前に着いた時は（お寺に到着したら休むことなく、本堂に行くことにしているので）、御真言（御本尊を讃える呪文のような言葉）を7回唱えて終わることもある。公認先達の認定や昇進のための読経のことは以前にも「逆打ち香川県⑦2019（令和元）年10月22日（火）【逆打ち通算7日目】」で書いたが、この国分寺での方はマズイだろう。「数珠を3回擦っただけ」では本末転倒である。それとも、近年厳しくなってきたという代参（病気等の理由により、本人に代わって参拝すること）の人？

28番大日寺着、午後2時10分。納経所内の右側に休憩スペースがあり、無料のセルフでお茶やコーヒーが飲めて有り難い。「何杯飲んでも良いが、紙コップは1個だけ」とのこと。

本日の宿「かがみ宿《じゅく》」を目指す。余程分かりにくい所なのか、電話すると「分かりにくい所ですから」と詳しく説明してくれた。確かにかがみ宿は「土佐くろしお鉄道」の高架のすぐ脇にある、分かりにくい場所にあった。

かがみ宿着、午後4時40分。かがみ宿の特徴は「特徴のないのが特徴」である。大方の遍路宿なら食堂とか玄関とか各室に四国の遍路地図が貼ってあったり、遍路関係の本が1

写真125

冊や2冊は置いてある。しかしかがみ宿にはそれが全くない。そのために、自分は自宅や故郷の実家に帰ったような雰囲気に包まれてしまう。もちろん話をすれば宿の方は、次の霊場までの距離とか推薦の宿とか、何でも教えてくれる。その家庭的な雰囲気に輪をかけて、地元でしか採れない農産物、故郷の味を出してくれる。私の時は「四方《しほう》竹《ちく》」という、この僅《わず》かな時期しか採れないものを煮物にして出してくれた【写真125】。洗濯機・乾燥機あり。

⑮2019（令和元）年11月24日（日）【逆打ち通算40日目】

○宿「かがみ宿」→宿「ビジネスホテル弁長」。

○本日の歩行距離20キロ。

明日に27番神峯《こうのみね》寺《じ》を打って山麓の宿に泊まるため、ただでさえ余り歩かない距離を本日は更にセーブする。

かがみ宿発、午前7時20分。国道55号線を東南方向へ、室戸岬を目指していく。

「赤野自転車道休憩所」午前10時40分。ここのテラスのような、洋風の東屋の地面に花束とタバコが置いてあった。ここから投身した人への供養物なのか、ここの峠（のような）道で事故を起こした人への物なのか、東屋から見える海岸でサーフィンをしていて事故を起こした人への物なのか分からない。しかし、後から見る人の気持ちを考えて、置いた人が片付けるのが当然と思うがどうだろうか。雨がポツポツ降ってきた。11月の下旬なのでさすがに寒い。夏～初秋用の装備と服装しかないので、我慢の限界なのかもしれない。

安芸の市街地にある本日の宿「ビジネスホテル弁長」着、午後1時20分。安芸の市街地にはもちろん、コンビニもレストランも居酒屋もあるが、ビジネスホテル弁長の食堂で夕朝食とも食べられるので、今時の便利さを感じる。遍路には些《いささ》か安い遍路料金で泊めてくれる。有料で洗濯機・乾燥機あり。

⑯２０１９（令和元）年11月25日（月）【逆打ち通算41日目】

○宿「ビジネスホテル弁長」→27番神峯寺→宿「民宿唐の浜」。

○本日の歩行距離19キロ。

ビジネスホテル弁長発が午前7時20分。国道55号線を室戸岬方面へ進む。

本日の宿「民宿唐の浜」に午前10時50分にリュックを置かせて頂いて、神峯寺への登拝開始。旧道・土の道によくある「マムシに注意」の看板が新しく、しかも壊れているので実感がある【写真126】。この道は、以前の順打ちの時に私が初めて他の歩き遍路にお接待をした思い出の道だ。

写真126

27番神峯寺着、午後0時20分。下山時に境内下の駐車場脇のうどん屋で、うどんを一杯食べて落ち着いてから本格的に下山した。

宿の「民宿唐の浜」着、午後2時20分。夕食は数名だった。以前から聞いていたうちの質問の一つ「どうして何周も四国を遍路するんでしょうね?」を聞いてみたら、男性歩き遍路は「それは病気だから仕方ないんだよ」と言っていた。また、金剛頂寺への道を訊くと「国道から近道で行く山の道は結構荒れているよ。山の道への入り方が分かりづらい」と言っていたので、地図を画いて教えて頂く。洗濯機・乾燥機あり、乾燥機のみ有料。

「『遍路宿が2018年から同じ時期の2019年の1年間で4割減った』と88霊場会から連絡があったんだよ」と御主人が教えて下さった。エーッと驚いてみたものの、昨今の状況から考えると確かにその通りだと思った。予約の電話をしても出ない宿や、電話が通じても「(高齢の)夫婦でやってたんだけど、妻(または夫)が入院しちゃってねえ、やめたのよ」という宿が、かなりあった。この翌日以降に結願へと進む道々の宿で、このことを食事で同席した遍路たちに話しても、「やっぱりなあ」とか「仕方ないよ」という声しか聞かれなかった。

経営する方々の高齢化と、遍路宿の経営の御苦労を見ていると、後継の方が現れないことが充分に窺われる。(歩き)遍路が宿に着いたら、部屋への案内のみならず茶菓の提供、入浴、洗濯・乾燥の順番の指示、夕食、就寝と一息もつけない。しかも宿に着くという時間も守らない(守れない)歩き遍路も多いという。朝は5時前から起きて、夏場は5時半に朝食という宿も多かった。お接待で渡してくれる、昼食用のおにぎり2個も、好評の宿では常態化しているのではないか。ある遍路宿の経営者の方は「決まっているチェックイン時刻前に着いた方が、チェックイン時刻後に着くよりもいいんですよ、心配しなくていいですから」とおっしゃっていた。

こういう中で、遍路側からの遍路宿の選別も進んでいる。ネット情報である。私が今書いている文章もそうであるが、余りに辛口の「口《くち》コミ」「レビュー」は話半分(未満)だ。逆に「オススメの宿」を書くと、それ以外はオススメではなくなってしまう。意味はズレるが「両刃の剣」になる。結果として、オススメの宿にばかりお客が集まる、当たり前のことだ。順打ち1周目なら私も、オススメの宿ばかりに泊まっただろう。私が順打ちの時に、「設備にも問題があるが、設備以前の問題もある」と思われた宿は、別格回りや逆打ちの時には廃業していた、経営者の方は高齢ではなかったが。

一方、いわゆる遍路宿ではない（ような気がしていた）「ゲストハウスも面白いなあ」と思えてきた。私が初めてゲストハウスに泊まったのは「別格高知県⑨２０１９（令和元）年5月4日（土）【別格通算18日目】」だが、泊まっているもの同士が必然的に会話をせずにはいられない仕組みは結構面白かった。却って歩き遍路中心に考えられている遍路宿では寛《くつろ》ぎを第一に考えられていて、遍路同士が全く話をしないということも珍しくない。また、１軒の宿で（遍路）宿とゲストハウスを兼ねている所もあったりする。

⑰２０１９（令和元）年11月26日（火）【逆打ち通算42日目】

○宿「民宿唐の浜」→26番金剛頂寺→宿「金剛頂寺宿坊」。

○本日の歩行距離26キロ。

朝食時に、20周以上しているというベテラン歩き遍路の男性と話をした。彼は「何周も回っていると、なるべく遍路同士の会話には口出しやアドバイスをしないようにしているんだ、俺が話すと『その考え方が甘い』とかで話が終わっちゃうからな」と言う。彼は今、坂本龍馬脱藩の道や、四万十川と仁淀川を源流へと遡《さかのぼ》る道を歩いているそうだ。

宿の唐の浜発が午前7時20分。本日の宿は「金剛頂寺の宿坊」である。

国道55号線を東南方向へ進む。途中の海岸に、出雲大社の稲佐の浜にある弁天島にそっくりな場所があったので驚いた【写真127】。宗教的に相関があるのだろうか。近くの人が何と小さく見えることか。

写真127

いよいよ金剛頂寺への旧道・土の道に入る。「道の駅キラメッセ室戸」の三つの施設のうちの、最も室戸岬寄りの施設であるレストラン「食遊・鯨の里」着が午後2時で、遅い昼食を取って落ち着いた。

このレストランの入り口横からほぼ直線的に山の方向に入る旧道・土の道が正解。『同行二人』では分かりづらいので、分からなければレストランの方に訊くのが良いだろう。昨日は「荒れている」と言われたが、素晴らしい山道だった。敢えて言えば、金剛頂寺近くになり、道が平らになってからの砂利の道が少々歩きづらかったくらいである。

26番金剛頂寺着、午後3時。金剛頂寺宿坊着、午後3時半。泊まったのは私と、もう1名の男性歩き遍路のみ。その人から「金剛頂寺の宿坊は、88霊場の中でもベスト3に入る」と聞いたが、その通りだった。雪見障子のある広い部屋、大きな風呂・洗濯機・乾燥機、夕朝食の品数とボリューム、共用の洗面・トイレと文句のつけようがない。なお洗濯機・乾燥機の使用は有料で、自己申告制。ちょっと残念だったのは住職不在の為に朝の勤行がなかったことぐらいか。金剛頂寺の御住職は真言宗の要職に就いているため、かなり御多忙なのだと伺った。

⑱2019(令和元)年11月27日(水)【逆打ち通算43日目】

○宿「金剛頂寺宿坊」→25番津照寺→24番最御崎寺→御蔵洞→宿「民宿椎名」。

○本日の歩行距離25キロ。

今日はいよいよ室戸岬の最御崎寺を打ち、徳島県との県境の手前まで。

金剛頂寺の宿坊発が午前7時20分。

25番津照寺着、午前8時半。津照寺からは、室戸岬に西から上がる県道203号線「室戸スカイライン」がドンドン大きく見えてくる。車道と言うより「構造体」である【写真

１２８】。最御崎寺は、その更に奥にあって、ここからでは見えないのだ。この坂の上り口近くまで来ると圧倒されてしまったが、そこで落ち着くために。「喫茶・民宿うまめの木」でモーニングを食べる。

いよいよ室戸スカイラインへ。上りは嫌いではないので、トリャ～ッと言いつつ上る。怖いのは下の海を見る時である。ちょっと高所では恐怖しているのだ。順打ちの時は、海が高所からモロに見えたので、生きた心地がしなかったことを思い出した。

写真128

写真129

24番最御崎寺着、午前11時20分。さすがにここは外国人が多い。その後、以前の順打ちの時には行かなかった室戸岬灯台に行く。本当に偶々《たまたま》、灯台から上がってこられた工事の方と出会うことができて、写真を撮って頂くことができた、感謝である【写真１２９】。

室戸岬の東岸に旧道で下りて、御蔵《みくろ》洞《ど》に行く。もちろん以前の順打ちの時には中に入れたのだが、ネット情報では、「洞が崩落していて中に入れない」らしい。実際に行ってみたところ、崩落というのは御蔵洞の上の崖から石が落ちてきていることらしい。今回は洞の左手前の納経所でヘルメットを（無料で）借りて、自己責任で洞内に入ることができた【写真１３０ａ、ｂ】。入れないというネット情報は古いものだったのだろう。

写真130 a

写真130 b

ところで、しばしば「虚空蔵求聞持法の修行中に、口に明星が飛び込んできた御蔵洞からは空と海しか見えなかったから名前を空海とした」と聞くが、如何なものだろう。確かに御蔵洞前の掲示板にも書かれている通り、当時の海岸線は御蔵洞に大分近かったのだろうが、どう考えても御蔵洞から空と海しか見えなかったとは思えない、つまり大地があるではないか。

弘法大師の法名（僧名）は「教海」「如空」「空海」、また途中の一説に「無空」「叙空」と変化したと伝わる。法名が変わることは僧階の上進等の際に珍しくないことであるが、若い頃の事跡の分からない時分でもあり私度僧の時期もあったことから、自分なりに何らかの契機を感じて変更したのではなかろうかと思う。これらの法名を見てみると、彼にとって「空」「海」は重要な仏道用語だったと私には思われてならないのだ。「空《くう》」は膨大な般若経典群の中での、「色即是空」の「空」であり、「海《かい》」は浄土教系の経典に入っている、例えば「願海」のような「仏の広く深い請願の心」を喩《たと》えた語である。もちろん、物体と理念の一種の掛詞ともとれるが、「空《くう》」の意味が強すぎて私には無理である。

本日の宿「民宿椎名《しいな》」着、午後3時半。泊まりは私1名のみ。泊まり客を呼ぶのに銅鑼《ドラ》を使っているなど、味のある宿だった。

⑲2019(令和元)年11月28日(木)【逆打ち通算44日目】

○宿「民宿椎名」→法海上人堂→宿「谷口」。

○本日の歩行距離25キロ。

民宿椎名発が午前7時20分。朝から冷たい小雨が降り出したので、私の「半袖ポロシャツ+雨用ポンチョ」姿を見て、椎名の女将さんが「それじゃあ寒いでしょう」と首に巻くようタオルをお接待して下さった。このお陰で、首から雨が侵入せずに歩くことができた。感謝感謝である。

佛海庵着、午前10時。雨天の最中に中に入れて休憩できた。ここいらについては「別格

写真131

高知県②2019（平成31）年4月27日（土）【別格通算11日目】」前後を参照して下さい。

法海上人堂通過【写真131】。小雨で寒い中を無事に淀ヶ磯三里を過ぎた、午後1時20分だった。空腹なので、野根の町中の「野根スーパー」で飲食物を買い、店先のベンチで震えながら食べさせて頂いた。手が悴《かじか》んでコンビニおにぎりのラップを外せないほどだが、座れるだけでも有り難い。

雨も上がってきたのと同時で、本日の宿「谷口」着、午後2時40分。泊まり客は私1名のみ。このところ、泊まった大体の宿では歩き遍路は私1名だけだった。もう寒くなり、歩くシーズンが過ぎたということなのだろうか。洗濯機・乾燥機あり、乾燥機のみ有料。

⑳2019（令和元）年11月29日（金）【逆打ち通算45日目】

○宿「谷口」から逆打ち阿波徳島県編へと続く。

昼食用にお接待のおにぎりを頂く。民宿谷口午前8時発。夏場は流行《はや》る所なのだろうが、他の季節もお遍路さんや観光の方々が来るといいなと思う。

D. 阿波徳島県編

【逆打ち徳島県の分岐点】

a. 23番薬王寺を打ってから、南の海沿いの県道25号線を進むコースを選ぶか、国道55号線の山中コースを選ぶかである。海沿いコースは日和佐湾などの狭い湾に沿って紆余曲折しているので歩行距離が長いが、一度は通りたい所。他の方の歩き遍路日記を読むと、「トンネルの多い国道コースよりも海沿いコースがオススメ」などと書いてあるのが目立つ。

b. 12番焼山寺前後の宿が取れるかという問題がある。初冬とはいえ、焼山寺近辺はお遍路さんの人気コースなので、焼山寺の宿坊に泊まるのが第1目標。ただし冬期は宿坊が閉まっている。焼山寺の宿坊が一般に開いている、閉まっている目安は公開されているものの、積雪状況によって今年はどうなのか分からないのだ。

c. 1番霊山寺から88番大窪寺に行って、民宿「八十窪《やそくぼ》」の夕食の赤飯を食べるというコースにしたい。八十窪は単なる民宿ではなく、大窪寺の宿坊から移行した宿だからである。そのためには、その前にどこに泊まるのかで調節をする必要がある。

d．逆打ちの阿波徳島編は、別格コースの同じ箇所と重なる部分があるので参照して下さい。

---

⑪2019（令和元）年11月29日（金）続き【逆打ち通算45日目続き】

○宿「谷口」の伊予愛媛県編から続く→別格4番鯖大師→宿「あずま」。

○本日の歩行距離24キロ。

今朝は高知県東洋町生見の民宿「谷口」を午前8時に出発していて、徳島県牟岐駅前の「民宿あずま」に泊まる。私が今回持参した『同行二人』第11版に民宿あずまが書いてあったから電話して予約したのだが、第12版には書いてないことに後日気づいた。廃業していたのに無理にお願いしてしまったということになる。そうとは知らずに電話していました、御免なさい。

さて、那佐の町に近づいたころ、二人連れの順打ち男性歩き遍路がやってきた。よく聞く「二人での歩き遍路はペースが合わず難しい」との理屈通り、疲労の度合いに差が出ていた。メインで体格の良さそうな方に伺うと、これから大分先まで歩くということだった。私は、そこまでは無理だろうと思ったが、万一の場合にはタクシーを使う手もあるので「そこまで行くのには大分頑張りが必要ですね」と言って、ポッキーのお接待をした。するとメインの方は私に、何と錦の納札を手渡すではないか、ガガーン【写真１３２】。錦の納札とは、四国遍路を１００周したという印《しるし》である。裏には住所・氏名と肩書きの「大先達」が入ったゴム印が押してあった、へへーッである。大先達様にポッキーのお接待をしてしまった私って一体……。

別格４番鯖大師着、午後2時50分。今回が四国遍路３周目で、鯖大師参拝３回目だ。鯖大師の伝説や鯖の石像とか、お寺から頂いたお接待とかが印象に強く残っているので、別格回りではなくとも毎回来てしまう。その割に泊まるチャンスがないのが残念である。鯖大師の御住職は歩き遍路をしていらっしゃるので、旧道・土の道の各地に鯖大師の札がぶら下がっているので有名だ。その御住職が御不在の時は宿坊が閉まっているということを納経所の女性（大黒様？）から伺った。要注意である。

写真132

民宿あずま着、午後4時20分。民宿あずまは1階が居酒屋になっていた。しかし電話で予約した時に、「食事が出ないので、近くのコンビニか宿の向かいにある大きなスーパーで食べ物を買ってちょうだいね」と言われたのは、結局宿と居酒屋が閉業したということなのだった。女将さんは土佐のハチキンの人で、話していてもそうだろうなと思えた。

②2019(令和元)年11月30日(土)【逆打ち通算46日目】

○宿「あずま」↓23番薬王寺↓宿「(グリーンハウス)樹園」。

○本日の歩行距離28キロ。

民宿あずまを午前7時10分に出発。この時間でも薄暗い。軍手をしていても手が悴《かじか》んでしまっていて、ボタンをはめることができない。

JR四国牟岐線の山河内《やまがわち》駅の北西側のトンネルを過ぎて、150メートルほどの左側に「レストランODORI《おどり》」がある。許可を得て店先の軒下のベンチに座らせて貰い、昨夜買っておいたコンビニおにぎりを食べようとラップのテープを引こうとしたが、指が悴んでテープの端が摑《つか》めない。通りかかった店員さんに笑ってそのことを言ったら、直ぐに洗面器にお湯を張って持ってきてくれた。「足湯」ならぬ「手湯《てゆ》」のお接待であった【写真

133】。

23番薬王寺着、午前11時40分。ここからは国道55号線の山中コースを通らずに、南の海沿いの県道25号線を進むコースを行くことにした。歩行距離が長いが、幾多の歩き遍路日記では「海沿いコースがオススメ」と書いてある。薬王寺から県道25号線へ。ある人から「国民の宿うみがめ荘」の宿泊を勧められていたが、今回は距離が合わずに残念ながら断念する。

今右手に見ている海が、今回の逆打ち歩き遍路で見る最後の海であることに気がついた。愛媛県の宇和海、高知県の宿毛湾・土佐湾とも違う、黒潮の太平洋だが黒過ぎない色だ。右（南）側から太陽が照っているので若干光っている海である。群青《ぐんじょう》色にスカイブルーが混ざったような、印刷の4原色の一つのシアン色である。その時になぜか私の脳裏に「エイトマン」の歌が蘇《よみがえ》ってきた。エイトマンは私が小学生になるかならないかの頃に流行《はや》ったテレビアニメだ。歌詞は「光る海～　光る大空～　光る大地～　行《ゆ》こう　無限の地平線～」の出だしであった。この歌を一人で声を出して歌いながら歩く、乗っている気分である。

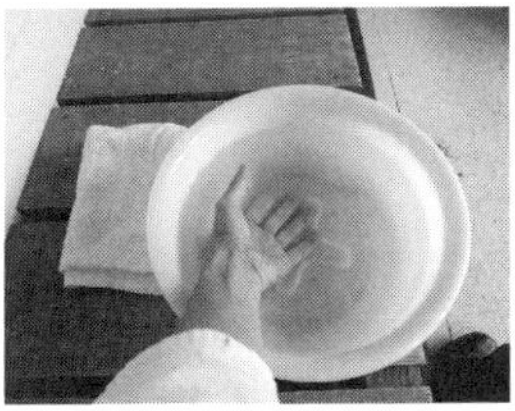

写真133

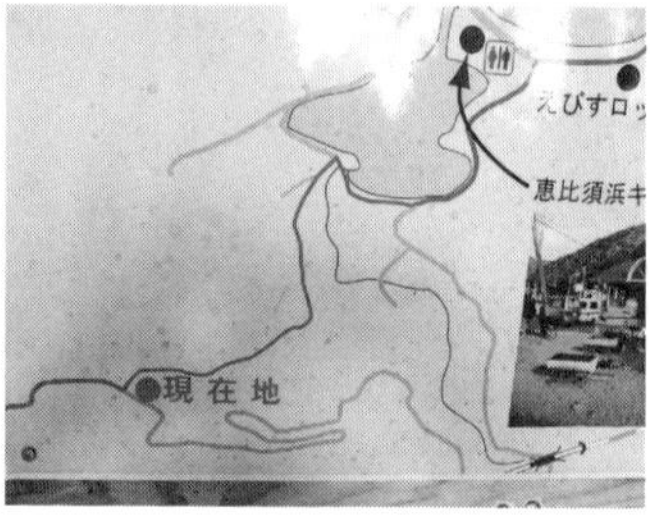

写真134

『同行二人』の道がずれている箇所があった。よくある「舗装路から旧道・土の道への入り口が分からない」類《たぐい》なのだが、ちょっとずれの方向が、ずれているのだ。『同行二人』23ページの下段の地図〈22‐2〉下端、「㊡恵比須浜おへんろ」から「㊡山座峠おへんろ」への歩き遍路のみの道の表示「……」の所である。㊡山座峠おへんろから順打ちで言うと、海（湾）に接続する地点は、下（南）の方に実際は8ミリほどずれている。今回逆打ちで『同行二人』の通りに歩いていくと、民家の庭に入ってしまうので戻って北へ進むと、変だな変だなと思っている内に、鉄道の線路を2回過ぎる遠回りコースになってしまっていた。「かなり遠回りしてるぞ。迷ったな」と思っていると、㊡山座峠おへんろの看板地図が右側に出てくるのだった【写真134】。

このようなことがあったので、山座峠を下り、「㊡白浜おへんろ」までの歩き遍路の旧道・土の道は通らずに、舗装道路を通った。途中で野猿と遭遇。見たところ5匹くらいだったが、山中にも気配がするので10匹以上いただろう。野犬には遭わなかったので助かった。

前回頭を刈ってから2週間ほど経《た》っていたので、理容室に行くことにした。木岐《きき》の町中の大谷理容室では、店を出る時に缶コーヒー1本をお接待して頂いた。理容室でのお接待率は高い。

本日の宿「(グリーンハウス)樹園《じゅえん》」に行く道は、『同行二人』でも分かりにくい。木岐《きき》の町を過ぎ、県道25号線の木岐トンネルの直前を右折。トンネルのある山を大きく反時計左回りに回り込んで、県道25号線の下を潜《くぐ》ってから直ぐの分岐を、やや左斜め前方へ進むと樹園である。

民宿樹園着、午後3時40分。本日の宿泊者は私1名だった。樹園には12歳の大人しい中型犬がいて、文字通りの看板犬になっている【写真135】。犬好きの遍路なら堪《こた》えられないと思う。関東の者には珍しい高級な魚料理が食べられ、敷地も広く建物も大きな民宿で、各種観光も可能という感じである。洗濯機・乾燥機あり、乾燥機のみ有料。

写真135

③2019(令和元)年12月1日(日)【逆打ち通算47日目】

○宿「樹園」→22番平等寺→宿「龍雅荘」。

○本日の歩行距離22キロ。

本日は遍路転がし21番太龍寺の麓、と言うよりも山懐にある「龍雅荘」というゲストハウスまで歩く。殆《ほとん》ど飲食店がないので、樹園で朝食時に「昨晩、翌日用のおにぎり二つを頼むのを忘れてました。今からでもお願いできますか？」と言うと、宿の方は「今日は家でお祝い事があるので、もうお接待で赤飯1パック用意してあるよ」と出してくれた。お赤飯1パックのお接待なんて最高だ。

樹園発が午前7時50分。由岐の町を出ると山中へ。また途中で野猿と出会う。山中の気配か野猿の数は昨日よりも多いようだった。由岐坂峠をヒーヒー言いながら越えて、月夜《つきよ》御水庵《おみずあん》着、午前10時50分。

22番平等寺着、午前11時50分。本堂の箱車を見るのは3回目だが、実物があると伝説では済まないぞと思う。また、境内の弘法大師像の台座（基壇）に「相互供養相互礼拝」と刻まれている。この字句は本来法華経に由来する深遠なものだが、現代では私が実行してきたポッキーのお接待にも通じるのではないかなと勝手に思っている。平等寺には遍路の神様と言われる、遍路２８０周の中務茂兵衛氏が建てた道案内の石柱も残っているので、じっくりと見ておきたいものだ。

平等寺からは旧道・土の道の大根峠《おおね》を越えて龍雅荘を目指す。途中「道の駅わじき」に寄って小腹を満たした。

龍雅荘着、午後3時20分。龍雅荘は、暴風雨による土砂崩れで廃業した龍山荘関係の方が経営しているらしい。夕朝食とも出るが、簡単な食事しか出ないという前提なので、レトルトカレーにパック御飯かなと思っていたら、手作りの、品数が多い夕食が出てきたので驚いた。部屋のある2階の廊下のテーブルには茶菓子類も常置してあり、結構なお接待である。無料で洗濯機・乾燥機も使える。

それにしても歩き遍路が少ない。殆ど宿では私1名の泊まりになっている。一方、予定より大分《だいぶ》スローペースで歩いてきたため、持病の心臓の処方薬もなくなりかけているので、自宅に戻って後日の再開も視野に入れ出した。

④2019(令和元)年12月2日(月)【逆打ち通算48日目】

○宿「龍雅荘」↓21番太龍寺↓20番鶴林寺↓宿「金子や」。

○本日の歩行距離21キロ。

龍雅荘では心がこもった昨夜の夕食のように、朝食の手作り感も一入《ひとしお》だった。しかもお

写真136

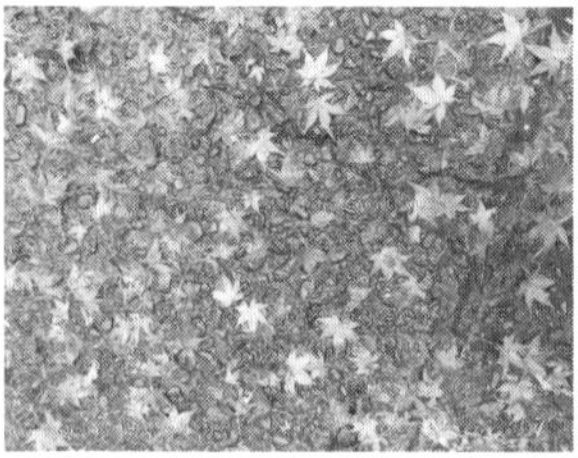

写真137

接待でおにぎり二つとお茶のペットボトルまで出して頂いた。ゲストハウスの値段だが、ゲストハウスどころか、並《なみ》の遍路宿以上である。龍雅荘の管理人は二十代にも見える若い男性二人で、ここまで気持ちの入った対応をして頂けるとは夢にも思っていなかった。

さて本日は二山《ふたやま》越えて、「金子や」が宿である。

龍雅荘発が午前7時、未明からの雨も止み加減だ。太龍寺への逆打ち上りは良い舗装路だし、最後の旧道・土の道に上がる前の駐車場にトイレもある。

21番太龍寺本堂着、午前8時半。那賀川を渡って鶴林寺へ。鶴林寺への旧道・土の道の巨岩は人為で動かしたのか、はたまた自然の配置によるものか。どちらにしても驚異に違いない【写真136】。

20番鶴林寺着、正午。鶴林寺駐車場の散った紅葉が絵葉書のようだった【写真137】。

宿の金子や着、午後2時半。金子やは今回の逆打ちを含めて四国3周で4泊目となる。順打ちでは二つの遍路転がしを前にした貴重な宿で志もあるので、今後も続けて欲しいと切に思う。

ところで私の順打ちの時から十数年の年月が流れたが、宿に泊まる遍路側の変化についてて感じたことがある。それは「変化」と言うよりも「変容」と言う方が妥当かもしれない。逆に「お前の考えは共同の幻想だよ」と言われたら反論のしようがない。

もちろんこれは私だけの体験・感想かもしれないと思っていたが、遍路宿で他の（歩き）遍路たちに聞くと「そうそう」と言われるものでもある。それは宿の夕食での「騒ぎ具合＝飲酒」のことである。十数年前は、遍路宿の夕食で酒を飲むという人は多くなかった。飲んでいても一人で飲んでいる人が殆どで、グループで来ていても他の人に声高《こわだか》に勧めたりはしていなかったのではなかろうか。

ところが近年は、いや昨今は夕食の席に着いたら、「まずビール」という方が増えてきた。「不飲酒戒《ふおんじゅかい》」がどうだとか、難しいことは言わないが、朝に宿を出てから夕方に宿に着くまでしか遍路ではないと言うのでは、ちょっと情けないのではないか。

ただ、夕食が居酒屋化したりするのも遍路の間口《まぐち》を広げるのに役立つかもしれないし、同行なさる先達さんの考えもあるのかもしれない。宿の経営の問題もあって当然だろう。酒を飲むには相応の理由があると考えているが、飲むなら人に勧めずに、静かに一人でどうぞ、と私は思っている。

⑤2019（令和元）年12月3日（火）【逆打ち通算49日目】

◯宿「金子や」→19番立江寺→釈迦庵おむつき堂→18番恩山寺→JR四国の徳島駅→自宅へ帰る。

◯徳島駅までの歩き遍路としての本日の歩行距離25キロ。

朝から晴れているが寒い。気温3℃なので、半袖のポロシャツしか持ってきてない自分の装備では明らかに無理である。また持病の薬が底をつきかけているので自宅に戻って、春になったら再開しようと心に決めた。本日で今回の逆打ちを区切るということだ。

金子や発が午前7時20分、気温3℃。

19番立江寺着、午前9時半。次の恩山寺の手前1キロほどを旧道・土の道の弦巻坂経由とした。田んぼの畦《あぜ》道を通ったり荒れた道を通ったり、「釈迦庵おむつき堂」の由来を読んだりで勉強になったが、最後は牛舎の横を通って飼い犬に追われたりで何故か笑った。

18番恩山寺着、午前11時。白人系外国人の熱心な研究者のような方に、今回最後のポッキーのお接待をした。

徳島駅着、午後4時。徳島駅前のビジネスホテル「ダイワロイネットホテル徳島駅前」に1泊して、翌日東京に戻った。

⑥2020(令和2)年3月2日(月)【逆打ち通算50日目】

○自宅→JR四国の徳島駅→17番井戸寺→16番観音寺→15番国分寺→14番常楽寺→13番大日寺→宿「プチペンションやすらぎ」。

○徳島駅からの歩き遍路としての本日の歩行距離19キロ。

前回の区切り打ち、と言うか殆ど通し打ち49日間を終えてから3ヵ月経過した。世間では新型コロナウイルス感染拡大防止のために、本日から全国の小中高校が臨時休業になる、そういう時期である。

今回は1番霊山寺まで回った後は88番大窪寺まで行く予定である。本日は17番井戸寺を打ってから焼山寺方面に向かい、歩き切った所に泊まる予定だ。

徳島駅発が午前11時。

17番井戸寺着、午後0時50分。

16番観音寺《かんおんじ》着。

15番国分寺着。ここから、本日の宿にしようと「プチペンションやすらぎ」に電話して予約できた。食事はできないとのことだったので、直前のコンビニで買うこととする。と同時に明日の宿を焼山寺（宿坊）に電話して取ろうとしたら、「まだやってません。明後日から開ける予定です」とのことだった。宿坊研究会のサイトには「3～5月、9～11月のみ営業」と出ているし、88霊場会のサイトには期間の限定が出ていなくて「山上のため必ず予約ください」とある。今年は雪が例年より残っているということか、仕方がないと諦めるしかない。それで明日の宿は、散々迷った末に「農園ゲストハウスもりあんｌｏｆｔ《ロフト》」に電話して宿が取れた。第1候補の「なべいわ荘」は以前の順打ちの時に泊まったことがあるので、新規で部屋数の少ないゲストハウスに泊まってみたいと思ったのである。泊まる人数が少ないと、話を深めることができるのも良いことだ。

14番常楽寺着、午後3時10分。逆打ち側からだと山門から入らずに駐車場への急坂を上ることとなった。手掛かり足掛かりのないクルマ用の舗装された急坂である。

13番大日寺着。こちらの宿坊に泊まって、女性の御住職の法話を聞くという選択肢もあったのだが、時間が早いので今回は見送る。大日寺を過ぎてから焼山寺方面に向かう県道21号線を西進する。鮎喰《あくい》川南岸の長いダラダラ坂が続く。

プチペンションやすらぎ着、午後5時20分。本日の歩行距離22キロ。素泊まりだったが、お湯を入れたカップ麺をお接待して頂いた。有り難い。

⑦2020(令和2)年3月3日(火)【逆打ち通算51日目】

○宿「プチペンションやすらぎ」→杉杖庵→12番焼山寺→宿「もりあんloft」。

○本日の歩行距離27キロ。

プチペンションやすらぎ発が午前8時。鮎喰《あくい》川の南岸の県道21号線から北岸の県道20号線に移る。駒坂東バス停から河原に下りる、ショートカットになる歩き遍路道を通る時、四国、いや日本、いや世界最小と思われる沈下橋・潜水橋を渡った【写真138】。よくあることだが「ショートカットはキツい」の通りで、結局短く急な峠道となり、植村旅館の対岸に到着。

写真138

阿野郵便局の近くを通り(阿野郵便局の脇ではない)、広石谷《ひろいしだに》川に架かる橋を渡った後で、県道20号線から右上前方(北西側)の舗装路に上がる、この分岐が分からずに迷った。県道20号線を数百メートルほど進んでから引き返し、引き返しながら山側への分岐を探したのである。すると地蔵堂があり、その地蔵堂の裏側（南西側）に分岐を示す保存協力会の赤矢印の白看板を発見した。ということは、これは逆打ち向けの看板である。それにしても地蔵堂の裏にあるとは、見えない筈《はず》である。

玉ヶ峠からは旧道・土の道を行かずに舗装路を下った。旧道・土の道は以前の順打ちの時に通ったし、今後いつかクルマ遍路をするかもしれないので、舗装路を見ておきたかったのだ。

写真139

もりあん1oft着、午後0時30分。万国旗が掛かっていて、見るからに「ここは国際的な宿だぞ」という感じが溢《あふ》れていた【写真139】。リュックを置かせて頂いて、焼山寺の打ち戻りへ。焼山寺の順打ちは吉野川の河原・沈下橋がスタートなので標高差が大きくてつらいが、逆打ちは標高が既にある高原からスタートなので、大したことはない。杉《じょう》杖庵《しんあん》を過ぎてからの旧道・土の道で、下りてくる女性歩き遍路と会った。半袈裟をしての正装である。ということはここまでずっと正装で来たのだろう。ポッキーのお接待をしたところ、疲れた顔つきがパッと明るくなった。はっきりと「嬉しい」と声に出せるこの人は、きっと（働いていたら）職場でも人気者なのだろうなと思った。ここでも大きな元気を貰うことができた。

焼山寺名物の杉の巨木の参道に到達。ここでも正装の女性歩き遍路と会ったが、先ほどの女性歩き遍路でポッキーがなくなってしまっていて、残念。声かけだけで勘弁して貰う。焼山寺境内では、焼山寺のお子さんか、新型コロナウイルス感染防止による緊急事態宣言で、登校も遊ぶこともできなくなってしまった小学生が一人でブランコを漕いでいた。

12番焼山寺本堂着、午後2時20分。

焼山寺を出ると、一人の外国人の男性歩き遍路が『Shikoku Japan 88 Route Guide』(ぶよお堂発行)を見ながら考え込んでいたので、片言の英語で旧道・土の道の方向を教えてあげた。念のため私は彼の100メートルほど後ろから歩いていく。その後、彼が舗装路を通り、私が近道になる旧道・土の道を通ったので、先に私がバス停「焼山寺」がある「おへんろ駅」(道が狭くて焼山寺に上れないバスの人達がタクシーに乗り換える場所)に着いて休んでいると、彼がびっくりして近づいてきた。彼は英語で「どうやってここまで来たのだ?」と。私は両手を広げて空を飛ぶ様子をした。すると彼は「オーッ」と。更に「マリアンという宿に行く方法を教えてくれ」と言う。いや、そんなマリアンなんてハイカラな名前の宿なんて、鍋岩にも神山温泉にもないと思った。彼は自分のスマホの

YouTubeで「マリアン」の動画を見せてくる。ああそうか、マリアンじゃなくて、モリアンか。ならば私の今晩の宿と同じではないか。ここから歩いて100メートルほどだ、と。彼と一緒に宿に向かう。なお、おへんろ駅から焼山寺方面へ数十メートル歩くと左側に田中食堂がある。団体予約専門なので、閉まっている時が多いが、たまたま団体が入っていて開店していると、お接待でうどんを食べさせて頂ける。

本日の宿「農園ゲストハウスもりあんｌｏｆｔ」着、午後3時10分。もりあんｌｏｆｔは1階が農家関係の倉庫で、2階がもりあんｌｏｆｔ。宿泊部屋は2室だが、玄関を入った右脇にも2段ベッドがあり、間仕切りを使用すると3室目になるフレキシブルな造りである。本日は結局、玄関脇の2段ベッドにも人が入ったので満室だった。

管理人さんは、近くの「すだち館」の廃業も考え、亡父の志を継いでこの場所に開業したという。なお、近くのおへんろ駅の東隣に「すだちの里」という、簡単な食事も出来る遍路宿もできたので利用を考えてみて欲しい。

⑧2020（令和2）年3月4日（水）【逆打ち通算52日目】

○宿「もりあんｌｏｆｔ」→浄蓮庵（一本杉庵）→柳水庵→長戸庵→11番藤井寺

↓宿「さくら旅館」。

〇本日の歩行距離23キロ。

もりあんｌｏｆｔでは菓子の入った小袋のお接待。更に昼食用のお弁当（おにぎり2個、ハンバーガー1個、バナナ1本）と、お接待頂いた。昼食のお弁当のお接待としては食べきれないほどの量であり、遍路宿中で最大だろう。本日の宿はＪＲ四国徳島線の鴨島駅近くの「さくら旅館」だ。なお、以前の順打ちの時は「ビジネスホテル双葉」に泊まったが既に廃業したらしい。

もりあんｌｏｆｔ発が午前8時。県道43号線と「順打ちの浄蓮庵（一本杉庵）から左右内谷川への下りの旧道・土の道コース」とのＸ字交差点を右（北）側（手前）に折れて登るコースを選んだ。ここは、このコースの他に、

・Ｘ字交差点の1・5キロほど手前（東）を山（北）側に右折して登る舗装路で浄蓮庵に行くコース。

・県道43号線を直進して浄蓮庵を通らずに11番藤井寺まで行くコース。

の二つのコースがある。無難なのは一つ目のコース。もりあんｌｏｆｔでも勧められた。二つ目のコースは浄蓮庵を通らないし、美郷の「東山峠」と「堀割峠」を越えて、かなり

の遠回りとなる。それで順打ちの人たちと出会うことを目的の一つにしているので、あくまでも旧道・土の道を通るX字交差点経由を選んだ訳である。

しかし、そのX字交差点が見つからない。そのような交差点はあったが、右手前に折れて行くと民家の庭に入ってしまうのだ。それで、右折せずに県道43号線に戻って先に進むと、今度は全く交差点がなくなって行き過ぎてしまう。それで民家の庭に入ってしまうX字交差点まで戻って、隈《くま》なく道端や崖を見渡すと、ありました、保存協力会の赤矢印看板が。この道で正解なのだった。しかし民家の庭へ入っちゃうよ……。わざと遠目に民家を見てみると、民家に上がっていく手前に、右側道へ続く細い道発見。しかも、そこに保存協力会の赤矢印看板札があった。ふぅ～、肩の荷が下りた感じである。その後は、旧道・土の道をひたすらアップダウンする。同時に氷雨が降り出した。

浄蓮庵（一本杉庵）着、午前10時10分。ポットントイレを「大」で使用。

柳水庵着、午前11時10分。柳水庵に着く手前の、県道245号線との交差点から右奥の大きめの平屋（小屋？）が㊡なので、ここで休めば良かった。雨の中を柳水庵そのものの濡れた建物の庇《ひさし》下でおにぎりを食べていたので、やってくる順打ちの人には、そちらの平屋（小屋？）を勧めた。しかし、二人の男性歩き遍路が寄ってきて「どうして荷物がそんなに少ないんですか？」「靴は何を？」と訊《き》いてくる。「同じ服は三日間着る」「野宿はしない」とか色々アドバイスをしたが、分かってくれただろうか。

長戸庵着。

11番藤井寺着、午後2時20分。

本日の宿「さくら旅館」着、午後3時。本日の歩行距離22キロ。さくら旅館は年季が入った建物で、有名なのは撮影・収録で使われたこと。ＮＨＫの『ウォーカーズ～迷子の大人たち』である。食堂に、その時の写真が飾ってあった【写真１４０】。風吹ジュン、三浦友和、加藤登紀子、森本レオなどの懐かしいメンバーに、江口洋介やベッキーらの若手が入っている。それに翌朝、宿から、直《じき》筆の便箋《びんせん》でのお手紙を頂けるらしいのだ。

写真140

⑨２０２０（令和2）年3月5日（木）【逆打ち通算53日目】

○宿「さくら旅館」→10番切幡寺→9番法輪寺→8番熊谷寺→7番十楽寺→6番安楽寺→宿「安楽寺宿坊」。

○本日の歩行距離21キロ。

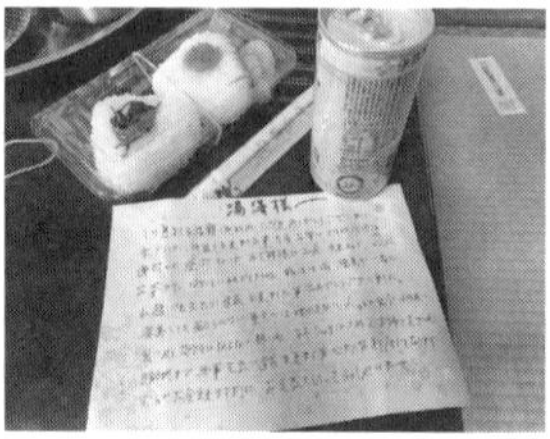

写真141

さくら旅館発、午前8時。朝食後にお接待として、女将さんの自筆の手紙とおにぎり2個、ペットボトルのお茶付きである【写真141】。女将さんの自筆の手紙が付くのは四国でもさくら旅館だけだろう。

10番切幡寺着、午前10時10分。

9番法輪寺着、午前11時半。

8番熊谷寺本堂着。偶々《たまたま》順打ちの大型バスのお遍路ツアーと納経所で出会った。若い先達兼僧侶の方に伺うと「ここから法輪寺までは歩くんですよ」とのこと。クルマが少ない、田んぼの中の道を歩くと満足度がアップするのだろう。

7番十楽寺着、午後2時10分。

6番安楽寺着、午後2時40分。本日の宿は、安楽寺の宿坊である。広い食堂で同じテーブルになった、今回はお客になる元添乗員の方が、その御苦労と四国遍路バスツアーの裏表のことを話してくれた。

⑩2020（令和2）年3月6日（金）【逆打ち通算54日目】

◯宿「6番安楽寺宿坊」→5番地蔵寺→4番大日寺→3番金泉寺→2番極楽寺→1番霊山寺→宿「民宿森本屋」。

◯本日の歩行距離24キロ。

本日は1番霊山寺までの打ち戻りで、88番大窪寺への道を歩き始める。

安楽寺宿坊発が午前8時。

本日の宿の「民宿森本屋」着、リュックを預けて、身軽になって1番霊山寺の打ち戻りをする。

5番地蔵寺着。

4番大日寺着、午前9時50分。板野駅に近いベーカリー「中羽《なかば》長久《ちょうきゅう》堂」でパンを買おうと入ったら、私の目の前で代金を支払ったばかりの年配の女性が、後にいる私に気づいて、これお接待ですとおっしゃり、買ったばかりのアンパンとクリームパンを下さった。こういう「即座のお接待」も初めてである。お接待の気持ちが身に染《し》みついていないとできることではない、感謝感謝である。

3番金泉寺着、午前11時半。

2番極楽寺着。

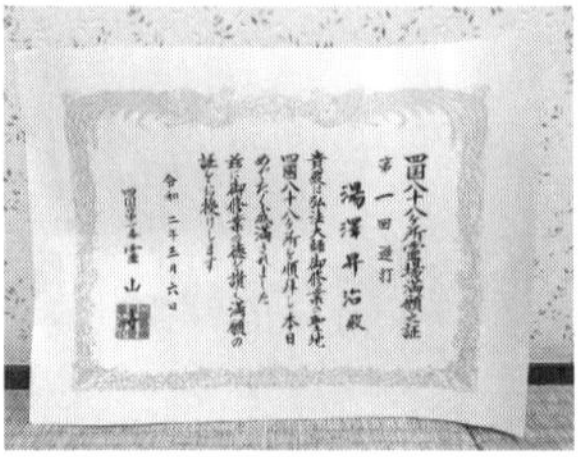

写真142

1番霊山寺着、午後1時20分。ここまでで本日の歩行距離15キロ。何だか山門前の子供のお遍路マネキンが成長して、お姉さんになっていた。納経所で「逆打ち満願証」【写真142】を書いて頂いた。丸筒付きで2000円だった。従来の順打ちの満願証に「逆打」の二文字の朱書が入っているというものだった。

ここから民宿森本屋まで打ち戻る。民宿森本屋着、午後4時。静岡県の歩き遍路の方と同宿する。この方とは今でも時折メールでやり取りをして頂いている。

明日は88番大窪寺まで歩いて「八十窪《やそくぼ》」に泊まる。順打ちの時の逆コースだが、今度は約30キロの長い上り坂である。少々不安になったので八十窪の女将さんに電話したところ、「明日は徳島市内の病院に大女将を連れていって戻るので、もしあなたが疲れていて動けないようだったら午後にクルマに乗せてあげる」と言って下さった、一安心である。

⑪2020（令和2）年3月7日（土）【逆打ち通算55日目】

○宿「民宿森本屋」→88番大窪寺→宿「八十窪」。

○本日の歩行距離30キロ。

森本屋発が午前7時。おにぎり二つをお接待して下さった。

10番切幡寺下を通過。

『同行二人』の地図通りのコースで歩く。県道2号線で採石場・コンクリート工場を左（西）側に見ながら左側の歩道を北進していた。すると対向してきた大型のダンプカーが私が歩いている歩道に乗り上げてくるではないか。「居眠り運転かあ？」と思っていたら運転席の窓ガラスが開いて、中からニューッと、お茶のペットボトルが差し出された。お接待である。今までは乗用車の窓からニューッと出てくるペットボトルのお接待はあったけれども、大型のダンプカーからのは初めてだった。余りの意外さに納札も渡せず、走り去るダンプカーの後ろ姿に「南無大師遍照金剛」と3回唱えることしかできなかった。

88番大窪寺本堂着、午後4時。ここでは「結願証」【写真143】を書いて頂いた。丸筒付きで2000円だった。順打ちの結願証に「逆打巡拝」と朱書してあるというもの。

写真143

写真144

宿の「八十窪」着。洗濯機・乾燥機あり、乾燥機のみ有料。夕食は八十窪名物の赤飯付きである。八十窪は元々、大窪寺の宿坊として発足した宿であり、それを引き継ぐ時に「赤飯・鯛の刺身・素麺の、めでたい3品を必ず付けること」と言われたそうだ【写真144】。この日の夕食には私を含めて歩き遍路が5人揃《そろ》った。うち二人は母娘であり、忘れられないお接待があったと言う。

母娘が20番鶴林寺に登拝する麓《ふもと》の勝浦の町でのこと。勝浦町は雛《ひな》人形で有名な所で、ちょうど「道の駅ひなの里かつうら」で雛祭りを開催していた。そこに、この母娘が疲れ切った姿で通りかかると、町の方々が呼んで下さり、お茶やお菓子を出して下さった。そして紙包みの千円札を疲れ切った母にお接待して下さったと。それが原動力となり、ここまで歩き続けることができたと言う。いい話である。

私は、「別格徳島県④2018（平成30）年3月27日（火）【別格通算4日目】」の、挫《くじ》けかけていた自分を、紙幣のお接待が救ってくれた経験を思い出さずにはいられなかった。本日の、この逆打ち歩き遍路の最終日に、別格歩き遍路初期の自分を追体験できるとは、まさしく奇《く》しき因縁、お大師様のお導きではないか。心から、そう思わずにはいられなかった。

翌日私は四国を後《あと》にして東京に戻ったが、自宅で確認すると、今回の逆打ちで金剛杖が9センチ減っていた。この前の別格回りでは16センチ減っていた。

Ⅳ．付録

Ａ．内容別の書き抜き

　前章までで日次《ひなみ》の記録は終了するが、道々考えてきたことを日程順に抜き出して、この章とする。生意気だと思われても仕方がない部分もある。お許し願いたい。しかし多くの歩き遍路が共通して考えていることでもあろうし、何らかの「叩き台」として読者の方々への便宜にもなるだろうと思っている。ただし「まえがき」にも書いたように、内容上、前後で矛盾したり重複したりすることもあるのは御勘弁願いたい。

【ア．歩き遍路の目的】

別格徳島県④２０１８（平成30）年3月27日（火）【別格通算4日目】

以前の順打ちの時には途中で止めようとは全く思わなかったので考えなかったことだが、人はなぜ歩き遍路をするのか。人それぞれとは思うが、共通する考えとして「空《くう》の意味を自分の行動の中で捉え直すこと」が四国遍路の意味ではないか。「空」を教えている般若心経は、遍路が毎回霊場で唱えているわけだし、「同じ物でも時と所によって全く有り難みが変わる」というお接待の意味も感じているはずだ。有り難いお接待等を通してでも、その先にある仏道を考えると自《おの》ずから、このような結論になるのではないか。

別格愛媛県⑥２０１９（令和元）年5月12日（日）【別格通算26日目】

大洲市街地の隣町の新谷《にいや》の旧道を通り、国道56号線と合流する辺りに「休憩所　神南堂」がある。多くの㊡に貼ってある言葉が私の胸を突く。「しっかり歩け　何かをのこせ」と書いてある、正論だ。しかし何のために？　禅宗の曹洞宗では雑念を払いきって座禅できる境地こそ悟りであると言う。何かの目的の為の仏道修行は正しくないとしている。「修行して仏性開花を目指すのではない」「仏性が既にあるからこそ修行できる」「修行と悟りは合一である」と言うが如何か。「しっかり歩く＝修行＝仏（性）」ではないか。

別格愛媛県⑪２０１９（令和元）年６月26日（水）【別格通算31日目】

男性の歩き遍路がもう一人いて、一度ならずに同じ88霊場を歩き遍路していると言う。私は「なぜ四国遍路をしているのですか？」とは不文律で聞けないので、「なぜ同じ道を何回も歩いているのですか？」と聞いた。彼は「同じ道と言っても、季節や時間帯によって全く違うし、同じ山でも登山道は幾つもあります。それぞれが素晴らしいので、同じ道、同じ山と言っても同じ道、同じ山ではないのです」と説明してくれた。

別格香川県⑥２０１９（令和元）年７月５日（金）【別格通算40日目】

別格コースの結願が近くなってきたことを思う。以前の88霊場の順打ちの時もそうだったが、「結願の実感」というものが感じられないのである。多くの歩き遍路が同様な感想を持っているようで、それは結願までに気を抜けない場所を通ることや結願後に別格１番の寺まで行くこと、それも難コースであることが大きな原因だと思う。しかし一番の原因は「遍路に何かを求めない」ことではなかろうか？　亡き人の菩提を弔うためとか自己改革のためとか、よく聞く目的だが、歩き遍路をしているうちに「目的はどうでもよくなる」のだと思う。毎日毎日歩き続けることに精一杯で、それ以外のことはどうでもよくなる。目的なんて小さなこと（失礼！）だと思えてくる。お接待を受けて、それを後日の誰かに返したい、託したいという思いだけは残る。

別格香川県⑪２０１９（令和元）年9月25日（水）【別格通算45日目】

そのローソンの入り口前に一人の女の子が座り込んでいた。上は白のブラウスで下は紺色のスカートだったたし身長から見ても中学生なのだろう。どうする？　私には何もできないかも知れないが、せめて声くらいはかけられるはずだ。自宅のある東京の、忙しい職業人だったらできない行為である。「どうしたの？」と声をかけると彼女は「お母さんを待ってるの」と言う。私は「大丈夫かい？」彼女は笑顔で「大丈夫」と言ったので、私は急いでコンビニの中に入って買い物の後で見てみると、彼女はもういなかった。お母さんと会えたのだろうと思った。女子中学生によくある年相応の腹痛だろうと思ったが、「見知らない一人の歩き遍路のおじさんが心配して声をかけてくれた」と心中で思ったかな？　お母さんに言ったかな？　と想像した。

そうだ、四国をここまで歩いてきて私がしたかったことは、これなのだ。よく「四国の歩き遍路でお接待を受けて、地元に帰ったらいつまでも人々に優しくしようと思う」と言う。その通りなのだが、その「いつまでも」が数ヵ月だったり、数週間だったり数日だったりするのが実状だろう。それほど、現在の私たちを取り巻く環境は忙しいし、自分の中身や行動を反省する時間さえ持てていない。ならば、四国歩き遍路で受けたお接待を、四国にいる内に四国の他の方々に返せればいいではないか。「お接待はギブアンドテイクの関係ではなく、互いにギブギブの関係であり、それがお接待をする側とされる側の一期一会の素晴らしさ」とは何度も聞く話だが、遍路側からの良い意味での有象無象《うぞうむぞう》のお接待で結構ではないかと思う。それが、いわゆる観音経・観音菩薩の修行に繋《つな》がるのだろうと勝手に思ったのである。

逆打ち愛媛県③2019（令和元）年10月26日（土）【逆打ち通算11日目】

3日前に66番雲辺寺を越えてからの道は、本日も平坦だし、精神的にも肉体的にも余裕が出てきたのか、今までのこと、お接待のこと、自分が四国でできることは何かを考え続けてきた。もちろん急に考え始めた訳ではなく、以前の順打ちから、ずっと考え続けてきたことの継続の結果である。

結論から言うと、「すれ違う順打ちの歩き遍路の疲れた方や困っている方に、ポッキーの小袋のお接待をする」ということだ。逆打ちしていることの利点は、順打ちの歩き遍路に沢山会えるだけでなく、相対《あいたい》しているために彼ら彼女らの表情や体の様子がよく分かるということである。もちろん歩き遍路同士がすれ違う時は表情や姿勢も正すし服装も直すだろうが、疲れていたり困っていたりすると、それもできないことが多い。しかし一方では「遍路同士で物や灯明の火をあげたり貰ったりするものではない。あげる人の業《ごう》を引き継ぐことになるからだ」という考えも、時と場合で聞く言葉である。整合性をどのようにつけたら良いのだろうか？

ビジネスホテルＭＩＳＯＲＡ発、午前7時40分。ホテルを出て、コンビニでポッキーを1箱買った。小袋四つ入りである。64番前神寺《まえがみじ》に着く前の国道11号線の南側（左側）の歩道を歩いていると、前方から一人の女性歩き遍路が来る。順打ち1周目という感じで、遍路の装束がフルセット。午前中だが、体が傾いているのは荷物が重くて疲れている証拠。

私は早速片手を挙げて立ち止まり、一言二言立ち話をすると、その方は「東京から来て……」と。私がポッキーの小袋を渡すと大喜びしてくれた。逆打ち歩き遍路からポッキーの小袋をお接待して貰うなんてことは絶対になかったはずだ。私だってポッキーのお接待デビューなのであり、足が震えてドキドキしていたのだ。順打ちの方を励ますつもりが、逆に私の方が励まされる、そういう相乗効果のようなものを感じた。

逆打ち愛媛県⑱2019（令和元）年11月10日（日）【逆打ち通算26日目】

なお、本日までで香川県・愛媛県と二つの県が終わり、逆打ちの約半分まで来たという感じである。この2県で、境内で休憩していたところ、2人の若い女性から声を掛けられて話をした。話の内容を書くのは差し控えるが、歩き遍路の私にかなり複雑な人生相談のアドバイスを求めており、単に聞くだけでは済まないような内容だった。私は、いわゆるお経の中でも「懺悔文《さんげもん》」が一番大切だと思っているが、ある意味自分を白紙化する・リセットすることは至難中の至難なのだろうと思われた。

私設の接待所や遍路宿で、年配の御婦人経営者の方が「私の息子は東京に仕事で行ったきりで戻らないのよ」と、よく話される。そのような半分（?）自慢にも聞こえそうな話とは明らかに一線を画した相談だったので、襟を正す思いがした。このような話をキチンと受けるのも遍路の一つの使命なのだろうと思う。なお、地方の老翁・老媼の話される「東京」「大阪」とは単に都会という意味であることも多いらしい。

逆打ち高知県⑦2019（令和元）年11月16日（土）【逆打ち通算32日目】

本日の同宿は二人の男性の順打ち歩き遍路だった。夕食時には、まだ1名が未到着。よって初めの一方《ひとかた》と席を同じくした。一般に「遍路に出た理由を遍路に聞いてはならぬ」という不文律があるので、私は「何番のお寺が良かったですか？」とか「四国ではどこかの観光をしましたか？」とか和やかな一般的な話をしてから、こんな質問をした。

・歩き遍路をしていて、何か気づいたこととか悟ったことがありますか？

・どうして何十周も何百周も回る人がいるんでしょうね？

この二つの質問は、自分自身にリンクしてくるので嫌《いや》な質問でもある。また質問が相互に絡んでもいる。しかし余り深刻に考えるとその場の雰囲気が壊れるので、私は「以前、46番浄瑠璃寺の門前の長珍屋で、５６０回も回った人の記念の手拭いが飾ってあるのを見ましたよ」と言うと、皆が「へぇ～」となって話が終わる。

この質問に初めのかたは「う～ん、遍路で何かを見つけないといけないのかなあ」と繰り返しておっしゃっていた。

逆打ち高知県⑦２０１９（令和元）年11月16日（土）【逆打ち通算32日目】

長距離歩くことのマイナス点は、歩き遍路なら誰でも考えていたり、知っていたりするはずだ。（老いていく）自分との闘《たたか》いを距離という数値で測るなら、陸上競技場を歩いてもいいだろう。問題は何故四国を歩くのか、である。

【イ．お接待】

別格徳島県④２０１８（平成30）年3月27日（火）【別格通算4日目】

徳島駅まで、あと歩いて1キロにある喫茶店「ぼんじゅうる」でゆっくりとモーニングを食べて、国道を渡ろうと交差点の信号待ちをしている時だった。一人の白髪の老婦人がやってきて私に「これを」と言いながらティッシュに包んだ、ライターくらいの薄くて軽いものを差し出して下さった。こ、こ、これは……。私が今まで一度もお接待されたことのない、まさしく紙幣のお接待ではないか。「お遍路はお接待を断ってはならぬ」という鉄則はあるが、いざ自分がそうなると簡単には受け取れない。ましてや自分は「今から歩き遍路をやめて徳島空港から東京に帰るんです。根性無しなんです」とは言えもしない。自分の白色の納札をお渡しして「南無大師遍照金剛」と大声で3回唱えて失礼した。

別格高知県⑨２０１９（令和元）年5月4日（土）【別格通算18日目】

途中の危険なトンネルでは防塵マスクのお接待があった。四国全土のトンネルの前後で「体に斜めに掛ける反射タスキや金剛杖に巻く反射テープ」を一時貸し出しする無人お接待は時折見かけるが、防塵マスクの無人接待というのは、この工事中のトンネルでしか見かけなかった。

別格愛媛県⑭２０１９（令和元）年6月29日（土）【別格通算34日目】

民宿岡田の南側を通り、3キロほどの所で白いヘルメットをかぶり青い上下の制服を着た数人の作業員の方たちが街路樹の剪定や道路標識、ガードレールの点検・補修作業をしていた。その中に恰幅《かっぷく》のいい方が一人いて白いワンボックスの作業車から太く短い棒状の物を取り出して私の方に向かってくる。こりゃ、ちょっとよけた方がいいかなと思って歩道内の片方によると、彼も寄ってくる。このままだとぶつかってしまうではないかと私が立ち止まると、彼は更に近づいてきて「お遍路御苦労様です」と言って、手にしたペットボトルのポカリスエットを差し出すではないか。「え～っ、お接待ですか～っ」と思わず叫びそうになった。しかもそのポカリスエットは凍っていたのである。この場所は普通歩き遍路は通らない。つまり、炎天下で作業する自分たちのために凍らせたうちの1本だったのだ。白の納札をお渡しして、「南無大師遍照金剛」と3回唱えてお別れした。

この凍ったポカリスエット1本のお接待の力によって私は急速に回復し、知らぬ間に口笛も出てくる。炎天下も何のその、食堂の「丸善食堂」（『同行二人』100ページの地図〈100 - 1〉の右上の隅）が閉業していても動揺しない。

別格愛媛県⑭2019（令和元）年6月29日（土）【別格通算34日目】

大黒屋旅館のちょうど真向かいが「岡整骨院整体院」という整体院ではないか。旅館に入る前に岡整体院に飛び込んで、待合室のテーブルを見ると、「保険証のない方は5800円かかります」と明確に書いて貼ってある。一病息災で心臓の持病の薬を毎日飲んでいるのに、全般的に健康には自信があって、歩き遍路に出るのに保険証など持ってきたことなど一度もないので、痛みが取れれば充分だと思い、施術して貰うことにした。一通りの施術を終えてテーピング用のテープを4枚受け取り、代金を払おうとしたところ、料金はタダであった。歩き遍路の私へのお接待だとおっしゃる。もちろんお接待の大体は物品である。声かけもあるが、このような「技術のお接待」というのは初めてだ。

別格香川県⑥2019（令和元）年7月5日（金）【別格通算40日目】

左側の歩道を歩いていると、ワンボックスカーが私の直前の車道左側で止まった。「危ないじゃないか」と思っていたら、助手席の窓がスーッと開いて無言でニューッと手が伸びてきて、瓶《びん》の新グロモントが差し出された。お接待である。こういうことも一度ならずあったが、また納札も渡したけれども、とりつく島がない感じがする。「お接待がないよりあるだけいいじゃないか」「お接待に上下はない」とも思うけど、せめて一声かけてから出して欲しい。何か施《ほどこ》しのような感じを受けるのだが、どうだろうか。

別格香川県⑨2019（令和元）年7月8日（月）【別格通算43日目】

タクシーを呼んでJR四国徳島線の「川田駅」から鉄道に乗り、徳島空港から帰宅した。徳島駅から徳島空港までのバスに間に合わなかったので、ここもタクシーに乗ったら、運転手さんからユンケルのお接待を頂いた。タクシーでお接待を頂く、これも初めてである。

別格香川県⑨2019（令和元）年7月8日（月）【別格通算43日目】

寺・納経所からのお接待が別格コースでは多かった。多かったというのは88霊場と比べて、ということだ。88霊場と比べてお遍路、特に歩き遍路が極端に少ないので、お寺側としては、ご苦労さんとの気持ちを示したいのではないかと、これも個人的には思っている。

別格香川県⑪2019（令和元）年9月25日（水）【別格通算45日目】

そのローソンの入り口前に一人の女の子が座り込んでいた。上は白のブラウスで下は紺色のスカートだったし身長から見ても中学生なのだろう。どうする？　私には何もできないかも知れないが、せめて声くらいはかけられるはずだ。自宅のある東京の、忙しい職業人だったらできない行為である。「どうしたの？」と声をかけると彼女は「お母さんを待ってるの」と言う。私は「大丈夫かい？」彼女は笑顔で「大丈夫」と言ったので、私は急いでコンビニの中に入って買い物の後で見てみると、彼女はもういなかった。お母さんと会えたのだろうと思った。女子中学生によくある年相応の腹痛だろうと思ったが、「見知らない一人の歩き遍路のおじさんが心配して声をかけてくれたよ」と心中で思ったかな？　お母さんに言ったかな？　と想像した。

そうだ、四国をここまで歩いてきて私がしたかったことは、これなのだ。よく「四国の歩き遍路でお接待を受けて、地元に帰ったらいつまでも人々に優しくしようと思う」と言う。その通りなのだが、その「いつまでも」が数ヵ月だったり、数週間だったり数日だったりするのが実状だろう。それほど、現在の私たちを取り巻く環境は忙しいし、自分の中身や行動を反省する時間さえ持てていない。ならば、四国歩き遍路で受けたお接待を、四国にいる内に四国の方々に返せればいいではないか。「お接待はギブアンドテイクの関係ではなく、互いにギブギブの関係であり、それがお接待をする側とされる側の一期一会の素晴らしさ」とは何度も聞く話だが、遍路側からの良い意味での有象無象《うぞうむぞう》のお接待で結構ではないかと思う。それが、いわゆる観音経・観音菩薩の修行に繋《つな》がるのだろうと勝手に思ったのである。

逆打ち香川県⑥２０１９（令和元）年10月21日（月）【逆打ち通算6日目】

その歩き遍路道の旧道で、順打ちの白人系の三人グループと擦《す》れ違う、その時に、その中の一人の女性が私にミカンを差し出すではないか。その女性はレジ袋にミカンを20個くらい入れて、ぶら下げながら歩いていたのである。自分たちだけで食べるには多過ぎる数である。「お接待したいがためなのだ」、そう思わずにはいられなかった。その時に私が納札を渡したか、南無大師遍照金剛と3回唱えたかをハッキリとは覚えていない。それほどびっくりしたのである。

思い出してみると、私が歩き遍路に初めてお接待したのは、順打ちで27番神峯寺《こうのみねじ》の登拝道「真《ま》っ縦《たて》」を下りてくる時だった。これも白人系の若い数人の女性グループが、赤く日に焼けた肩で息しながら登ってきた。彼女たちの頑張りに、勿論声かけも大切だが何かをあげたくなった。私は持っていたチョコレートと飴を「お接待、プリーズ」と言って渡すと、彼女たちの喜びようったら、なかったのである。擦れ違って30メートルほど離れたら、今度は坂の上の方にいる彼女たちの一人が道を下ってきて、私に「おせったい〜い」と言いながら菓子をくれた。何の菓子だったかは覚えていない。そんなことを思い出した。

逆打ち香川県⑦2019（令和元）年10月22日（火）【逆打ち通算7日目】

68番神恵院《じんねいん》着。観音寺と神恵院は同じ境内にあることで有名だが、神恵院で納経後に観音寺の大師堂前のベンチに座っていたら、一人の若い女性から缶コーヒー1本をお接待に頂いた。

この時に彼女と話していて、2点ほど気になったことがあった。1点目は、私が納札を渡した時に彼女が「この紙はどうしたらいいんですか？」と訊《き》いてきたことだ。私が納札の意味を話すと、彼女は「自分はこのところ、ここでこうしてお遍路さんにお接待しているが納札を貰ったのが初めてだ」と言う。こういう人とは稀《まれ》に会う。「何回かお接待してきたが納札を貰うのは初めて」ということなのだ。（歩き）遍路側としては申し訳ない限りである。遍路宿に泊まった夕食時にでも、他の遍路たちに話し続けていかなければならない課題だろう。

2点目は、彼女が、お遍路さんにお金をあげるなんて、いけないことだと思っていたということである。初めて聞いた考えである。渡される遍路側にとって、お金は何にでも使えるトランプのオールマイティー、スペードのエースであって、この上なく貴重なもの。渡す側にとっても大切な財貨である。私が想像するに、現金を渡すなんて、相手（遍路側）を見下していると受け取られかねないのだろうということだ。

逆打ち愛媛県③２０１９（令和元）年10月26日（土）【逆打ち通算11日目】

３日前に66番雲辺寺を越えてからの道は、本日も平坦だし、精神的にも肉体的にも余裕が出てきたのか、今までのこと、お接待のこと、自分が四国でできることは何かを考え続けてきた。もちろん急に考え始めた訳ではなく、以前の順打ちから、ずっと考え続けてきたことの継続の結果である。

結論から言うと、「すれ違う順打ちの歩き遍路の疲れた方や困っている方に、ポッキーの小袋のお接待をする」ということだ。逆打ちしていることの利点は、順打ちの歩き遍路に沢山会えるだけでなく、相対《あいたい》しているために彼ら彼女らの表情や体の様子がよく分かるということである。もちろん歩き遍路同士がすれ違う時は表情や姿勢も正すし服装も直すだろうが、疲れていたり困っていたりすると、それもできないことが多い。しかし一方では「遍路同士で物や灯明の火をあげたり貰ったりするものではない。あげる人の業《ごう》を引き継ぐことになるからだ」という考えも、時と場合で聞く言葉である。整合性をどのようにつけたら良いのだろうか？

ビジネスホテルMISORA発、午前7時40分。ホテルを出て、コンビニでポッキーを1箱買った。1箱に小袋四つ入りである。64番前神寺《まえがみじ》に着く前の国道11号線の南側（左側）の歩道を歩いていると、前方から一人の女性歩き遍路が来る。順打ち1周目という感じで、遍路の装束がフルセット。午前中だが、体が傾いているのは荷物が重くて疲れている証拠。私は早速片手を挙げて立ち止まり、二言三言の挨拶をすると、その方は「東京から来て……」と話し出した。私がポッキーの小袋を渡すと大喜びしてくれた。逆打ち歩き遍路から、ポッキーの小袋をお接待して貰うなんてことは絶対になかったはずだ。私だってポッキーのお接待デビューなのであり、足が震えてドキドキしていたのだ。順打ちの方を励ますつもりが、逆に私の方が励まされる、そういう相乗効果のようなものを感じた。

逆打ち愛媛県⑤2019（令和元）年10月28日（月）【逆打ち通算13日目】

この外国人の男性歩き遍路は地図の表記が小さすぎるため、迷わないようにコンビニなど各所での多くの目標物を逐一《ちくいち》確認しながら歩いていたのだろう。知らない道を歩くことの心細さ・大変さは、私も逆打ちの旧道・土の道でよく分かっている。ポッキーのお接待をすると、彼は破顔一笑、自分の国にいるかのような明るい顔つきに戻っていた。

逆打ち愛媛県⑦2019（令和元）年10月30日（水）【逆打ち通算15日目】

北条の市街地の理髪店「富田《とみた》」に入った。ちょうどお客が切れて、御主人が昼食中。しかし食事途中で店に出てきた御主人は「次のお客さんが来るまでに30分あるので今やりますよ」と、五分刈りに頭を刈って下さった。この地方で大体2300円くらいであろう、お金を出そうとすると御主人が「いやいや、お接待させて貰いますよ。こういう仕事してると、なかなかお接待できないんですよ」と代金を受け取らなかった。理髪代金のお接待である、う〜ん。代金のお接待とも言えるが、頭を刈る技術のお接待とも言えよう。別格愛媛県⑭2019（令和元）年6月29日（土）【別格通算34日目】で腰痛治療の為に入った整体院で、代金5800円をお接待して頂いたことがあったのを思いだした。理髪店富田でも白の納札をお渡しして、「南無大師遍照金剛」と3回唱えてお別れした。

逆打ち愛媛県⑧2019（令和元）年10月31日（木）【逆打ち通算16日目】

以前の順打ちの時にこの近くのコーヒー店「ラザール」で、濃い赤ワイン色のドロドロの血尿が出たことを思い出した。区切り打ちの最終日だったので、病院にも寄らずに伊予北条駅から列車に乗って帰ったのだが、駅前で立っている時に地元の年配の女性から「ジュース代だからね」と120円を硬貨でお接待頂いた。お金のお接待は初めてだったので、内心狂喜乱舞した。「血尿が出るほどガンガン歩いていたのをお大師様が見ていて下さったのだ」としか思えなかった。

逆打ち愛媛県⑩2019（令和元）年11月2日（土）【逆打ち通算18日目】

大宝寺の左（北）側の峠御堂トンネルを通ることとした。このトンネルは「鳥坂《とさか》トンネル」並みの怖さである。鳥坂トンネルについては「別格愛媛県④2019（令和元）年5月10日（金）【別格通算24日目】」を御覧下さい。

この峠御堂トンネルも段差歩道がなく、歩道は1メートルもない。排水溝のフタが歩道なのだ。鳥坂トンネルの短縮版だ。当然重大事故も起きるし、ここは懐中電灯貸与のお接待がある。しかし懐中電灯は既になかった。

逆打ち愛媛県⑫2019（令和元）年11月4日（月）【逆打ち通算20日目】

「いかだや」に同宿したのは遍路ブログ「WALKER'S」の方で、彼は四国歩き遍路を何周も体験した中での歩き遍路のプラン、道や宿の情報の提供をしているし、出会った歩き遍路の人々にそれらが書かれた、見本となるプランのプリントを配布している、これもお接待だと思う。また、奥の院の歩き遍路もしているが距離が長い一方で宿がないから、やむを得ず交通機関を使う時があるとのことだった。これから歩き遍路をしてみようという方は、早速彼のブログを見てみるといいと思う。私も彼に、自分が現在逆打ち中で、疲れた順打ちの人たちにポッキーのお接待をしていることを話した。

逆打ち愛媛県⑬２０１９（令和元）年11月5日（火）【逆打ち通算21日目】

目を覚ましてから同宿した彼のブログ「WALKER'S」を見てみると、早速私のことが書いてあった。恥ずかしい限りであったが、賛同して頂けたと思えると心強かった。何しろ「遍路は遍路から物を貰ってはいけない。その人の業《ごう》を引き継ぐことになるからだ」と書いてある本もある。よく霊場で「灯っているロウソクの灯を貰うな」とは聞くけれども、ポッキーのお接待は、どのように、人々の心に映るのだろうか？

逆打ち愛媛県⑭２０１９（令和元）年11月6日（水）【逆打ち通算22日目】

本日の宿「民宿みやこ」着、午後4時半。食堂に併設している、昔ながらの遍路宿で固定客がある感じ。洗濯機・乾燥機もある。御主人夫婦のみの経営で、御主人は委嘱されて、世のため人のための仕事もなさっているとか。無報酬なのにやっていらっしゃる、その御苦労などを伺った。私が現在逆打ち中で、疲れた順打ちの人たちにポッキーのお接待をしていることを話すと、「それは良い。ドンドンおやりなさい」と賛同して下さった。

逆打ち高知県⑦2019（令和元）年11月16日（土）【逆打ち通算32日目】

その結果、国道56号線と県道42号線が接続する交差点から直ぐ向こう側の右手に、「松岡理容所」を発見。店内は懐かしい感じである。丸刈りで刈って頂くと、代金2300円のところ、2000円でいいよと。つまり300円のお接待である。「南無大師遍照金剛」と3回唱えて白の納札をお渡ししてお別れした。

逆打ち高知県⑧2019（令和元）年11月17日（日）【逆打ち通算33日目】

佐賀　橘川《たちばながわ》辺りを歩いていたら左（西）側の後方から誰かの「お遍路さん、お遍路さん」と呼ぶ声がするものの姿が見えない。振り返ってみると接待所のポスターが貼ってあった。順打ち遍路に向けて貼られていたので見えなかったし、声はブロック塀の中からしていたので聞こえにくかったのである。正式名「橘川接待所《たちばながわ》」である。私設の接待所でブロック塀の中にあり、リポビタンDやらコーヒーやらの飲み物、果物、カップ麺、お菓子など何でもある。場所は『同行二人』38ページの下段地図〈38‐3〉が上の段の地図へと移る手前300メートルほどの所（地図で言えば8ミリ位）である。

逆打ち高知県⑩2019（令和元）年11月19日（火）【逆打ち通算35日目】

夕食がないので、すぐ近くのガストで夕食を終わって出ようとしたところ、煤《すす》けた白衣を来た人が入ってきて近くの席にポツンと座った。見るとはなしに見ていると、オーダーしてボーッとしている。一見して白衣の遍路姿なのだが、歩き遍路ではない感じである。荷物がないから近くの宿に置いたのだろう。それなのに夜のレストランに来て白衣姿は妙である。何か訳《わけ》があるのかな？

私は席を立つ時に近づいて聞いてみると、彼は機関銃のように「自分は原付によるバイク遍路だ。何でも行き当たりばったりで決めるので、まだ今夜の宿が決まっていない。今までの人生も行き当たりばったりだったし、これからもそうだろう」と話してきた。

エーッ、こう言う人もいるんだと驚いた。本人が今までの自分を考えてそう言い、本人がこれからも変わらないと言うのだから、その通りなのだろうと思う。ならば周囲ができることと言えば、本人の考え方を変えることではない。できるのは真言宗のお大師様のように、または法華経の観音様のように本人をサポートすることしかない。そんなことを考えて、「直ぐ近くに見えるプリンスホテルが安くていいですよ。洗濯機と乾燥機も別棟でありますから」とアドバイス。私はガストを出る時にチョコボール１箱をお接待させて貰った。

逆打ち徳島県②２０１９（令和元）年11月30日（土）【逆打ち通算46日目】

前回頭を刈ってから２週間ほど経《た》っていたので、理容室に行くことにした。木岐《きき》の町中の大谷理容室では、店を出る時に缶コーヒー１本をお接待して頂いた。理容室でのお接待率は高い。

逆打ち徳島県③２０１９（令和元）年12月１日（日）【逆打ち通算47日目】

22番平等寺着、午前11時50分。本堂の箱車を見るのは３回目だが、実物があると伝説では済まないぞと思う。また、境内の弘法大師像の台座（基壇）に「相互供養相互礼拝」と刻まれている。この字句は本来法華経に由来する深遠なものだが、現代では私が実行してきたポッキーのお接待にも通じるのではないかなと勝手に思っている。

逆打ち徳島県⑦２０２０（令和２）年3月3日（火）【逆打ち通算51日目】

焼山寺の順打ちは吉野川の河原・沈下橋がスタートなので標高差が大きくてつらいが、逆打ちは標高が既にある高原からスタートなので、大したことはない。杉杖庵《じょうしんあん》を過ぎてからの旧道・土の道で、下りてくる女性歩き遍路と会った。半袈裟をしての正装である。ということはここまでずっと正装で来たのだろう。ポッキーのお接待をしたところ、疲れた顔つきがパッと明るくなった。はっきりと「嬉しい」と声に出せるこの人は、きっと（働いていたら）職場でも人気者なのだろうなと思った。ここでも大きな元気を貰うことができた。

焼山寺名物の杉の巨木の参道に到達。ここでも正装の女性歩き遍路と会ったが、先ほどの女性歩き遍路でポッキーがなくなってしまっていて、残念。声かけだけで勘弁して貰う。

逆打ち徳島県⑨２０２０（令和２）年3月5日（木）【逆打ち通算53日目】

朝食後にお接待として、女将さんの自筆の手紙とおにぎり2個、ペットボトルのお茶付きである。女将さんの自筆の手紙が付くのは四国でもさくら旅館だけだろう。

逆打ち徳島県⑩２０２０（令和２）年3月6日（金）【逆打ち通算54日目】

4番大日寺着、午前9時50分。板野駅に近いベーカリー「中《なか》羽《ば》長久《ちょうきゅう》堂」でパンを買おうと入ったら、私の目の前で代金を支払ったばかりの年配の女性が後にいる私に気づいて、これお接待ですとおっしゃり、買ったばかりのアンパンとクリームパンを下さった。こういう「即座のお接待」も初めてである。お接待の気持ちが身に染《し》みついていないとできることではない、感謝感謝である。

逆打ち徳島県⑪２０２０（令和２）年3月7日（土）【逆打ち通算55日目】

県道2号線で採石場・コンクリート工場を左（西）側に見ながら左側の歩道を北進していた。すると対向してきた大型のダンプカーが私が歩いている歩道に乗り上げてくるではないか。「居眠り運転かあ？」と思っていたら運転席の窓ガラスが開いて、中からニューッと、お茶のペットボトルが差し出された。お接待である。今までは乗用車の窓からニューッと出てくるペットボトルのお接待はあったけれども、大型のダンプカーからのは初めてだった。余りの意外さに納札も渡せず、走り去るダンプカーの後ろ姿に「南無大師遍照金剛」と3回唱えることしかできなかった。

逆打ち徳島県⑪2020(令和2)年3月7日(土)【逆打ち通算55日目】

この日の夕食には私を含めて歩き遍路が5人揃《そろ》った。うち二人は母娘であり、忘れられないお接待があったと言う。

母娘が20番鶴林寺に登拝する麓《ふもと》の勝浦の町でのこと。勝浦町は雛《ひな》人形で有名な所で、ちょうど「道の駅ひなの里かつうら」で雛祭りを開催していた。そこに、この母娘が疲れ切った姿で通りかかると、町の方々が呼んで下さり、お茶やお菓子を出して下さった。そして紙包みの千円札を疲れ切った母にお接待して下さったと。それが原動力となり、ここまで歩き続けることができたと言う。いい話である。

私は、「別格徳島県④2018(平成30)年3月27日(火)【別格通算4日目】」の、挫《くじ》けかけていた自分を、紙幣のお接待が救ってくれた経験を思い出さずにはいられなかった。

本日の、この逆打ち歩き遍路の最終日に、別格歩き遍路初期の自分を追体験できるとは、まさしく奇《く》しき因縁、お大師様のお導きではないか。心から、そう思わずにはいられなかった。

【ウ．装備と歩き方】

b．【別格20霊場の歩き遍路の注意点】

『同行二人』のコースから外《はず》れる時は、観光案内所で事前に入手した県別の大きな地図で大まかな見当をつけ、近づいてからスマートフォンのグーグルマップの検索によって道を探して確認したり、宿として「ホテル」「旅館」「民宿」、時には最後の手段として「ハッピーホテル（旧称ラブホテル）」を探したりすることになったが、予想と違っていても「通れただけでも幸せ」「泊まれただけでも有り難い」という気持ちが大切だと思えた。「88霊場コースを外れる」イコール「お接待激減」「休憩所激減」「宿泊所よく分からない」でもある。そのために、お接待がなくてもOK、休憩所がなくてもOKという精神力や体力が必要になる。流石《さすが》に宿泊所がなくてもOKとはいかないが、そのような環境だからこそ頂いたお接待の有り難みは、一生忘れることができないものになる。

c. グーグルマップで目的地への道順や距離を検索した時に、異常に遠回りをすることがある。その時は、途中の道が崩落などにより通行不能な場合である。大方は自動車の通行が不可能で歩行は大丈夫なのだが、実際は歩行が大丈夫でも歩行者検索で通行できないように扱う場合もあるので要注意。また何かの施設の案内サイトに貼り付けられているグーグルマップだと時々古いデータごと引っ張られているのか、正しくない案内をされることがあるので、これも要注意。とにかく「おかしいな?」と思ったら迷わずに、向かっている本日の宿に電話してみるのがよいと思う。

d. 靴のこと。1日に20~30キロくらい毎日続けて歩いていると、長距離用のウォーキングシューズでも、靴底が「ヘタッ」てしまい、耐用が持たなくなる。どこのメーカーのウォーキングシューズでも同様だが、私の場合の靴はM社のウォーキングシューズだった。長距離40キロ用の靴でも、10日間~2週間くらい続けて歩いていたら、靴底で路面の凸凹を感じるようになってきた。ちょうど、靴底が薄くなってきた感じで、(実際に履いたことはないが)草鞋《わらじ》で歩いているようである。もとより靴裏のゴムは充分に残っているのに、である。繰り返し言うが、この現象は、どこのメーカーのウォーキングシューズでも同じだ。結局私は、ヘタッてしまったウォーキングシューズで歩き続けたのであるが、コンディションの良い靴で歩きたいなら、道中のスポーツショップで買い換えるか、ハイキングシューズ（以上の靴）を買うしかないだろう。

e．薬や特殊な用品のこと。持病があり、ドラッグストアで買えない薬・処方薬しか飲めないならば、何十日分も持参するしかない。また、万が一の発作が想定されたり命にかかわったりする病気ならば、地元でかかっている医師から「臨時の紹介状・検査結果一覧」のような書類を書いて貰い、「お薬手帳」と共に携行する。また私は左足裏の小指の付け根を14針縫った手術の傷跡が盛り上がってきていたので、歩くのに細い鉛筆を横に踏みながら歩いている感じがするようになっていた。以前の順打ちコース終盤から盛り上がってきていて、順打ち終了後に外科医に良性の腫瘍を3個取って貰った。暫くは歩くことさえ難儀だったが何とか仕事を続けることができた。別格コースを辿る前から、イボコロリのテープで患部の表皮細胞を白濁・軟化させて「魚の目カッター」で切除することを考えついて今日に至っている。だから歩き遍路に行く時は、イボコロリのテープと魚の目カッターを持参していたのである。何だかんだあったものの今ではその外科医に感謝するしかない。ただし、この魚の目カッターが四国のどこでも売っている物と思ったのが私の間違いで、入手までに時間がかかってしまった。薬と同様に、個人の事情による特殊な物品は、使う可能性や回数が低くても自宅から持参するしかない。

別格徳島県⑤２０１８（平成30）年3月28日（水）【別格通算5日目】

ところで、宿の金子やから3番慈眼寺に行くには、西進旧道コースと南に迂回する県道コースがある。『同行二人』では金子やから旧道コース10キロ、と県道コース15キロとなっているので、旧道コースを選んだ。坂本の町までは田舎の舗装道路であった。しかし坂本の町はずれのバス停前から山に入り、梯子をよじ登るような急坂である。山間部では舗装路から旧道に入るたびに「ああ、やっぱりそうだった」と毎回思ってしまう、自分の甘さ。「旧道により距離が短くなる＝楽できる」ではなくて、「旧道により距離が短くなる＝思いがけない厳しい急坂や崩落地帯を通る」となるのは当然なのだった。何回も経験しているではないかと情けなくなってしまう。

別格徳島県⑨２０１９（平成31）年４月25日（木）【別格通算９日目】

昨日は全日雨天だったので、足の裏に嫌な予感がする。私は数年前に左足裏の腫瘍を摘出する、13針縫った手術をしているので、何としてもマメは避けたい。貼るテープには各種あるが、私のオススメがピップ社の「プロフィッツ」。遍路道中の大型ドラッグストアなら必ず置いてある。手で簡単に切れて通気性もあるし、ある程度の伸縮性もある。これを足の裏の弱そうな箇所にペタペタと貼る。

別格高知県⑥２０１９（令和元）年５月１日（水）【別格通算15日目】

「ビストロセルフィーユ南国店」（現在は閉業）を見つけ、ランチタイム開始と同時に駆け込んだものの、クルマでファミリー層が駆けつけてくるので即座に満員。ゆっくりくつろぐこともできなかった。クルマで来る人たちは駐車場の取り合いになるのだろう。公共交通機関の発達した都会なら、ここまで急に混むことはないと思う。

別格高知県⑥２０１９（令和元）年５月１日（水）【別格通算15日目】

店には若い女性が一人でこちらを見ている。「こちらのミカンの味見しませんか？　おいしいですよ」でもないし「雨具を取って、椅子に座って休憩しませんか?」でもない。『同行二人』88霊場のコースではないから歩き遍路を余り見たことがないのかもしれない。仕方がないので、私からお世辞を言って話しかけると、店の商品を勧めてくる。「休ませてくれるだろう」という私の目論見が甘かったのだ、修行、修行。

別格愛媛県④2019(令和元)年5月10日(金)【別格通算24日目】

「四国歩き遍路で一番怖い」という鳥坂《とさか》トンネルに入る。鳥坂トンネルの怖さは順打ちの時に味わっているので、今まで目にしていても一度も借りたことがない、反射タスキ2本の無人お接待を利用した。前回の順打ちの時の体験をもとに、腕巻きタイプで点滅するLEDライト(品名は「エルパLEDマーカーライト・バンドタイプ」)を車道側に掲げながらトンネルに入っていく。

別格愛媛県⑥2019(令和元)年5月12日(日)【別格通算26日目】

この別格8番十夜ヶ橋に由来し、遍路途中でよく聞く「橋の下にはお大師様がいらっしゃるので、遍路は橋の上で杖を突くな」というルールがある。これについて私の考えを書いておきたい。古い言い方で、死期を悟った人が「草葉の陰から見守っているよ」と言う、これは第一義的に「雑草の生《は》えるような（土葬の）墓の中からでも何処からでも」というることだ。同様にお大師様は普段は考えられないような橋の下だろうが、何処でもいるよ、ということ。実際、遍路道の至る所に弘法大師の石像が見られる。

江戸時代の最盛期には年間2万人程度の（歩き）遍路がいたらしい。これらの大人数の者たちが、木造で華奢《きゃしゃ》な橋上で杖を突いたら、生活必需品の橋は1～2ヵ月で壊れてしまう。それで信仰と生活規律が合わさって「遍路は橋上で杖を突くな」となったのではないか。語義はズレるが、「都市伝説」の一種だから、誰が言い出したのかは不明である。よく言われる「（家の結界である）敷居を踏むな」と類似《じ》している。

余談だが、ついでに「他人のロウソクからもらい火をするのは業《ごう》を受けつぐのでダメ」という作法について。もらい火は時間がかかる。これを団体でやられると、一日で十カ寺（以上）回るバスツアーでは大幅に行程が狂ってしまう。しかし、火そのものの入手が困難だった江戸時代では、むしろ推奨されていたのではないか。よって「もらい火禁止作法」ができたのは、団体バス遍路が始まった昭和20年代後半以降ではないかというのが、私の推測である。また、江戸時代には火事の危険性からロウソク箱そのものが無かった可能性もある。これには江戸時代以降のガイドブックを何冊も読まないといけないので、後日を期したい。

別格愛媛県⑨2019（令和元）年6月24日（月）【別格通算29日目】

イタリア料理「トラットリアフィレンツェ」があった。本日のランチタイムが始まったばかりなので、お客はまだ少ない。郊外型のレストランのランチタイムにはクルマで来て、あっという間に満席になることが分かっている（別格高知県⑥2019（令和元）年5月1日（水）【別格通算15日目】の「ビストロセルフィーユ南国店」参照）ので、今入るしかない。イタリア料理といえばスパゲティかピザであり、どちらも作るのに時間がかかるのが良い。パパッと出てきたのではパパッと食べて、パパッと店を出なくてはならないからだ。その点、イタリア料理には時間がかかるので、休みたい歩き遍路には最適である。

別格愛媛県⑩2019（令和元）年6月25日（火）【別格通算30日目】

片側にしかない歩道が道の右側から左側へ、また反対側へと移動する。それに合わせて安全に自分も反対側に移ろうとすると、トラックプラス自家用車の群れが来るので、しばらく停止しなければならない。それならいっそのこと、歩道のない道をそのまま進もうということになってしまうわけだ。

別格愛媛県⑪２０１９（令和元）年6月26日（水）【別格通算31日目】

結局彼とは装備品の話もした。彼の秘密兵器は「電池式の電気蚊取り」とのこと。「夜中に蚊がプーンと飛んでくると必ず目が覚めてしまい、その後で眠れなくなってしまう。その苦労と比べたら電気蚊取りの重量を運ぶ苦労は何でもないし、電気蚊取りは乾電池式が一番軽いですよ」と言っていた。ちょうどその時、私は液体式電気蚊取りのコンセントタイプを持っていたので、「同じようなことを考える歩き遍路がいるんだなあ」と思った。

別格香川県⑥２０１９（令和元）年7月5日（金）【別格通算40日目】

暑い状況が更に続くし、㊡がなくて休むに休めないので、必殺技の「理髪店で頭を刈って貰いながら休む」ことにした。低価格のカットだけの理髪店だと作業が早く終わるので休んだ気がしない。それで調髪・シャンプー・顔剃《そ》りのフルセットを頼む。当然有料で２０００円以上するが、１時間近くゆっくり休めると思うと、高い値段とは思えないのだ。

逆打ち香川県⑧2019（令和元）年10月23日（水）【逆打ち通算8日目】

民宿青空屋の手前・坂下側100~200メートルほどの辺りで野犬《やけん》が2匹来た。見たところ毛並みが良くて首輪をしてないから、無届けで放し飼いしているか、飼っていたが首輪を外して放擲《ほうてき》されたかであろう。1匹ならまだしも2匹なので、犬は相乗効果か吠え続ける。私は心臓がバクバクした。嚙まれたら狂犬病に？　金剛杖で路面を強く叩いて、「だあっ」と叫び、後ずさりしながら野犬と目を逸《そ》らさずに逃げたが、また野犬2匹が追いかけてきた。そのようなことを2~3度繰り返すと、テリトリーから外《はず》れたのか野犬は来なくなった。野犬に襲《おそ》われかける、人生初の体験であった。

私は、このように書いた方法しか即座には考えつかなかったが、「野犬に対して地面を叩いて大声で威嚇《いかく》する、目を逸らさずに離れる」という方法は、咄嗟《とっさ》に私が取ったものである。正しいかどうか分からないので、各人でお調べ下さい。また、地面を叩く時は金剛杖が頼りである。近年多くの歩き遍路が使っているウォーキングポールは、先端にゴムキャップが付いているので地面を叩いても音や衝撃が出ないし、折れる恐れもあるのではないか。なお、本日の宿の「民宿岡田」で歩き遍路の人が「僕には野犬が1匹来ましたよ」と言っていた。もちろん野犬が出ない時もあるのだろうから、そのために遠回りする必要もないだろうが、頭の片隅に入れておくと良いだろう。

逆打ち香川県⑧2019（令和元）年10月23日（水）【逆打ち通算8日目】

旧道・山道と言うよりも、よく国道や県道から山肌に登っていく、森林調査員やミツバチ農家さんが登る道そのものだ。え〜っ、という感じである。いきなりの急斜面に梯子《はしご》のような階段が付いているだけであり、最強の遍路転がしだ。縄や鎖が欲しいが無い。階段すらない所も多いので、『同行二人　解説編』第7版（30ページ下段10行目）に書いてあるような、両足の間、股《また》の間に金剛杖を挟んで地面を押して体を持ち上げる「両手両足で坂を登る」登り方で進む。これは体重をかけるのでウォーキングポールではできない（と思う）。このような上り坂が3〜4キロ続いた。助かったのは各所にあるベンチであり、200〜300メートルほどに1台あった。この坂では休憩時間も含めると時速1キロの速度だった。

逆打ち愛媛県⑤２０１９（令和元）年10月28日（月）【逆打ち通算13日目】

『Shikoku Japan 88 Route Guide』（ぶよお堂発行）を開いてキョロキョロしながら、順打ちの東南アジア系の若い男性の歩き遍路が歩いてきた。この本は『同行二人』の英語版と言えそうだが、データが新しいのと、地図の縮尺や北の方角の表し方で人気がある。しかし難点がないわけではない。この外国人の男性歩き遍路は地図の表記が小さすぎるため、迷わないようにコンビニなど各所での多くの目標物を逐一《ちくいち》確認しながら歩いていたのだろう。

逆打ち愛媛県⑫２０１９（令和元）年11月4日（月）【逆打ち通算20日目】

鴇田峠直後の南西へ進む旧道・土の道と舗装路の交差部分は『同行二人』に書かれているほど単純ではない。ちょうど左下りの斜面を左前方に下りて行くと、クルマ1台が通れるくらいの砂利道に下りた。道の勢いとしては、砂利の車道を右手にゆっくりと上っていく感じである。しかし（いつものことだが）赤矢印看板が無い。右手に上るのは、下り中心の地勢からは不自然だった。腰を据えて看板を探しても無い。ただし、坂を下り立った所から砂利道車道を横切る形で、急な階段が下方に伸びていることに気が付いた。しかし看板は無い。どうするか？　人が道に迷う時の大半は「いつの間にか迷ってしまった」であるが、今は違う。「今、迷うのだ」と分かっていて迷う。胸がドキドキして冷や汗が出てくる。山中のここで迷いたくないのだ。人生も同じだ。いつものことだが地方の山中なのでグーグルマップも使えないし、どうしようもなければ、しばらく順打ちの人が来るのを待ってみるのも一つの手である。水分を取って数分待つ。すると外国人の順打ち歩き遍路が、砂利道車道へと近づく階段を１人で上がってきた。まさしく天の助けだ。この道だ。お大師様だ。

逆打ち愛媛県⑬２０１９（令和元）年11月5日（火）【逆打ち通算21日目】

別格８番十ヶ橋着、午後３時。何とまあ、十ヶ橋の近くの複合施設「オズメッセ」のダイソーで魚の目カッターを発見した。皮膚を切除するので、ドラッグストアでしか売ってないと思った私が、お馬鹿さんでした。３本も買いました。

逆打ち愛媛県⑭２０１９（令和元）年11月6日（水）【逆打ち通算22日目】

この日に同宿したのがベテランの女性歩き遍路だった。M社の「ＯＤ１００ＧＴＸ７」

を履いていて「四国を半分ずつ2回に分けて、年に合計で1周する」とのこと。その半周ずつで、この靴を交換する、履きつぶしているとおっしゃった。ということは、1周でM社のウォーキングシューズ「LD - 40」1足の私なんて、足を大事にしていないことになる。

私は「LD - 40」シリーズのウォーキングシューズを履いているが、毎日25～30キロくらいを10日間程度歩いていると、路面の凸凹を靴底が吸収してくれなくなり、路面の凸凹が足裏に伝わってきてしまう。これはシューズの使用限界を超えたのであり、他のメーカーのウォーキングシューズでも同様だ。「毎日25～30キロくらいを10日間程度」以上歩き続ける歩き遍路には、結局のところウォーキングシューズレベルは不向きである。ダメージが強すぎるのだ。敢えてウォーキングシューズで歩きたいのなら、「どこのメーカーのウォーキングシューズでも同じシューズを3足買って、毎日交換して3足でローテーションして履いて下さい」と複数のウォーキングシューズ販売員から言われている。しかし実際のところ、3足ローテーションは無理なので、買ったウォーキングシューズに入っていた中敷きを捨てて、「ソルボ」の中敷きを入れて、限界を超えたウォーキングシューズを私は履き続けている。

逆打ち高知県⑦２０１９（令和元）年11月16日（土）【逆打ち通算32日目】

『同行二人　解説編』第7版（7ページ下段）』で宮崎建樹氏は、「一日の歩行時間　一〇時間以内」「歩行距離は二五キロから三〇キロまで」と書いていた。歩き遍路同士でコミュニケーションを取る、地域の人たちとコミュニケーションを取る、宿側に迷惑をかけないことを歩き遍路としての大切なポイントとして考えるなら、宮崎氏の御意見は妥当過ぎるほどに妥当だろう。

【エ．世界遺産化・その他】

別格徳島県⑦２０１９（平成31）年4月23日（火）【別格通算7日目】

夕食時に歩き遍路が同じテーブルを囲むと必ず話題になるのが、翌日のコースと宿である。旧道・土の道を勧める人や舗装路を勧める人と多種多様だが、一致するのは「こんなに危険で酷《ひど》い道を歩くのが世界遺産だなんて、恥ずかしい。安全な道に早くして欲しい」ということだ。「日本の宗教上の世界文化遺産の道を歩いていたらクルマに轢《ひ》かれて天国に行ったよ」なんていうことにならぬように、早急に改善して欲しい。このことは歩き遍路のみならず、多くの遍路宿の御主人方も話されていた。私が心配するのは、世界遺産として構成する資産となる江戸時代までの遍路道は整備するけれども、そうでない現代の危険なトンネル等が放置されることだ。それだけはやめてほしい。

また、ある人が外国人の歩き遍路から聞いた話だそうだが、殆どの外国人は漢字が読めないので、赤い矢印があると遍路道と思って、その方向に行ってしまう。ところが全く別な所に着いてしまうので、世界遺産化して外国人にも来て貰いたいなら、遍路の赤い矢印看板に英語の表記をつける必要があるとのことだった。確かにその通りだと思った。

別格高知県⑨2019（令和元）年5月4日（土）【別格通算18日目】

途中の角谷《かどや》トンネル、焼坂《やけざか》トンネルなどは、歩行者を守る段差のある歩道がなく、ガードレールもないので非常に怖い。今までも、これからも歩行者や歩き遍路を守ってくれる段差やガードドレールがないトンネルが「現代の遍路ころがし」と言われ続けて四国にある限り、たとえ四国遍路が世界文化遺産になったとしても、歩き遍路たちは胸を張って心から世界に対して「四国遍路が世界文化遺産になったから日本の四国に来てくれ」と言うことはできないと思う。

別格高知県⑪2019(令和元)年5月6日(月)【別格通算20日目】

岩本寺の宿坊を午前9時に出発して近くのタクシー会社からタクシーに乗り、土佐大正駅で降りることにした。タクシーの準備ができるまで、会社の方と話をした。六十代くらいの男性だったが、今のお遍路さんに対する四国の人たちの態度に違和感を覚えているとおっしゃった。自分たちが子供の頃に(歩き)遍路の人たちは怖い存在だったらしいのだ。自宅にやってきては勝手に玄関でお経を読んでお布施を請求していた。また祖父母や両親は、子供である自分に「言うことを聞かないとお遍路さんに連れてって貰うよ」と言ったとか。なので、今みたいに、遍路の人たちに「ご苦労様、頑張ってるね」とチヤホヤすることに違和感を覚えるとおっしゃった。

別格愛媛県④2019(令和元)年5月10日(金)【別格通算24日目】

いつもは道路の左側を歩くのだが、この鳥坂トンネルだけは衝突してくるかもしれないクルマに備えて右側を進行した。入り口までは濃霧のため何も見えないから何が何だか全く分からないが、長い鳥坂トンネルには段差のついている歩道がないだけでなく、路側帯が数十センチと極めて狭いのだ。ドライバーが少しでも脇見をしようなら、歩き遍路の一命なんて、あっと言う間に消えてしまう。とりわけこの時間帯は市場の開場やスーパーの開店に間に合わせようと大型トラックの移動が激しいので、鳥坂トンネル内は常に轟音の渦である。

別格香川県⑨2019（令和元）年7月8日（月）【別格通算43日目】

別格コースは、室戸岬や足摺半島、高縄半島などを通ってないので距離的には順打ちコースと比べて短いような印象がある。しかし、別格1番大山寺・別格3番慈眼寺・別格7番出石寺・別格20番大滝寺など、離れた山中・山上の霊場が目白押《めじろお》しなので、順打ちコースの80～85パーセントくらいの距離なのではないかと個人的には思っている。

逆打ち香川県①2019（令和元）年10月16日（水）【逆打ち通算1日目】

本日の行程の途中でお会いした御高齢の女性からの話である。「四国の地元の人の一部には、お遍路さんたちを快く思っていない人もいる」と。自分たちが子供の頃は（歩きしかいない）遍路たちは怖い存在だった。勝手に自宅の前でお経を読んでお布施を請求したりしてイヤだった。一人で留守番している時はお遍路さんが怖くて、勝手に玄関の戸を開けないように、内側からつっかえ棒をして留守番したと言う。また、現代で、特に歩きの人は一日当たり、1万円近く出費しながら何十日も歩き続けることを知っているので、その点でも妬《ねた》みがあるのだろうとのことだった。確かに、私も歩いていて、近くの人に大声で挨拶してても知らんぷりの人が時折いるし、中には私が近づいていくと、わざと（？）ソッポを向いてしまうような人がいたことは事実である。挨拶を返してくれなくとも、遍路側からは、挨拶をし続けるしかないなということだ。

逆打ち香川県②2019（令和元）年10月17日（木）【逆打ち通算2日目】

八栗ケーブルの麓の駅「八栗登山口」を過ぎて「うどん本陣　山田屋本店」辺りの道順は迷いやすいので要注意。順打ちの矢印付き看板（案内矢印）が1種類だけではないから、矢印に従えば迷って当然という感じだ。この辺りの矢印看板は「こちら（って何？）を通った方がいいですよ」という何らかの不要な作為を感じてしまう、違っていたらごめんなさい。案内看板と言えば、『四国のみち』と88霊場コースの違いなど、知らない人は戸惑うはずだ。ましてや外国人なら、なおさらだ。

逆打ち香川県③2019（令和元）年10月18日（金）【逆打ち通算3日目】

よく「四国では小学生が挨拶してくれるので嬉しい」と歩き遍路がコメントしているが、それは「当たらずといえども遠からず」程度なのではないかと私は思う。むしろ半分以上の小学生が挨拶しないと言う方が正しいのではないか。小学生たちは学校で「白い服を来た（歩いている）人には挨拶をしよう」と躾《しつけ》られているので、登下校の際には白衣姿（の遍路）の者に挨拶をし、道々に立っている町会のおじさんおばさんや学校の先生方にはよく挨拶をする。しかし、それも集団登校の先頭の小学生が主であって、後ろに続く小さな小学生たちは、遅れないように転ばないようにと前の子と路面を見るので精一杯。決して子供たちが歩き遍路がどのようなものなのかを知って、言葉をかけてくるのではないだろう。そんなことを考えながら歩いていた。

逆打ち香川県④2019（令和元）年10月19日（土）【逆打ち通算4日目】

県道176号線を左折（西進）し、ＪＲ四国の予讃線「鬼無《きなし》駅」辺りから82番根来寺《ねごろじ》と

81番白峯寺《しろみねじ》のある大平山を目指す。高松西高校の北側の溜池《ためいけ》横を過ぎて右折したいのだが、その角《かど》が分からない。また小雨が降り出しそうだ。山道の旧道に早く入らないと「逆打ちは道が分からないから、したくない」という、出会ってきた多くの歩き遍路の言葉の通りになってしまうではないか。

舗装路が行き止まりになったので、数十メートルほど手前まで戻りつつ山側を見る。おっ、何じゃこりゃ。ないはずのものがあるではないか。「矢印看板がないから逆打ちは難しい」はずなのに、逆打ち用の矢印掲示物があったのだ。ここを下手《しもて》から見て右折した途端に、小雨が降り出して霧も出てきた。先ほども、この矢印を見ていたはずなのに、山道の先の方向しか見えてなかったのかも知れない。とにかくこれは本当に神仏の助け、いや、お大師様の助けとしか言いようがない。

逆打ち香川県④２０１９（令和元）年10月19日（土）【逆打ち通算4日目】

以前はとても良い自然に溢《あふ》れた旧道だったが、今は暴風雨で大岩が転がっている危険な道になっている。特に岩に付いている茶色や緑色のものが、土なのか枯れ葉なのか、苔《こけ》なのか緑の葉なのかが分からない。それを間違った判断で踏むと、ツルッと滑って仰向《あおむ》けに転ぶのだ。背にリュックを背負っているからリュックが衝撃を吸収してくれるからいいけれども、リュックがなかったら後頭部を強打して最悪なら頭蓋骨骨折になる。だから「転《ころ》んでも（歩き遍路をしているから背負っているリュック　イコール）お大師さまが救ってくれた」ということになる。事実私も背中から派手に大転倒したがリュックのおかげで右肘《ひじ》の軽い打撲だけで済んだものだ。

逆打ち香川県⑤２０１９（令和元）年10月20日（日）【逆打ち通算5日目】

78番郷照寺着、午後2時50分。水盤舎でお父さんが娘に「早くこっちに来て手を洗いなさい」と言っていた。お父さん、ここは口や手を浄《きよ》める場所なので、ゴシゴシと手洗いする所ではありませんよ。

逆打ち香川県⑦２０１９（令和元）年10月22日（火）【逆打ち通算7日目】

本堂前のベンチに座っていたら、２組の団体バス遍路に囲まれてしまった。そこに二人の女性遍路がやってきた。一人は朱色の錫杖を持った白衣の若めの方。もう一人は全体的に黒衣の方だった。白衣の方が小さめの音木《おんぎ》（小型の拍子木のこと）を使って読経して納経所に二人でサッと向かっていった。あれっと思ったが「ああ、そうなのか」と合点もした。今まで私は、白衣姿で朱色の錫杖（＝公認先達の持ち物）を持っているのは亡くなった方の形見と思っていたが、そうではなかったのだ。「既に自分が公認先達であり、その昇進（昇補という）のために巡拝しているのだ」と。なお、先達《せんだつ》とは霊場巡拝などで一般の方に対して解説や案内、読経の場でのリードをする引率指導者のことを言う。四国遍路では「四国八十八ヶ所霊場会」が、その人の四国遍路の実績等を考慮に入れて認めた方を「公認先達」と呼んでいて、公認先達の中でも実績によって昇進したりすることができるシステムになっている。

逆打ち香川県⑧２０１９（令和元）年10月23日（水）【逆打ち通算８日目】

雲辺寺を後にして、２キロ半ほど緩い下りの舗装路である。直進する舗装路を左折（南進）して左下の旧道・土の道を下りていく、その角を間違えると極めて遠回りすることになるので、ここかなという辺りで民宿岡田に電話した。右前方に小屋のあることから確かにココだと確信して、一気に下りていく。しかし道の荒れ方が凄《すさ》まじい。道幅が狭いので降った雨が道底に流れ込んで削り、底が「V」の字になっているのだ。ちょうど地形の「V字渓谷」の極小版と思って貰えたら良いだろう。そのため両足を一直線にしなくてはならず、「逆平均台」を歩いているようなのだ。そこに大小の落石と倒木である。坂が急とか急じゃないとかの話、以前の問題だと思われた。この道で足首を挫《くじ》かないように、歩く速度が急低下である。

こんな倒木を片付けるにしろ、どのように運ぶのか？　先《ま》ずは切断してから、とか気の遠くなるような御努力が必要であろう。この雲辺寺越えの旧道・土の道に関して、南の徳島県側と北の香川県側では余りの差がある。ちょうどこれは、四国の西南部の、松尾峠の北の愛媛県側と南の高知県側の道の様子には、違いがありすぎるのと同じではなかろうか。松尾峠では手摺《す》りの付け方や樹木の伐採、㊡の様子など、違いが一目瞭然なのだ。県道などはクルマが通れなくなれば実害が出るから、苦情も直ぐに役所に入って即座に修理となるだろう。しかし旧道・土の道は「これも修行だ」と我慢する傾向が人々にあるので公《おおやけ》の手が入りにくい。実際に公の手が入るのは何かの切っ掛けのある整備の時だけだし、それ以外はＮＰＯ、ボランティア団体任せなのではないか。例えば、松尾峠の北の愛媛県側の歩き遍路道にはそういう団体の札が沢山かかっている。また雲辺寺の南の徳島県側の、この旧道・土の道は民宿岡田の御高齢の御主人が中心となり、クラウドファンディングにより改良しようとなさっている。
四国遍路を世界遺産にしようと、四国の有名企業が協賛していることは知っているが、一体全体どこでどのように協賛資金が使われているのか、広く公表してほしいものだ。四国遍路とは、88霊場の建物を言うのではなくて、伝説の弘法大師空海のように道を進んで88霊場を中心に巡礼することではないのか、そのことを第一に扱って欲しいと歩き遍路や遍路宿の方々は切望している。

逆打ち愛媛県⑨2019（令和元）年11月1日（金）【逆打ち通算17日目】

浄瑠璃寺のほぼ門前にある、本日の宿「長珍屋」着、午後3時50分。有料で洗濯機・乾燥機5セットあり。遍路用品の補充もできる宿。廊下のガラスケースに「遍路560回記念」の方の記念手拭《ぬぐ》いが飾ってあった。560回は私の見る限り最多である。先達としてお働きになったのだろうが、88霊場を560周するって一体……。

逆打ち愛媛県⑩2019（令和元）年11月2日（土）【逆打ち通算18日目】

旧道・土の道になり、「一ノ王子休憩所」で若い女性歩き遍路と会う。彼女は「逆打ち」のことを「さかうち」と由緒正しく言ってくれていたので嬉しくなり（？）ポッキーのお接待をした。

逆打ち愛媛県⑪２０１９（令和元）年11月3日（日）【逆打ち通算19日目】

本日の宿「おもご旅館」着、午後3時。洗濯機・乾燥機あり。以前の順打ちの時にも泊まったので気が置けない宿である。黒光りのする柱に伝統を感じる宿で、故Ｏ《おー》首相の色紙が飾ってあった。しかし今は、頼まれたのでゲストハウスも兼ねているということだった。この日に同宿したのは、ゲストハウスとして泊まった白人系外国人の女性一人のみ。私は通常の（？）遍路としての料金である。どのように差をつけるのだろうか？

逆打ち愛媛県⑭２０１９（令和元）年11月6日（水）【逆打ち通算22日目】

「別格愛媛県④２０１９（令和元）年5月10日（金）【別格通算24日目】」の鳥坂トンネルは朝の様子だったが、今回は明るい昼間である。何が怖いかというと、向かってくる自動車の半分くらいが前照灯をつけていないのである。特に地元ナンバーの自家用車、軽トラックなどの点灯率が３割くらいだった。通り慣れたトンネルだし、外は明るいので、ライトをつけずにトンネルを通ろうとするのだろう。また大型トラックの直後にピッタリとついているので、前方の歩き遍路が見えていないようだ。一方、大型トラックの運転手は抜かりないプロドライバーとして１００％点灯しているし、荷物がトンネルの側壁にぶつからないように道路の中央寄りを通っているようだ。私が危険な歩き方をしていたのか、順打ちの外国人の歩き遍路に、トンネルの壁寄りに抱き留められてしまった。

逆打ち愛媛県⑭２０１９（令和元）年11月6日（水）【逆打ち通算22日目】

昭和二十年代の本を読んでいると「逆打ち」の「逆」に「さか」と仮名が振ってあるのを見たことがある。この頃から、「本来はサカウチだけど、ギャクウチと誤って読んでしまう人がいる」との認識があったのだろう。鉄棒の「逆上がり」は「さかあがり」であり、「ぎゃくあがり」とは言わない。訓読みで本来的に「逆」は「さか」と読むものだろう。サカウチでは「坂打ち」と間違われてしまい、「坂にある寺に巡拝する」ことと受け取られ兼ねないと思ったのではないか、それでギャクウチと言う人が急増したと私は勝手に想像している。

逆打ち愛媛県⑱2019（令和元）年11月10日（日）【逆打ち通算26日目】

ところで愛媛県では御住職の方お二人に、「閏年《うるう》に逆打ちすると順打ちの3倍の御利益がある」という考えについて伺ってみた。そもそも閏年とは日本では明治時代になって入ってきた太陽暦・西洋暦であり、平安時代の弘法大師空海大師や遍路の元祖と言われる衛門三郎、江戸時代初期に88霊場とコースを策定した真念とは全く関わりがない。敢えて「閏」と言えば、江戸時代までの旧暦での「閏月《うるうづき》」しかない。

お一人の御住職は、この矛盾のことを当然御存知だった。そして「喧伝《けんでん》しているのは88霊場会ではなくて観光業者・バス会社だから口出しはしない」ということだった。もう一人の御住職は、「歩いて道を間違えやすい逆打ちの功徳が多いという主張も一つの御縁であり、逆打ちだろうが順打ちだろうが、誰が言おうが功徳が多かろうが少なかろうが、いつでも四国遍路はOKなのだ」とのことだった。私としては「理屈では矛盾しているが、激減している四国遍路の人数や遍路宿の数を回復させるためならば仕方がないかな」と思っている。ただし、「閏年の逆打ち功徳3倍論」支持の方がいると、理屈上の不当性についてはは申し上げることにしている。ただ法華経の『方便品』に「唯物与仏乃能究尽《ゆいぶつよぶつないのうくうじん》」

（＝仏しかわからない）とあるじゃないかとか、見えない縁起をどうするんだとか言われたら、降参しますけど。

逆打ち高知県⑧2019（令和元）年11月17日（日）【逆打ち通算33日目】

岩本寺のある窪川の市街地に入って間もなく、歩道に座って下を向き、何か両手を動かしている黒衣の人がいる。近づいてみると若いお坊さんが袈裟《けさ》を縫っているのだった。遍路について話したが、彼は高野山大学を卒業して、すぐさま歩き遍路に出たとのこと。ただし「師僧から20万円以上の金を使ってはならんと厳命があったんです」と。彼が続けて「この縫っている輪袈裟《わげさ》は歩きながらでもしてるので、ほつれちゃうんですよね」と。よく見ると輪袈裟ではないので、私が「あれっ、これは折《お》り五条《ごじょう》じゃないですか？」と言うと、彼は「僧籍をお持ちなんですね？」と言ってきた。私は「天台ですから四国では恥ずかしいですね」と。噛《か》み合わなく聞こえる会話だが、まあ、いいものだ。若くして黒衣を着て歩く彼と、白衣で歩く自分との差を考えずにはいられなかった。

逆打ち高知県⑬2019（令和元）年11月22日（金）【逆打ち通算38日目】

ホテルSPはるので朝食後に34番種間寺までホテルのクルマで送って頂く。種間寺からの歩き遍路開始が午前7時10分。（旧称）春野町を通っていたら、向こう（東）側（順打ち側）から男性歩き遍路がやってきた。聞くと、別格だけを歩いて回っているとのこと。おおっ、数少ない別格回りの歩き遍路が、私以外にもここにいるぞ〜っと叫びたくなった。彼も感じていた別格回りの難所の話をして、私はポッキーのお接待をして別れた。

逆打ち高知県⑭2019（令和元）年11月23日（土）【逆打ち通算39日目】

本堂前のベンチに座っていると、白衣の団体遍路がやってきた。「20人くらい来るかな。混雑する前に退出しよう」と思っていると6〜7人くらいしか来ない。しかも読経のリーダーとなる先達がいないので、行動もバラバラだ。読経してない方が大半で、駐車場に戻っていく。この人たちって一体？

そうか、この人たちが噂に聞くマイクロバス遍路なのか。運転手が添乗員を兼ねて遍路たちの納経帳（御朱印帳）を集めて御朱印を頂きに行くのでロスタイムがない。だから行程（宿泊）が短くて済む。先達がいないので安価に御集印できると人気（？）らしいのだ。

そう感心（？）しつつ更に座っていると、今度は一人で私服の男性遍路が来た。持ち物が少ないのでクルマ遍路なのだろうと思って見ていると、彼は本堂・大師堂の前で読経をせずに、数珠を3回擦《す》っただけで納経所へ御集印しに行った。この人って、一体？

恐らく公認先達の認定（補任という）や昇進（昇補という）を目指しているのだろうと思った。そりゃ私も歩き疲れて本堂前に着いた時は（お寺に到着したら休むことなく、本堂に行くことにしているので）、御真言（御本尊を讃える呪文のような言葉）を7回唱えて終わることもある。公認先達の認定や昇進のための読経のことは以前にも「逆打ち香川県⑦2019（令和元）年10月22日（火）【逆打ち通算7日目】」で書いたが、この国分寺での方はマズイだろう。「数珠を3回擦っただけ」では本末転倒である。それとも、近年厳しくなってきたという代参（病気等の理由により、本人に代わって参拝すること）の人？

逆打ち高知県⑯2019（令和元）年11月25日（月）【逆打ち通算41日目】

「『遍路宿が2018年から同じ時期の2019年の1年間で4割減った』と88霊場会から連絡があったんだよ」と御主人が教えて下さった。エーッと驚いてみたものの、昨今の状況から考えると確かにその通りだと思った。予約の電話をしても出ない宿や、電話が通じても「（高齢の）夫婦でやってたんだけど、妻（または夫）が入院しちゃってねえ、やめたのよ」という宿が、かなりあった。この翌日以降に結願へと進む道々の宿で、このことを食事で同席した遍路たちに話しても、「やっぱりなあ」とか「仕方ないよ」という声しか聞かれなかった。

経営する方々の高齢化と、遍路宿の経営の御苦労を見ていると、後継の方が現れないことが充分に窺われる。（歩き）遍路が宿に着いたら、部屋への案内のみならず茶菓の提供、入浴、洗濯・乾燥の順番の指示、夕食、就寝と一息もつけない。しかも宿に着くという時間も守らない（守れない）歩き遍路も多いという。朝は5時前から起きて、夏場は5時半に朝食という宿も多かった。お接待で渡してくれる、昼食用のおにぎり2個も、好評の宿では常態化しているのではないか。ある遍路宿の経営者の方は「決まっているチェックイン時刻前に着いた方が、チェックイン時刻後に着くよりもいいんですよ、心配しなくていいですから」とおっしゃっていた。

こういう中で、遍路側からの遍路宿の選別も進んでいる。ネット情報である。私が今書いている文章もそうであるが、余りに辛口の「口《くち》コミ」「レビュー」は話半分（未満）だ。逆に「オススメの宿」を書くと、それ以外はオススメではなくなってしまう。意味はズレるが「両刃の剣」になる。結果として、オススメの宿にばかりお客が集まる、当たり前のことだ。順打ち1周目なら私も、オススメの宿ばかりに泊まっただろう。私が順打ちの時に、「設備にも問題があるが、設備以前の問題もある」と思われた宿は、別格回りや逆打ちの時には廃業していた、経営者の方は高齢ではなかったが。

一方、いわゆる遍路宿ではない（ような気がしていた）「ゲストハウスも面白いなあ」と思えてきた。私が初めてゲストハウスに泊まったのは「別格高知県⑨２０１９（令和元）年5月4日（土）【別格通算18日目】」だが、泊まっているもの同士が必然的に会話をせずにはいられない仕組みは結構面白かった。却って歩き遍路中心に考えられている遍路宿では寛《くつろ》ぎを第一に考えられていて、遍路同士が全く話をしないということも珍しくない。また、１軒の宿で（遍路）宿とゲストハウスを兼ねている所もあったりする。

逆打ち高知県⑰２０１９（令和元）年11月26日（火）【逆打ち通算42日目】

朝食時に、20周以上しているというベテラン歩き遍路の男性と話をした。彼は「何周も回っていると、なるべく遍路同士の会話には口出しやアドバイスをしないようにしているんだ、俺が話すと『その考え方が甘い』とかで話が終わっちゃうからな」と言う。彼は今、坂本龍馬脱藩の道や、四万十川と仁淀川を源流へと遡《さかのぼ》る道を歩いているそうだ。

逆打ち高知県⑱2019（令和元）年11月27日（水）【逆打ち通算43日目】

ところで、しばしば「虚空蔵求聞持法の修行中に、口に明星が飛び込んできた御蔵洞から は空と海しか見えなかったから名前を空海とした」と聞くが、如何なものだろう。確か に御蔵洞前の掲示板にも書かれている通り、当時の海岸線は御蔵洞に大分近かったのだろ うが、どう考えても御蔵洞から空と海しか見えなかったとは思えない、つまり大地がある ではないか。

弘法大師の法名（僧名）は「教海」「如空」「空海」、またその途中で「無空」「叙空」と 変化したと伝わる。法名が変わることは僧階の上進等の際に珍しくないことであるが、若 い頃の事跡の分からない時分でもあり私度僧の時期もあったことから、自分なりに何らか の契機を感じて変更したのではなかろうかと思う。これらの法名を見てみると、彼にとっ て「空」「海」は重要な仏道用語だったと私には思われてならないのだ。「空《くう》」は膨大な般 若経典群の中での、「色即是空」の「空」であり、「海《かい》」は浄土教系の経典に入っている、 例えば「願海」のような「仏の広く深い請願の心」を喩《たと》えた語である。もちろん、物体と理念の一種の掛詞ともとれるが、「空《くう》」の意味が強すぎて私には無理である。

逆打ち徳島県②２０１９（令和元）年11月30日（土）【逆打ち通算46日目】

その時になぜか私の脳裏に「エイトマン」の歌が蘇《よみがえ》ってきた。エイトマンは私が小学生になるかならないかの頃に流行《はや》ったテレビアニメだ。歌詞は「光る海～　光る大空～　光る大地～　行《ゆ》こう　無限の地平線～」の出だしであった。この歌を一人で声を出して歌いながら歩く、乗っている気分である。

逆打ち徳島県④２０１９（令和元）年12月2日（月）【逆打ち通算48日目】

ところで私の順打ちの時から十数年の年月が流れたが、宿に泊まる遍路側の変化について感じたことがある。それは「変化」と言うよりも「変容」と言う方が妥当かもしれない。逆に「お前の考えは共同の幻想だよ」と言われたら反論のしようがない。

もちろんこれは私だけの体験・感想かもしれないと思っていたが、遍路宿で他の（歩き）遍路たちに聞くと「そうそう」と言われるものでもある。それは宿の夕食での「騒ぎ具合＝飲酒」のことである。十数年前は、遍路宿の夕食で酒を飲むという人は多くなかった。飲んでいても一人で飲んでいる人が殆どで、グループで来ていても他の人に声高《こわだか》に勧めたりはしていなかったのではなかろうか。

ところが近年は、いや昨今は夕食の席に着いたら、「まずビール」という方が増えてきた。「不飲酒戒《ふおんじゅ》」がどうだとか、難しいことは言わないが、朝に宿を出てから夕方に宿に着くまでしか遍路ではないと言うのでは、ちょっと情けないのではないか。

ただ、夕食が居酒屋化したりするのも遍路の間口《まぐち》を広げるのに役立つかもしれないし、同行なさる先達さんの考えもあるのかもしれない。宿の経営の問題もあって当然だろう。酒を飲むには相応の理由があると考えているが、飲むなら人に勧めずに、静かに一人でどうぞ、と私は思っている。

逆打ち徳島県⑨2020(令和2)年3月5日(木)【逆打ち通算53日目】

8番熊谷寺本堂着。偶々《たまたま》順打ちの大型バスのお遍路ツアーと納経所で出会った。若い先達兼僧侶の方に伺うと「ここから法輪寺までは歩くんですよ」とのこと。クルマが少ない、田んぼの中の道を歩くと満足度がアップするのだろう。

B. 順打ちの時の行程表

・出発と到着場所の「→」は、打ち戻りの時などに交通機関を利用したことなどを示す。
・歩行内容の「距離（km）」は、へんろルート上のみの値であり、各寺山門内の移動を含んでいない。

			第1日目	第2日目	第3日目	第4日目	第5日目	合計	平均	自宅発着の計測歩行数
1回目	2002(平成14)年の月日(曜)		2月15日(金) プロも巡る	2月16日(土) ヘロヘロ	2月17日(日) 前途遠し					
	出発時刻と「場所」		AM11:11 「1番霊山寺」	AM7:20 「森本屋」	AM7:15 「うどん八幡」					
	歩行内容	距離(km)	10.6	19.7	4.7			35	11.7	
		時間(時間)	5.7	9	1.2			15.9	5.3	
		歩数(歩)	19000	28140	7600			54740	18246.7	68113
	到着時刻と「場所」		PM4:50 「森本屋」	PM4:20 「うどん八幡」	AM8:25 「阿波川島駅」					
	巡拝した札所の番号		1.2.3.4.5奥.5	6.7.8.9.10	なし					
2回目	2002(平成14)年の月日(曜)		3月28日(木) 説教で戻る	3月29日(金) 遍路ころがし	3月30日(土) ハッサク昼食	3月31日(日) 慢心				
	出発時刻と「場所」		AM11:40 「阿波川島駅」	AM6:40 「ビジホ双葉→11番藤井寺」	AM6:25 「なべいわ荘」	AM7:10 「13番大日寺」				
	歩行内容	距離(km)	10	16.7	27.5	21.2		75.4	18.9	
		時間(時間)	5.3	9	9.2	6.2		29.7	7.4	
		歩数(歩)	10047	34587	43880	19798		108312	27078.0	143938
	到着時刻と「場所」		PM4:55 「11番藤井寺先→ビジホ双葉」	PM4:05 「なべいわ荘」	PM4:26 「17番井戸寺→13番大日寺」	PM1:22 「立江駅」				
	巡拝した札所の番号		11	11.12	13.14.15.16.17	18.19				

			第１日目	第２日目	第３日目	第４日目	第５日目	合計	平均	自宅発着の計測歩行数
３回目	2002(平成14)年の月日(曜)		12月26日(木) くつずれ	12月27日(金) ころがし２回目	12月28日(土) 外国人も	12月29日(日) 取り残される				
	出発時刻と「場所」		PM0:13 「立江駅」	AM8:00 「金子や」	AM7:20 「龍山荘」	AM7:20 「薬王寺薬師会館」				
	歩行内容	距離(km)	6.5	25.3	27	22.8		81.6	20.4	
		時間(時間)	3.5	5.6	9.5	7.9		26.5	6.6	
		歩数(歩)	16979	26148	44907	36852		124886	31221.5	133345
	到着時刻と「場所」		PM3:45 「金子や」	PM2:38 「龍山荘」	PM4:52 「薬王寺薬師会館」	PM3:15 「浅川駅」				
	巡拝した札所の番号		19	20.21	22.23	別４				
４回目	2003(平成15)年の月日(曜)		３月28日(金) 宿舎調整	３月29日(土) 淀ヶ磯	３月30日(日) 高知室戸	３月31日(月) 先のバス停へ				
	出発時刻と「場所」		AM11:11 「浅川駅」	AM6:50 「えびす」	AM7:25 「ロッジおざき」	AM7:00 「うらしま」				
	歩行内容	距離(km)	12.4	25.4	29.5	6.4		73.7	18.4	
		時間(時間)	4.3	8.5	9.1	1.3		23.2	5.8	
		歩数(歩)	18050	27962	43766	8343		98121	24530.3	115210
	到着時刻と「場所」		PM3:30 「えびす」	PM3:17 「ロッジおざき」	PM4:28 「26番金剛頂寺→うらしま」	AM8:17 「吉良川町南端」				
	巡拝した札所の番号		なし	なし	24奥.24.25.26	なし				

			第1日目	第2日目	第3日目	第4日目	第5日目	合計	平均	自宅発着の計測歩行数
5回目	2003(平成15)年の月日(曜)		12月26日(金) 日暮れて	12月27日(土) 列車で戻る	12月28日(日) 掛け連れ	12月29日(月) 渡し舟				
	出発時刻と「場所」		PM2:01 「吉良川町南端」	AM7:30 「ホテルなはり」	AM5:35 「ビジホ弁長→赤野駅」	AM7:56 「高知ホ→土佐一宮駅」				
	歩行内容	距離(km)	13.3	31.7	33.7	19.8		98.5	24.6	
		時間(時間)	3.3	9.3	10.8	8		31.4	7.9	
		歩数(歩)	20443	47243	52025	34567		154278	38569.5	169508
	到着時刻と「場所」		PM5:19 「ホテルなはり」	PM6:06 「赤野駅→ビジホ弁長」	PM4:58 「土佐一宮駅→高知ホ」	PM3:55 「33番雪渓寺」				
	巡拝した札所の番号		なし	27	28.29.30	31.32.33				
6回目	2004(平成16)年の月日(曜)		3月28日(日) 平野	3月29日(月) 湾に沿う	3月30日(火) 大雨	3月31日(水) 最長距離				
	出発時刻と「場所」		PM0:01 「33番雪渓寺」	AM6:05 「ビジネスイン土佐」	AM8:10 「民宿さざなみ」	AM5:00 「福屋旅館」				
	歩行内容	距離(km)	13.2	32.2	21.5	41.5		108.4	27.1	
		時間(時間)	3.9	9.9	7.7	12.2		33.7	8.4	
		歩数(歩)	19377	36376	34706	60316		150775	37693.8	167258
	到着時刻と「場所」		PM3:55 「ビジネスイン土佐」	PM4:00 「民宿さざなみ」	PM3:50 「福屋旅館」	PM5:11 「土佐佐賀駅」				
	巡拝した札所の番号		34	35.36	別5	37				

			第１日目	第２日目	第３日目	第４日目	第５日目	合計	平均	自宅発着の計測歩行数
７回目	2004（平成16）年の月日（曜）		12月25日（土） 海沿い	12月26日（日） 四万十川	12月27日（月） 最南端	12月28日（火） 聞かれぬ宿	12月29日（水） 宿毛線			
	出発時刻と「場所」		PM1:20 「土佐佐賀駅」	AM6:15 「ネストウェストガーデン土佐」	AM6:27 「星空」	AM6:35 「安宿」	AM7:55 「へんくつ屋」			
	歩行内容	距離（km）	16	32.5	27.9	28.1	7.3	111.8	22.4	
		時間（時間）	4	9.6	8.8	9.7	2.1	34.2	6.8	
		歩数（歩）	23460	48632	45800	46030	12597	176519	35303.8	191447
	到着時刻と「場所」		PM5:20 「ネストウェストガーデン土佐」	PM3:52 「星空」	PM4:00 「幡陽小前→安宿」	PM4:14 「39番延光寺→へんくつ屋」	AM10:01 「宿毛駅」			
	巡拝した札所の番号		なし	なし	38	39	なし			
８回目	2005（平成17）年の月日（曜）		３月26日（土） 愛媛入り	３月27日（日） 西行き最後	３月28日（月） 松尾隧道	３月29日（火） 只管通過	３月30日（水） 次回の調整			
	出発時刻と「場所」		PM2:46 「宿毛駅」	AM7:42 「大盛屋」	AM7:30 「西遊漁センター」	AM6:52 「民宿稲荷」	AM8:00 「ときわ旅館」			
	歩行内容	距離（km）	10	27.3	31.5	33.8	10	112.6	22.5	
		時間（時間）	2.9	8.6	9.1	10.7	3.5	34.8	7.0	
		歩数（歩）	16254	40531	47350	56669	18630	179434	35886.8	204600
	到着時刻と「場所」		PM5:39 「大盛屋」	PM4:15 「西遊漁センター」	PM4:37 「民宿稲荷」	PM5:34 「ときわ旅館」	AM11:30 「内子駅」			
	巡拝した札所の番号		なし	40	なし	41.42.43	別８			

			第1日目	第2日目	第3日目	第4日目	第5日目	合計	平均	自宅発着の計測歩行数
9回目	2005(平成17)年の月日(曜)		7月31日(日) 古い旅館	8月1日(月) 飛ぶバッタ	8月2日(火) 三坂峠	8月3日(水) 血色素尿				
	出発時刻と「場所」		AM10:50 「内子駅」	AM6:30 「徳岡(さかえや)旅館」	AM6:58 「おもご旅館」	AM6:05 「鷹の子温泉ホテル」				
	歩行内容	距離(km)	15.4	29.4	26	31.4		102.2	25.6	
		時間(時間)	5.4	10	9.5	10.3		35.2	8.8	
		歩数(歩)	23985	50325	41170	45060		160540	40135.0	172218
	到着時刻と「場所」		PM4:15 「徳岡(さかえや)旅館」	PM5:40 「45番岩屋寺→おもご旅館」	PM4:29 「49番浄土寺→鷹の子温泉ホ」	PM4:25 「伊予北条駅」				
	巡拝した札所の番号		なし	44.45	46.47.48.49	50.51.52.53				
10回目	2005(平成17)年の月日(曜)		12月24日(土) 優しい海	12月25日(日) 極寒	12月26日(月) 雪道登山	12月27日(火) 東行き	12月28日(水) 次は香川			
	出発時刻と「場所」		AM9:55 「伊予北条駅」	AM6:05 「ビジホ来島」	AM6:53 「ビジハウスイン国安」	AM6:40 「ビジ旅館小松」	AM6:15 「つたのや」			
	歩行内容	距離(km)	21.1	34.4	27.8	32.6	30.2	146.1	29.2	
		時間(時間)	6	11.2	9	9.7	8.8	44.7	8.9	
		歩数(歩)	29720	51240	47960	49924	47190	226034	45206.8	242950
	到着時刻と「場所」		PM3:55 「ビジホ来島」	PM5:18 「ビジハウスイン国安」	PM4:55 「ビジ旅館小松」	PM4:24 「つたのや」	PM3:00 バス停「あわ佐野駅」			
	巡拝した札所の番号		なし	54.55.56.57.58.59	60.61奥.61.62	63.64.別12	65.別14			

			第１日目	第２日目	第３日目	第４日目	第５日目	合計	平均	自宅発着の計測歩行数
高野山	2006(平成18)年の月日(曜)		３月８日(水) 受戒	３月９日(木) 同行二人						
	出発時刻と「場所」		AM11:55 「大門」	AM8:45 「宿坊恵光院」						
	歩行内容	距離(km)	8.5	3.5				12	6	
		時間(時間)	5.9	1.3				7.2	3.6	
		歩数(歩)	15025	5303				20328	10164	30100
	到着時刻と「場所」		PM5:10 「宿坊恵光院」	AM10:04 「女人堂バス停」						
11回目	2006(平成18)年の月日(曜)		７月29日(土) 最高地点	７月30日(日) 同宿の人	７月31日(月) 白衣脱ぐ	８月１日(火) 宿満員	８月２日(水) 白衣のお陰			
	出発時刻と「場所」		AM11:35 バス停「あわ佐野駅」	AM5:10 「民宿おおひら」	AM6:30 「門先屋旅館」	AM6:15 「ビジホオマツ」	AM6:27 「天然温泉きらら」			
	歩行内容	距離(km)	10.2	29.8	22.7	32.2	10.9	105.8	21.2	
		時間(時間)	5.3	11.6	10	12	4.4	43.3	8.7	
		歩数(歩)	26675	47844	39157	56440	24811	194927	38985.4	202720
	到着時刻と「場所」		PM4:55 「民宿おおひら」	PM4:45 「門先屋旅館」	PM4:31 「ビジホオマツ」	PM6:17 「天然温泉きらら」	AM10:51 琴電「潟元駅」			
	巡拝した札所の番号		66.67	68.69.70.71.72.73	74.75.76.77.78	79.80.81.82	83			

			第1日目	第2日目	第3日目	第4日目	第5日目	合計	平均	自宅発着の計測歩行数
12回目	2006(平成18)年の月日(曜)		12月26日(火) 雨天	12月27日(水) 結願赤飯	12月28日(木) 満願					
	出発時刻と「場所」		AM11:09 琴電「潟元駅」	AM7:30 「いしや旅館」	AM7:15 「民宿八十窪」					
	歩行内容	距離(km)	16.3	19.9	18.3			54.5	18.2	
		時間(時間)	5.4	9.7	7.3			22.4	7.5	
		歩数(歩)	25982	39487	29804			95273	31757.7	101810
	到着時刻と「場所」		PM4:32 「いしや旅館」	PM5:15 「民宿八十窪」	PM2:30 「切幡寺坂下→霊山寺参拝終了」					
	巡拝した札所の番号		84.85	86.87奥.87.88	1					
合計		距離(km)	163.5	327.8	298.1	269.8	58.4	1117.6	223.5	
		時間(時間)	60.9	113.3	101.2	88.0	18.8	382.2	76.4	
		歩数(歩)	264997	483818	478125	413999	103228	1744167	348833	1943217
平均		距離(km)	12.6	25.2	24.8	27.0	14.6	104.2	20.8	
		時間(時間)	4.7	8.7	8.4	8.8	4.7	35.3	7.1	
		歩数(歩)	20384	37217	39844	41400	25807	164652	32930	149478

V. あとがき

ここまでの本文中にチラチラと自分自身のことを書いてきたが、四国歩き遍路を巡っての自分の経緯を改めて記しておきたい。

子どもの頃、父親在世中に家族旅行に行くと、寺に行き御朱印（納経印）を集めることが習慣のようになっていた。家業の関係から、父は千社札を作成する方と知り合いになって作って貰い、父親の寺社への参拝熱は上がる一方だった。しかし高齢となり覚束《おぼつか》なくなってきた父親の運転をサポートするべく母（つまり父の妻）は、いつも助手席に乗っていた。家族の中でも最初に父が病がちとなって仕事をリタイアしたものの、やることが無いので、既に秩父34観音札所や坂東33観音札所を巡り終わっていた父に、「もうバラバラに区切ってお寺を参拝するよりも、大好きなクルマを運転して四国遍路88札所を通して回ったらいいんじゃないの？」と私は勧めた。しかし実行することなく他界した。更に、信仰に篤かった祖母も他界し、翌年の2月に私は四国歩き遍路を開始した。

四国歩き遍路を始めた理由を、よく覚えていない。やはり当時の流行の「変われる自分」「人間性回復」「見知らぬ人々との繋《つな》がり」があったと思う。自分は仕事をしていたので区切り打ちで最初は2泊3日だったが、次第にのめり込んでいき、3泊4日、4泊5日と伸びていった。ちょうど3人の子供らの学校が長期休業中で、半ばボランティアのキャンプに行っている時を利用していたのだ。とは言え、仕事で手を抜かない職業人の妻の負担は減るわけがなく、妻には感謝の思いで一杯である。

歩き遍路を開始した2月の1番霊山寺の本堂で、初めて般若心経を読んでいた時のことである。黄色い僧服を着た2人の大柄の僧侶が、本堂で読経後に大師堂にも納経所にも寄らず、軽自動車にキチキチになって乗り、去って行った。その行動の理由は今なら分かるが、その時は「あれっ、お坊さんも四国遍路をするんだ」と思ったものだ。お坊さんも、そうでない人も同じ行動を取る、そう言うエリアなのだと認識した。

翌3月末に、13番大日寺の宿坊に泊まった。夕食前に大風呂に入っていた時のことである。耳を澄ましていると、若い方が、こんなことを話していた。「私は徳島市内の寺の住職なんですが、そうとは見えないでしょ。皆さんは1番霊山寺から回り始めますけど、どこから始めてもいいんですよ」と。坊主頭や短髪ではないし、このように共同で使用する大風呂に入っていたので、この人が僧侶とは分からない。それどころか、どこでも・いつでも僧侶はいるし、僧侶とそうでない人の差なんて無いのじゃないか、誰でもなれる、そう思えた。私だって、僧侶になれるのか?

伝《つて》を求めて、滋賀県大津市の琵琶湖西岸にある天台宗寺門派（系）の寺で得度（=出家受戒）したのが8月だった。なお、当時は1番キツイと言われる職場でもあった。今思えば、ここまで一直線の「あっという間」だった。

耳順《じじゅん》の年を越えても私は中二病・高二病並みに手前勝手な一方、粗雑な性格でもあるから、私に関わった人々には甚だ迷惑をかけた。私に関わっている度合いが強ければ強いほど、その損害も大きかったろうから、第一に家族、第二に職業関係や友人、第三に四国遍路と関わることから始まった人々や寺院関係者である。（本来の意味ではないが）サードプレイスの方々には、申し訳ない気持ちで一杯だ。「あの時あんなことをして恥ずかしい」とか「あの時あんなことを言って恥ずかしい」と、就眠前に今でもよく思い出す。本来ならば、これらの方々に陳謝するのが当然だが、天台宗の千日回峰行でよく言うところの「自利利他」と（同じと勝手に）考えて、本書という形で提供することにより御海容願いたい。もとより自分の四国遍路の道は途上である。

以上、格好いいことばかり書いた。本書を読み直してみると、自分がまるで「歩き遍路の格好いい達人」みたいな印象もある。しかし一歩遍路道に出て心を定めていないと頭の中では、どの道を通ったら次の寺や宿に早く着けるかとか、何処かに㊡はないかと探している、雑念ばかりの自分がいる。快適に歩いているのは、朝に宿を出てからの1時間くらいで、あとは煩悩だらけとなる。そういう自分を数十日間の毎日発見し続ける、これが歩きの遍路でもあった。皆さんの日常はどうだろうか？

最後になりましたが、本書を刊行するにあたり、一方《ひとかた》ならぬお世話になった編集長の片山航氏、出版企画部の岩田勇人氏に深謝申し上げます。ありがとうございました。

著者プロフィール

湯澤 昇治（ゆざわ しょうじ）

・1958（昭和33）年生まれ。
・東京都で生まれ、現在も東京都に在住。
・東京都立高校の国語科教論として60歳の定年まで勤務し、完全退職。
・本書の内容に関係する立場、身分
　○「へんろみち保存協力会」の「個人一般会員」
　○「総本山円満院門跡」（天台宗寺門派系）で得度して、現在の僧階は「大僧都（だいそうず）」
・目指す資格
　○「四國八十八ヶ所霊場会」の「公認先達」
　○「四國別格二十霊場会」の「公認先達」
　○秋田県男鹿（おが）半島の「ナマハゲ伝導士」

四国歩き遍路の逆打ち88と別格20の実録日記

2021年３月15日　初版第１刷発行

著　者　湯澤 昇治
発行者　瓜谷 綱延
発行所　株式会社文芸社
〒160-0022　東京都新宿区新宿１－10－１
電話　03-5369-3060（代表）
03-5369-2299（販売）

印刷所　株式会社フクイン

ISBN978-4-286-22325-4